结构—能动性视角下的乡村建设研究

刘亚红 著

吉林大学出版社

·长 春·

图书在版编目(CIP)数据

结构-能动性视角下的乡村建设研究/刘亚红著.—
长春：吉林大学出版社，2023.10
ISBN 978-7-5768-2393-6

Ⅰ.①结… Ⅱ.①刘… Ⅲ.①农村-社会主义建设-研究-中国 Ⅳ.①F320.3

中国国家版本馆CIP数据核字(2023)第211585号

书　　名：结构-能动性视角下的乡村建设研究
JIEGOU-NENGDONGXING SHIJIAO XIA DE XIANGCUN JIANSHE YANJIU

作　　者：刘亚红
策划编辑：黄国彬
责任编辑：张维波
责任校对：王　蕾
装帧设计：姜　文
出版发行：吉林大学出版社
社　　址：长春市人民大街4059号
邮政编码：130021
发行电话：0431-89580028/29/21
网　　址：http://www.jlup.com.cn
电子邮箱：jldxcbs@sina.com
印　　刷：天津鑫恒彩印刷有限公司
开　　本：787mm×1092mm　1/16
印　　张：13.75
字　　数：220千字
版　　次：2024年5月　第1版
印　　次：2024年5月　第1次
书　　号：ISBN 978-7-5768-2393-6
定　　价：78.00元

版权所有　翻印必究

前　言

　　21世纪以来，我国政府主导、社会参与的乡村建设总体来看是有一定成效的，但也存在一定的困境，其中的原因历史和现实因素交错缠绕，而要想较为清晰具体地剖析乡村建设的困境及其原因，民族志研究不失为一个较好的方法。本研究基于跨度三年的田野调查，运用结构—能动性理论，结合城市与乡村、国家与社会、政府各层级之间的关系视角，对位于我国东部M省中部的芦荡村的乡村建设情况，尤其是其中的困境进行了阐述和分析。基于本研究所做的人类学考察，基本认定目前该村的乡村建设所处困境背后的原因包括村庄内外部行动者意愿和能力方面的欠缺、社会结构中的不利因素，以及行动者与社会结构互动中的认知盲区等。当然，这个村庄的乡村建设也存在着积极面即希望，本研究也对此进行了分析。

　　权力的文化网络与组织网络都已相对淡化的乡村较难孕育村民充分的公共意识和自治意识，村民自治的虚化趋势和村委会的行政化趋势相互促进，使得村委会和村民都比较缺乏乡村建设的主动性。尽管如此，村委会和村民还是有为了完成工作任务和发家致富的目标做出的有利于乡村境况改善的行为。为什么乡村建设的关键行动者（村两委和村民）的行动相对乏力，其背后既有结构性原因，也存在行动主体的能动性因素。结构性原因主要包括城乡二元结构及其衍生的鄙夷乡村的去农文化、压力型体制和形式主义的治理生态、偏悬浮化的村委会以及自治相对虚化的乡村社会，能动性因素主要是与现代性素养相关的行动者意识和能力方面的欠缺。

　　乡村建设中普遍存在一个"谁的乡村建设"的问题，也就是村民在乡村建设中的主体地位没有充分确立，芦荡村的村民同样在乡村建设中相对缺少发言权和主体性。首先应该无条件地承认村民是乡村建设的主体，那些忽略村民的意愿与需求，强行改变村民的生产生活方式甚至权力与资本合力剥夺村庄的行为应该被制止。然后，还需要借助外部力量给村民赋能，助其自主，还要尊重各地乡村建设道路的自主探索。

芦荡村周围有国家大型项目的进入，大型国有施工企业的出现虽然有利于当地村民和村庄的现代性转变，但却在与乡村社区的互动中陷入了观念和利益的冲突，甚至成为村民借机揩油的"肥肉"。由于乡村社会自组织力量相对薄弱，国家无法在乡村实施普遍的项目制度，只能依赖基层政府采取特殊的资源分配模式，从而形成镇村两级之间可以借机分利的权力—利益网络；同样因为没能将村民充分组织起来表达自己的诉求，国家资源输入与乡村的需求未能实现有机结合。国家委托的社会力量进入乡村虽然在一定程度上弥补了政府功能的短板，但是政府管制型的传统观念以及对社会组织的双重管理体制的存在，导致社会组织辅助政府的功能尚未被充分开发。

该村由外来资本建立的商业组织的经营者的行动意愿较强，但驾驭市场经济的行动能力较为不足，尤其是不能很好地整合村庄内外的社会资本和经济资源，导致企业经营岌岌可危。由外来知识分子创办的公益组织对乡村建设的参与主要体现在培养知行合一的乡村建设者的教育目标上，但教育目标和以学生自治为主的管理方式的结合度不太高，导致学生的日常有点像是远离尘嚣的个人修行。此外，公益组织与村庄的联系不多，学生在村庄实施的项目未能深入村庄的肌理、切中村庄的需求。商业组织与公益组织都未能与村庄建立长久的互惠关系和情感认同。笔者主动承担起村史抢救工作，但只有一些破碎的村民个人记忆，集体记忆的缺乏与乡村公共空间的阙如有密切关系。抢救村史的工作未能得到村两委和村民的充分配合，这与他们对村史的价值认知有限有关，也与该村受缺少保存历史资料的习惯有关。

芦荡村乡村建设的各类行动者还不同程度地存在着行动上的价值盲区。首先是没有坚持尊重乡村的总体性和主体性的乡村建设原则；其次是没有在不同行动者之间建立共识区域和互惠机制，未能加强行动者之间的合作来提高对结构的变革力；最后是没有注重乡村共同体的重建并培养村民的共同体

前 言

意识。

本研究对辨析乡村建设中的影响因素，如何建构国家与社会、城市和乡村、政府各层级之间的均衡关系，如何提高乡村建设参与者的现代性素养方面具有一定的个案探索价值。本研究在分析某个乡村在乡村建设过程中遭遇到的一些困境的同时，也提出了其中的希望所在并对之进行了揭示和分析，这对中国现代化道路的探索、社会平等的实现、对工业文明负面性的缓冲以及对人类终极前途的关怀具有一定的启示意义。

目 录

第一章 导论 (1)
- 一、研究缘起与问题的提出 (1)
- 二、理论回顾 (2)
- 三、我国乡村建设实践的历史脉络 (11)
- 四、理论视角、研究方法与章节概要 (24)

第二章 村庄概况与村民生活 (31)
- 一、村庄概况 (31)
- 二、村民生活的具体面向 (39)
- 本章小结 (46)

第三章 乡村建设的内生力量 (48)
- 一、村两委的乡村建设 (49)
- 二、村民的乡村建设 (71)
- 本章小结 (113)

第四章 乡村建设的政府及其委托力量 (116)
- 一、国家基建力量的进入 (116)
- 二、政府资源下乡 (122)
- 三、政府委托的社会力量的进入 (126)
- 四、村民公交难题的意外解决 (131)
- 本章小结 (134)

第五章　其他外来的乡村建设力量 ……………………… (136)
　　一、驻村调查者的村史抢救 ……………………………… (136)
　　二、水清农庄的经营行为 ………………………………… (151)
　　三、西顿学园的公益探索 ………………………………… (164)
　　本章小结 …………………………………………………… (179)

第六章　结语 ………………………………………………… (182)
　　一、社会结构视角 ………………………………………… (182)
　　二、行动者视角 …………………………………………… (186)
　　三、希望所在 ……………………………………………… (190)
　　四、讨论 …………………………………………………… (193)

参考文献 …………………………………………………… (202)
　　中文参考文献 ……………………………………………… (202)
　　英文参考文献 ……………………………………………… (207)

后记 …………………………………………………………… (209)

第一章 导论

一、研究缘起与问题的提出

由于对知识分子乡村建设这个议题的兴趣，笔者接触到了不少民国和当代知识分子乡村建设的资料，被梁漱溟、晏阳初、卢作孚等乡建先行者以及温铁军、李昌平、贺雪峰等当代乡建探索者热爱乡村、变革乡村、为民谋福的情怀、思想和实践所震撼，于是想找一个有知识分子乡村建设元素的乡村进行田野调查和人类学研究。经过多方查找，笔者寻到了位于东部 M 省中部的一个村庄——芦荡村，作为笔者的田野调查点。深入调查后，这个村的知识分子乡村建设的内容并不丰厚，不足以支撑起一篇博士毕业论文的厚度，但是其他主体的乡村建设还是能捕捉到。这个被城市化吸走大量人口的村庄几乎每天都过得很平静，除了有一些可称之为乡村建设的比较明显的动静，很少有突出一点的事情发生，而这又与十几年来国家推行的新农村建设、乡村振兴战略等宏大部署有直接关联。随着蹲点时间的增加，笔者渐渐接触到了参与芦荡村乡村建设的村庄内外部的各类行动者，但其乡村建设行动大多收效不太显著，处于有形无形的各种困境之中，而且乡村建设的各参与方缺乏统筹协调，大多各自为政，有的参与者甚至没有自觉的乡村建设意识，只是其行为的客观效果对乡村发展有一些积极意义。可以说这个村的乡村建设是比较乏力的，这与它面临的种种困境有直接关系，那么产生困境的原因是什么，这些原因与一百多年来我国乡村建设效果不彰的原因有哪些相同和不同的地方？这一思考遂成为研究的问题意识之所在。困境之外还可以看到希望,那么具体的希望又体现在哪些方面,也是笔者想去探查清楚的。通过对芦荡村附近几个村子以及笔者老家几个村子的走访,以及对全国范围乡村建设实例资料的查阅,笔者发现乡村建设乏力是一个普遍存在的情况,背后的原因与芦荡村有相同也有相异之处,因而可以把芦荡村作为一个典型来研究乡村建设问题。个案研究中的个案,需要具有典型性(某种共性)和独特性,"典型性不是个案'再现'总体的性质(代表性),而是个案集中体现了某一类别的现象的重要特征"(王宁,2002)。于是,笔者打算以芦荡村的乡村建设中存在的困境和希望作为论文主题,知识分子乡村建设只是其中的一部分,而不是笔者原先设想的论文主题。在田野中改换研究初衷的情况,相信很多人类学者都遇到过,因为对没有去过实地、只看过相关资料的某地的预想与处于变化中的该地当前的真实情况可能会有出入,这时候应该跟着田野走,直面正在发生着的社会生活本身,可见实践的逻辑经常大于预设的逻辑。

本书在展示芦荡村乡村建设中各类行动者的探索和行动的基础上,着重分析乡村建设中的诸种困境,困境的产生既有乡村建设参与者(个人或组织)自身的原因,还有结构性因素的影响,也有结构与能动性相互作用下的影响。与此同时,不断调整政策以促进城乡协调发展、实现城乡人民均等化待遇的自上而下的发展思路以及与之相关的社会力量的广泛激发,催生了对芦荡村乡村建设颇为有利的一些因素,可以说还是充满希望的。

二、理论回顾

本书对乡村建设的界定是由村庄内外部主体实施的可以使乡村繁荣兴盛和让农民过上美好生活的一切积极行动。乡村的衰败和复兴并不是中国独有的,也不是近代才开始出现的,而是古今中外皆可见的现象,只是在工业化和城市化的现代语境下体现得更为明显罢了。伴随着在不同时段以及我国的不同地方探索乡村改造和建设方案的诸多乡村建设实践,产生了很多乡村建设方面的思想。

(一) 我国学者的乡村建设思想

我国最早的乡村复兴理论产生于北宋时期,当时的世家大族已经基本瓦解,土地也从世家大族的掌握中解脱出来,开始迅速地在普通百姓手里流转,

第一章　导论

伴随着土地的流转，农民的流动性也逐渐增强。这样，乡村不再是一个封闭和稳定的聚落，加上生产的衰败和血缘联系的淡化，传统乡村所密切依赖的宗法制度趋于式微。北宋的文官们开始探索乡村重建的方法和理论。其中，北宋熙宁九年（1076年）由陕西蓝田的吕大钧制定的《吕氏乡约》，是中国最早的乡里自治的成文制度。主要内容是"德业相劝，过失相规，礼俗相交，患难相恤"。《吕氏乡约》首先在吕氏的家乡局部试行，推行没多久北宋就被金人所灭，乡约就此被搁置，后经南宋的朱熹对《吕氏乡约》进行"增损"，才得到大力推广和流行。萧公权认为《吕氏乡约》是在君政官治之外另立的乡人自治团体，是前所未有的创制。《吕氏乡约》重在民约民治颇为难能可贵，对明清乃至近代以来的乡村自治都有着深远的影响。梁漱溟认为他创立的乡农学校这个融政治、经济、文化于一体化的民间自治组织就是对中国古代乡约的补充和改造。杨开道通过对中国乡约制度的研究，认为乡约、保甲、社仓、社学四者应该合理结合，不能各行其是，并把对乡约制度的研究作为中国乡治道路探索的突破口。

民国建立后，孙中山逐步形成了以民权为核心、以民生为目标的国家建设思想体系，以"耕者有其田"作为解决乡村问题的先决条件，促进农业与工商各业协调发展以及城乡的互相促进以实现民富国强。孙中山的乡村建设思想具有开创性，对此后致力于乡村建设事业的梁漱溟、晏阳初的影响很大，对国共两党乡村建设思想的形成都有重要影响。

民国时期乡村建设思想产生的时代背景是内忧外患导致的乡村全面衰败，认识背景则是在知识界形成的救济农村即拯救国家的普遍认知。梁漱溟所有的思考与实践（包括乡村建设）都围绕着"中国的问题是什么、如何解决"而展开。他认为当时中国的最大问题就是鸦片战争后面临的"中国向何处去的问题"，因此要"为中国社会改造和发展提供新的出路"。他认为近代欧美的民主政治和俄国式的社会主义道路都不适合中国，因为它们与中国的文化传统相脱节，中国的出路必须"激发一民族的精神，打动一民族的心……，而后他的真力气，真智慧，真本领始得出来，而后乃能有所创造，有所成就。"（梁漱溟，2005a：172）既然中国的出路要基于中国文化的根本，走"以中国固有精神为主的中西融合"之路，而中国文化的根在乡村里和做人的老道理里，那么就要"以乡村为根,以老道理为根,另开创出一个新文化。'开出新道路,救活老民族',这便是'乡村建设'。"(梁漱溟,2005b:613)也就是说,梁漱溟把基于中国文化精神的乡村建设作为解决中国问题的立足点,然后从乡村扩展出去,从农业引发工业,从复兴乡村到繁荣城市,通过创造新文明达到救中国的目的。此外,梁漱溟认为乡村建设是以文化、伦理和教育为核心且融合政治、经济、文化、社会等方面的一个体系,救济乡村只是乡村建设的第一层意义。

晏阳初通过调查发现,农民是中国人口的主要部分,但农民中80%是文盲,这极大地影响了农民的生存能力、生活质量、乡村的发展乃至国家的发展,遂决定到农村去办平民教育,把平民教育思想与乡村建设理论相结合来指导实践活动,以期达到改造乡村实际、创造新的生活,使农民成为有创造力、知识力和公德心的"新民"的目的。晏阳初认为农村问题千头万绪,但所有的问题都越来越集中到农民普遍具有的"愚、贫、弱、私"这四个特点上。"这几个缺点不治,就根本谈不上乡村建设,广大民众只会受贪官污吏、土豪劣绅的压迫和剥削"(晏阳初,1990:247)。费孝通认为晏阳初没有认识到知识、生产、健康、组织作为开发民力的重要技术,其实施必须要有一个前提条件,那就是没有剥削压迫制度和外来强权欺凌,所以定县实验的最大缺点就是不从社会制度去谋改革,尤其是非暴力方式的土地改革(费孝通,2009)。千家驹和费孝通都努力寻求造成"愚、贫、弱、私"的社会原因,反对对农民的特性进行本质主义的界定。

梁漱溟、晏阳初二人的不同之处是梁漱溟始终以中国传统的儒家伦理和政治思想为理论指导,晏阳初则把"民为邦本,本固邦宁"的中国古训融入他在西方接受的民主政治思想中。两人的共同之处是都希望拯救苍生、拯救国运;都认识到中国问题的根本在乡村,乡村不兴国也难兴;都提倡乡村教育,提高农民素质,同时改进生产技术和把农民组织起来,希望通过改造农民、再造乡村来建设现代国家;都持政治中立和社会改良立场。不过,包括他俩在内的民国学者发起的乡村建设运动并没有让大部分农民动起来,主要是因为他们把文化建设和大众教育的功能夸大了,没有认识到连温饱都没有解决的农民对土地的渴求,若没有土地,农民也就没有参加乡村建设的动力了。

第一章　导论

　　费孝通和梁漱溟都认为农民问题是中国最基本的发展问题；在对乡土社会结构的分析上，两人都基于儒家伦理，费孝通判定为差序格局，梁漱溟判定为伦理本位、职业分立。费孝通呼吁乡土重建，提倡通过发展乡村工业改善农民生活，认为解决中国农村和农民问题的根本出路是"增加农民收入"即"富民"，"最终解决中国土地问题的办法不在于紧缩农民的开支而应该增加农民收入……需要实行土地改革，减收地租，平均地权……从根本上恢复农村企业。"（费孝通，2005：238）费孝通和梁漱溟一样都认识到了农民的积极性是发展合作组织的内在动力，但是费孝通更强调经济利益对调动农民合作积极性的作用，梁漱溟则更强调高尚道德、共同体情感对调动农民合作积极性的作用，两人的价值定位都有单一化的特点，要将农民长期有效地组织起来，还是需要义利兼顾。此外，费孝通的乡村建设方案是在保存乡村的总体性和主体性的基础上实行乡村工业化，意欲融合本土文化和西方现代化模式，并以乡村工业化为动力，逐渐实现乡村的现代化转型和中国社会的整体变迁（叶敬忠，2018）。这样的方案体现的是融合传统文化根基和现代精神并尊重地方特性的自主发展思路，对当今乡村建设的启发意义很大。

　　从中华人民共和国成立初期一直到 20 世纪末期，乡村建设都是由政府主导且主要通过城乡二元的制度设计实现，农业、农村、农民的利益服务于国家的工业化目标。其中 20 世纪 80 年代的农村改革出现了"多予、少取、放活"的有利于农村发展的态势，但是 90 年代的农村改革出现了李昌平所说的"不予、多取、管死"的困局，到了 21 世纪初"三农"问题已经非常严重。基于对"三农"问题的深入调查和分析，温铁军、李昌平、贺雪峰等学者开始了对中国当代乡村建设的实践探索和理论研究。

　　温铁军认为世界范围内的乡村建设基本都没有能使乡村繁荣起来，主要原因就是国家把过量的工业化代价和城市化代价转移到乡土社会，破坏和掠夺了乡土社会，使农村成为城市的劳动力蓄水池和资本池。他认为很多城市化率超过 70% 的发展中国家掉进了发展陷阱而难以自拔，主要原因是在没有形成产业竞争力之前，就毁掉了能承载危机代价、使国家实现软着陆的乡土社会。乡土社会是一个能内部化处置外部性风险的不可替代的社会载体，所以面临全球化挑战的时候，城市化水平越高的发展中国家遭受的打击越大，而像中国、印度这些拥有广大农村地区的国家更能度过危机。他认为全球化挑战下的我国这种农业人口最多的发展中大国需要考虑的已经不再是原来的老三农问题（农民增收、农村发展和农业增产），而是新三农问题——安全农业、合作农民和稳定农村。在市场经济与全球化条件下，应该通过提高农民的组织化程度并在乡土社区内部形成可维护的契约关系，增加农民的议价能力，同时减少与外部市场的交易成本，以此维护农民和乡村弱势群体的基本权益。温铁军认为，世界各国都在21世纪遭遇到越来越多的工业化和资本化所带来的危机，此时中国开始转向生态文明，这是个方向性的大转折，而且生态文明的发展思路与中国传统文化中的总体性、综合性而非分析性的思维颇为契合。要全面贯彻生态文明、乡村振兴等国家重大战略，加强中央政府逆周期的综合协调能力和基层政府夯实乡土基础应对软着陆的能力，才能使作为最大发展中国家的中国在全球化过程中保持平稳（温铁军，2018）。

贺雪峰在华中科技大学创办了"中国乡村治理研究中心"，是"华中乡土派"的领军人物。他认为当前的中国农村发生了三个层面的巨变。第一个层面是国家与农民的关系，数千年来国家都是从农村提取资源，取消农业税后，国家拿出越来越多的财政资金支农，传统的以收取农业税为中心形成的国家与农民的关系面临巨大转型。第二个层面是农村长期稳定的社会结构的松动，不仅建立在家庭之上的家庭联合体受到冲击，而且家庭结构本身也处在巨变之中。第三个层面是农民价值与意义世界的变化，传宗接代观念受到冲击，农民迷茫于活着的意义。这几个结构性的变化加上城镇化、市场化大潮，导致农民个体层面的孝道不彰、经济攀比、人情竞争失控等问题的发生，但组织力缺乏的乡村对这些冲击的抵抗力不足，也是一个重要原因。他认为乡村建设最根本的方面是农民的组织化建设，需要激发农民在这方面的能动性。在当前时期最有可能将农民重新组织起来的条件是土地集体所有制和国家转移的资源，这些有利条件体现了结构对行动的促成作用。在从传统走向现代社会的过程中，农村能否充当劳动力的"蓄水池"和社会的"稳定器"，对现代化建设的成败具有决定性意义（贺雪峰，2013：2）。贺雪峰认为农民致富靠市场，保底则靠政府，要为一般农业地区的农民提供基本生产生活方面的保底。农业和农村作为基本保障领域，一定不能纯市场化，需要建立允许农民自由进城却不允许资本自由下乡的保护型城乡体制。总体上看，贺雪峰属于基本秩序保守派，且倾向于基于个体家庭经营的乡村自主发展。

李昌平做了17年的乡镇干部之后，从2001年起跟随温铁军从事三农研究并致力于实施志愿者型的乡村建设。他基于自己多年的乡村实地调查和实践，提出以村社内置金融为切入点，从土地、金融、组织、社保和文化五个方面激活土地集体所有制和完善村社制度，同时增强农民及其组织的主体性，解决乡村内生动力不足问题。他认为依赖中央财政拨款搞农村基础设施建设，依赖引进"外资"搞农村发展，农村是没有前途的，中国农村的前途只能靠基层干部和农民的创造性工作。总体上看，李昌平属于组织合作进取派，且倾向于乡村基于集体经营的自主发展模式。

李昌平对"三农"问题的研究更具有基于乡村视角的问题—对策导向，他所领导的中国乡村建设院主要是帮助一个个具体的乡村量身定做乡村建设项目。但其提出的某些对策建议如村社内置金融，并没有考虑到中国有60%的村庄陷入人口与资源的某种"空心化"境地而较难实施。在从经验研究到理论研究的转化和升华上，李昌平不如在大学和乡村之间来回奔走的贺雪峰和温铁军，他所实施的具体的乡村项目是否具有可持续性还有待于进一步观察。温铁军的理论更注重整体视野和国家视角，把"三农"问题放到国家现代化道路选择和全球经济体系中剖析。贺雪峰提出的理论更多的是基于经验研究的中观理论，而且擅长从田野调查中提炼概念，如"农民认同与行动单位""乡村利益共同体""半熟人社会"等本土化中层分析概念，要求生发的概念和理论必须能够解释差异化的乡村社会和指导具体乡村问题的解决。但他的保底型乡村建设的思路有些保守，相对低估了各类乡村建设者的主观能动性以及顶层设计、整体推动的积极效应。

此外，郑大华、徐思彦、张寿广、邵琴、刘重来等学者对乡村建设的研究对象和研究角度做了进一步的拓展，从邹平、定县、晓庄等几个有代表性的"点"扩展到更广的"面"，从江苏、山东等沿海地区扩展到广西、四川等内陆地区；研究角度则从乡村教育扩展到医疗卫生、慈善、工业化等不同层面。

国内学者对国外的乡村建设实践比如韩国的"新村运动"、日本的"造村运动"以及法国、德国、英国、美国等西方国家的乡村改造也有一些研究，主要倾向于归纳总结其中的可取之处为中国的乡村建设提供借鉴，可资借鉴之处主要包括加强政府的政策扶持和资金支持、推广应用现代农业科技、强调农业的基础地位、重视对农民的技能培训、重视农村的基础设施建设、建立农民合作组织、调动农民参与乡村建设的积极性等方面。

（二）国外学者的相关研究

国外学者的乡村研究首推法国社会学家孟德拉斯（Henri Mendras）对城市化和现代性背景下农民的命运和乡村的前途分析。他于1967年出版了《农民的终结》一书，以法国农村的变迁为研究对象，分析了农村劳动力外流与实现农业耕作规模化的可能性、市场体系对传统经营模式的冲击、农业传统理性与现代经济理性的碰撞与矛盾、农业联合会的建立、传统小农向现代经营者的转变等问题。因此，"小农的终结"并不是农业和乡村的终结，而是为一种新的经济与社会体系的出现提供了可能——"乡村在经过一个让人以为已经死去的休克期之后，重新获得了社会的、文化的和政治的生命力。"（孟德拉斯，2005）也就是说，在工业化和城市化的浪潮下，传统的小农将告别自耕农生涯，或者成为职业化的农民，或者进入城市谋生，这是一种时代趋势，不仅孟德拉斯笔下的法国如此，所有的市场经济国家都是如此。另外，在对小农的认识上，恰亚诺夫属于"生存小农学派"，认为小农全年的劳作只是为了满足家计平衡的需要；舒尔茨属于"理性小农学派"，认为小农是"经济人"，就像企业家一样追求利润最大化。值得注意的是，这二人的小农理论都没有历史地考察小农动机和行为的变化，只能解释特定时期、特定区域的小农行为，在追求利益的程度上体现了理论之间的冲突。此外，关于乡村发展的主体是谁，诺曼·厄普霍夫等人基于对第三世界国家农村发展的成功经验的研究，认为政府、非政府和私营企业在促进农村发展方面都存在局限性，农村发展最重要的动力来自农民，"基础广泛的农村发展其主要资源必须来自农村居民自身的干劲、观念和决心，来自集体主义的自助和受援式自立，也就是说只有通过对需要效助者的援助，使他们达至政治上自决、经济上自救和生活上自助的良好结果，才是农村运动成功之源。"（诺曼·厄普霍夫等，2006）

国外学者对民国时期乡村建设的研究主要有以下几个。孔飞力（Philip Alden Kuhn）较早地认识到政治和乡村建设的关系。他认为政治制度的变革若不是建立在思想意识变革的基础上就毫无意义，在农民学会解决他们可怕的经济问题以前，乡村生活的政治结构绝不会是健全的。乡村建设类型众多，但都与政治密切关联，通过教育及经济改革复兴农村，需要与政府建立起支持和保护的关系。乡村建设实验大多结局不佳，日本的入侵把它们强行终止，留下的一份遗产是人们普遍认为要把中国建设工作的基础放在农村社会，并且体会到乡村改革在充满敌意的政治环境中无法生存。芝加哥大学东亚语言文明学系的艾恺（Guy Salvatore Alitto）教授著有《最后的儒家：梁漱溟与中国现代化的两难》一书。艾恺认为梁漱溟是儒家思想在当代少有的践行者，梁漱溟发起的"乡村建设运动"是其对"文化中国"理想的尝试。不过，他认为梁漱溟的全部理论存在着一个自始至终都没有解决的矛盾，即中国的传统文化在某种程度上体现了人类的本质，而又正是这种本质使中国人未能实现国家的富强。这样梁漱溟就处在一个困境之中：一方面传统文化要对中国的落后负责，而放弃传统文化采纳西方文化，中国又会遭遇人性的丧失与精神的失落。这种困境和矛盾的实质就是中国的传统文化与西方式的现代化追求之间有一种不相容性。用韦伯的话来说就是儒教没有"此世"与"彼世"的对峙紧张，因而无法导向改变世界的要求。后来随着东亚的经济起飞，一些学者认识到了儒家伦理现代转化的潜能与现实，还有学者认为整体性的僵化的儒家伦理不可能推动现代社会的发展，但分解出来的有些儒家道德素质如家族制度、勤俭、诚信、义利兼顾、重视教育等都有助于经济现代化。梅凯悦（Kate Merkel-Hess）认为民国时期乡村建设所选择的道路实质上是从改造个人入手再造国家的乡村内部转化之路。她认为民国时期乡村建设兴起于国际性的乡村危机和乡村建设大潮之中，经历了几个阶段以后被国民政府收编从而背离了其最初的目的和意义，成为服务于国民政府和国际专家利益的经济发展活动（Kate Merkel-Hess，2016）。

海外学者包括华裔学者对近代以来中国农村的研究还是有很多的。杜赞奇通过分析满铁资料，详细论证了晚清以来国家权力是通过哪些渠道深入村庄的，还从村落以外的社会关系中分析村庄社会的组织原则，提出了探讨地方社会与国家之间关系的集市体系理论。黄宗智认为，1949年以后国家权力在乡村强力渗透，取代了传统的国家、士绅与农民的三角结构，而且政治对乡村社会的影响远远超过农村生产关系变革带来的影响。萧凤霞认为传统时代的中国村落具有较大的自主性，国家政权主要通过地方精英网络控制乡村社会，但是20世纪国家的行政力量逐渐下沉到乡村，造成"社区国家化"的现象。他们对国家与乡村社会的关系方面的研究给本书提供了很好的理论视角。改革开放以后，西方学者对中国农村社会变迁的研究逐渐增多，主要围绕集体经济、村民选举、乡村治理、农村转型等方面进行研究。赵文词(Richard Madsen)通过对移居香港的广东陈村村民的访谈，区分出农村社会的两类精英即"符合社区道德期望的精英"和"适应国家道德期望的精英"，指出这两类精英之间的冲突反映了新型意识形态与传统道德在农村社会发生的矛盾与冲突。戴慕珍(Jean C. Oi.)关注农村改革对基层干部的影响，认为农村改革打破了传统体制下基层干部与农民之间的"保护—依附"关系，但是基层干部通过创办集体企业、承包地的调整、税费征收等方式，开辟了新的权力资源，尤其是创办集体企业获取了财政权力，进一步推动了改革开放后集体乡镇企业的迅速崛起，她将这一现象概括为"地方政府法团(公司)主义"(张要杰，2010)。

中美建交后，美中学术交流委员会希望在中国农村选择一个供美国学者进行连续性、蹲点式社会调查研究的基地，最终选定了距离北京不远、较能代表中国农村普遍情况的山东邹平以冯家村为基地的9个村镇。"邹平项目"大大推进了美国对改革开放以后中国农村研究的深度与广度，研究涉及国家与农民关系、民营经济发展、干部任免和政府决策机制、农业改革和农村体制变迁、经济发展对环境的影响、公共纠纷调解机制、教育分配和社会化过程等许多重要方面。① "邹平项目"开始于1987年，结束于2008年，先后有200多人次，覆盖社会学、人类学、经济学、政治学、历史学、环境学、农学等多个学科的美国学者来邹平调查中国乡村的政治、经济和社会发展。欧迈克是"邹平项目"的负责人，他希望把"邹平项目"作为改善中美关系的突破口，积极推动美国对华政策调整。欧迈克通过全面调查发现，邹平的变化主

---

① 光明网，http://www.gmw.cn/xueshu/2018-11/05/content_ 31901419. htm, 传递真实中国需要"田野调查"。

要体现在新工业的出现、市场的扩大、基础设施的快速建设、镇政府管理职能的扩大、从人治到法治的变化、老百姓思想观念从封闭到开放的变化，他还对邹平的政治体制和经济体制的改革情况、人事管理、百姓的精神面貌、当地的龙头企业以及金融业给予了特别关注。黄树民以健康和营养作为研究视角开展田野调查，希望能证明1978年以来的十年市场改革究竟在何种程度上给百姓带来真正的实惠。戴慕珍的研究重点是一个村庄是如何做到快速工业化的，通过对工业发达地区的农村和较不发达地区的农村的对比调查，希望能找到主要的影响因素、主要的参与者以及遇到的实际困难和具体的解决办法。魏昂德对1978年和1992年的邹平进行了工农业产值、居民人均年收入、财政收入和支出、工业税收、公路、电话、卡车等多方面的对比研究，突出了邹平在各个方面的进步，分析了背后的变迁动力（王兆成，2008：178-180）。邹平项目所涵盖的研究内容、田野调查方法、资料呈现、分析视角、理论发现是中国乡村调查和研究的绝佳范本，本研究也从中受益良多。

国外学者对21世纪以来中国乡村建设的研究主要围绕以下几个主题进行，一是乡村建设的要素研究，比如农民的创业精神、社区协作等；二是乡村建设的主体，比如政府、志愿者和乡村社会组织等；三是乡村建设的理论研究，学者们或结合实务，或结合研究领域，站在乡村发展或全球治理角度，探讨了这方面的理论建构（廖彩荣，陈美球，2017）；四是乡村建设的个案研究，围绕中国某个地方的乡村建设和再造实践进行经验介绍和思路总结。

总体来看，国内外学者对21世纪以来的中国乡村建设的研究大多基于资料翔实的案例研究，分析了城市化对某个村庄的具体影响以及村庄的应对思路；或者围绕乡村建设的某个方面比如文化建设、产业发展、环境整治的问题—对策型研究。大多止步于一般性的经验资料分析，而没能上升到新概念和新理论的发现程度，也未见多少结合政治经济学和诠释学去融合宏大历史进程、社会结构与行动者具体行动的理论努力，本书希望能在这方面有所推进。

三、我国乡村建设实践的历史脉络

乡村建设（rural reconsturction）这个词最早出现在爱尔兰，是19世纪70年代以来城市工业化造成对乡村的剥夺和破坏，从而引起的重建乡村、恢复乡村的安宁和繁荣的国际性社会运动潮流的产物。这个词在20世纪20年代中期与中文的"乡村建设"一词合流，形成了民国时期的"乡村建设"概念。此外，我国清末民初的乡村建设运动也是全球乡村世界主义（rural cosmopolitanism）的一部分（王果，2019），因为19世纪中叶以后，中国已逐渐被卷入资本主义世界体系。

作为一种实践活动的乡村建设是指个人或团体实施的能够让乡村摆脱衰败、恢复生机的各种举措。从实际活动来看，我国的乡村建设最早可追溯到北宋时期，但是从"乡村建设"这个词语在中国正式出现的时间来看，则是指从20世纪初开始、一直持续到现在、已有一百多年历史的乡村改造和复兴事业，本书研究乡村建设的历史脉络采用后一种理解。此外，本书之所以使用"乡村建设实践"而不是"乡村建设运动"，是因为社会运动乃是指在部分机构或个人的激发下扩展开来的大范围的社会政治、经济、文化等方面的社会变革行为，而在一百多年的乡村建设历史中能达到这种程度的乡村建设活动并不多见，可能只有民国时期的乡村建设可称之为运动。学界对这一百多年的乡村建设实践应该怎样划分阶段，起点是清末乡治还是民国时期的乡村建设，要不要以1949年作为一个分界点，目前尚未达成一致观点。本书在借鉴相关研究成果的基础上，尝试从我国乡村建设一百多年的历史脉络中寻找比较鲜明的几个转折点来划分乡村建设的若干阶段。对乡村建设实践历史脉络的梳理是为了把本书所论及的现今一个村庄的乡村建设置于整个乡村建设实践的历史脉络中去审视，从中体会过去和现在于不同时空条件下的接续和突破、共性和差异。

（一）清末民初的乡村自治

乡村治理又称乡治，在"皇权不下县"的帝制时代（尤其是明清时期），其运作是以保甲制为载体、以宗族为基础、以士绅为纽带的。鸦片战争之后，民族危机催发社会启蒙，一些"开眼看世界"的知识分子吸收了西方民主政治理念，并与传统乡约思想相融合，形成了中国近代的乡村自治思想。这一思想直接影响了乡村士绅，促发他们进行乡治改革实验。河北定县翟城村作为中国近代乡治的发源地，就是在具有现代意识的乡绅米春明、米迪刚父子的引领下开始的自治实验。从1904年到民国初期，米氏父子在翟城村先后实施了一系列的乡村改造，包括新式教育、识字运动、移风易俗、整顿治安、议定村治组织大纲、建立医院公园等。到了20世纪30年代，全国农村凋敝破产、政局混乱，翟城村自治陷入绝境，抗日战争爆发后自治实验就偃旗息鼓了。

米氏父子开启的清末村治实验引发于民间内生的融合传统与现代元素的乡村改造力量，体现了乡村精英探索乡村现代化道路的自觉意识，其地方自治的探索对以梁漱溟、晏阳初为代表的民国时期乡村建设派有很大的启发意义。

(二) 20世纪20—40年代的乡村建设运动

20世纪20年代，中国饱受内忧外患，内有军阀混战、地方割据、乡绅地主劣绅化；外有帝国主义欺凌，中国沦为资本主义世界体系中被中心压制和剥削的边缘，乡村手工业遭受洋货的巨大冲击。农民自给自足的自然经济遭到很大破坏，农民从土地上游离出来之后又不能被新的生产方式所吸收，导致民不聊生。当时中国的乡村危机不仅仅体现在经济崩溃上，而是经济、社会、文化的全面衰退，这固然有世界经济危机对中国乡村的影响，最重要的因素还是近代以来中国城市化、工业化的历史进程导致的城乡背离化的发展态势。与此同时，西方的民主、法治、科学等现代思想传入中国，影响了一大批知识分子，他们认为要救国必须先救乡村，乡村的前途和中国的前途紧密相关。于是，在乡村建设领袖和乡村建设团体的带动下，越来越多的知识分子加入乡村建设的队伍中。据南京国民政府实业部的调查，截至1934年，全国从事乡村建设的团体和机构有600多个，先后设立的各种试验区有1 000多处，关于乡村建设的报道和讨论在各类刊物中层出不穷，掀起一股热潮。由于这个时期多地都有乡村建设实验，规模和声势较大且有联合的倾向，可称之为乡村建设运动。

费正清主编的《剑桥中华民国史》把民国时期的乡村建设实践分为六个类型：本土型(梁漱溟、陶行知为代表)、西方影响型(晏阳初为代表)、教育型(晏阳初、陶行知为代表)、平民型(晏阳初、陶行知为代表)、军事型(彭禹廷在河南镇平县建立的地方防卫政体)、官府型(南京国民政府直接支持的浙江兰溪和江苏江宁两个实验县)。其实它概括得不是很全面,卢作孚领导的重庆北碚峡防局在嘉陵江三峡地区的实验,黄炎培领导的中华职业教育会在江苏昆山徐公桥等地进行的实验、高践四领导的江苏省立教育学院在无锡黄巷的实验这几个比较有名的乡村实验都没有被关注到。其中影响较大的是梁漱溟的邹平文化复兴模式和晏阳初的定县平民教育模式。

梁漱溟领导的山东乡村建设研究院在邹平县的实验,是从清末"村治派"得到启发,发展出以儒家思想为主导的乡村建设哲学,被称作"旧派"。他希望通过乡村建设实验可以解决农村的组织化、农村经济的发展、为农民寻得精神出路等问题。晏阳初领导的中华平民教育促进会在河北定县的实验,依靠美国的资金支持,有很强的基督教色彩,被称作"新派"。晏阳初选择定县作为乡村教育和建设的实验基地,探索出了涵盖"一大发现、两大发明、三种方式、四大教育、五个结合"的平民教育体系(晏阳初,1990:246)。

民国时期乡村建设运动主要由民间力量发起、以知识精英为主导,虽然参加的人数和实验的地区都不少,但由于领导者的理论学识、切入点和所处环境的差异,导致派别林立,尤其是区域和切入点不同,导致彼此隔阂,总体功效不大。后来,中日民族矛盾激化、国难当头,需要全国团结一致去抗敌,加上各派都有农村、农民问题事关国运的共识,于是有了走向联合的意愿。全国乡村工作讨论会就是促进各派联合的一个主要平台,一共召开了三次会议,力促各派为了全国乡村的整体复兴携起手来,在求真务实、广泛交流、群策群力方面起到一定作用,但在如何整合各方力量以推动全国的乡村建设上并没有太大作为。此外,当时的民国政府各部门之间的联合以及官方与民间的联合也不太密切,政府也没能起到统领全局的作用。而且,抗日战争的爆发使各地的乡村建设运动戛然而止,社会改良让位于救亡图存成为各界共识。

郑大华认为民国时期乡村建设运动之所以无法切实地复兴农村,是因为它无力解决外国农产品的大量倾销、土地分配严重不均和农民负担太重这三个问题,这是由它改良主义的性质决定的。民国时期乡村建设运动在兴办教育、改良农业、公共卫生和移风易俗、流通金融、提倡合作以及号召知识分子深入农村、用自己的知识和技术改造农村方面,都发挥了一定程度的积极作用(郑大华,2000)。民国知识分子不畏艰苦扫除文盲和帮助农民摆脱贫困的行动方向和济世情怀是值得肯定和赞扬的,有的做法依然能指导今天的乡村建设工作,不能因为他们的行动具有维护既有秩序的改良主义性质就否定其积极面,也不能因为革命在当时的优先性就否定改良对当地教育、经济、卫生等方面的改善作用,甚至有的影响还深远地延伸至今,体现了社会建设在不同政治制度背景下的共通性。

从清末到中华人民共和国成立前的乡村建设虽然主要由知识分子发起和组织,但这个时间段也有两个主要的政治势力有乡村建设方面的行动,不过这两个政治势力的乡村建设举措与其政治考量是联系在一起的。一个是南京国民政府在1927—1945年间的复兴农村的一些做法,例如颁行保甲制度和新县制、修建大型水利工程、颁布减租法令等。国民政府推行的乡村复兴属于体制内的改良,以期通过乡村复兴来瓦解军阀势力并阻止中国共产党领导的新民主主义革命在乡村的壮大,从而维护其政治权威,改善农民的生活状况并不是其主要目的。

另外,中国共产党在1927—1949年间在江西、福建等农村根据地进行了一系列的乡村改造运动。国共十年对峙时期,中共在革命根据地执行的土地革命路线规定:依靠贫雇农,联合中农,限制富农,保护中小工商业者,消灭地主阶级,变封建半封建的土地所有制为农民的土地所有制。这一举措调动了一切反封建因素,削弱了国民党在农村的依靠力量——地主和乡绅阶层,为推翻国民党政权准备了条件。解放战争时期,中共在陕北和其他解放区的乡村建设主要表现为土地改革。1947年10月10日,中共中央发布了《关于公布中国土地法大纲的决议》,使解放区一亿多无地和少地的农民分到了土地,大大激发了农民革命和生产的积极性,最终争取到充足的兵源和老百姓的人力物力支持,这些成为解放战争迅速取胜的可靠保证。

(三)20世纪50年代到1978年的"乡村社会主义改造"

这个阶段乡村建设的主导者是中国共产党及其领导下的各级人民政府。由于特殊的政治环境,这个时期的政治格局表现为国家强、社会弱,社会自组织缺乏成长的空间,因此民间没有多少自生自发的乡村建设力量。

1950年实行的土地改革,是新中国乡村建设的序曲。当时,根据《中华人民共和国土地改革法》的规定，废除封建剥削的土地所有制，实行农民阶级的土地所有制，也保存了富农经济，政治上中立富农。土改的同时，政府通过颁发土地证、发展农副业生产、取消地方农业附加税等措施恢复农业生产并取得了显著效果。这些举措满足了千百年来农民"耕者有其田"的渴望，改善了农民生活，农民对新政权的信任和支持度大增，从而巩固了新生政权。但是地主阶级的消灭也使那些善于经营管理、种田技能高的地主无法成为生产力的一部分。

在当时农民大多比较贫困的情况下，分散经营使得农民很难凭一家之力去购买畜力和农业物资，农民开始有了换工、搭伙等形式的生产互助行为，但是完全建立在自愿基础上的农民互助组难以解决"免费搭车"现象，于是政府力量开始介入以改造互助组。在农村内部拉力和政府推力的联合作用下，互助组被各地农村普遍接受，土地集体化随之出现，因为在中央政府的规划中，这种劳动互助是建立在个体经济(农民私有财产)基础上的集体劳动，其发展前途就是农业集体化或社会主义化。1953—1956年，政府通过互助组—初级农业合作社—高级农业合作社的三步走策略，完成了土地从农民私有到集体所有的转变，建立起集体所有制的农业经营形式，1958年建立人民公社制度以适应集体化的农业生产。然而随后的"大跃进"运动严重损害了农业生产和农村建设。

自1967年五六月起，全国武斗四起，"红卫兵"也陷入了盲目的武斗中。与此同时，大学停止招生，各个行业劳动力饱和，66、67、68三届学生积压达1 000多万人。为了解决这些城市青年造成的社会难题，1968年12月，毛泽东发出指示："知识青年到农村去，接受贫下中农再教育，很有必要。"于是，全国掀起了知青上山下乡的热潮。一度震撼全国、轰动全世界的"红卫兵"运动被轰轰烈烈的上山下乡运动所代替。可以说，知识青年上山下乡接受再教育是为了缓解就业压力和降低"红卫兵"的政治狂热提出的，因为上山下乡的地方是农村，"新农村建设"这一说法也就被官方正式提出了，与上山下乡运动彼此应和。由于受极左思潮的影响，知青工作暴露了许多问题，很多知青在生活上长期不能自给，在口粮、住房、医疗等方面存在一系列的困难。各地为了完成政治任务，制定了很多主观随意性较强的"土政策"，使知青政策完全处于混乱状态,知青也就难以切实为当地的乡村建设贡献自己的力量,新农村建设也未能见成效。

总而言之,20世纪50年代到70年代的乡村社会主义改造的确大大改变了乡村的社会结构,尤其是人民公社制度建立之后,国家政权实现了对乡村社会的全面渗透,实现了农村的全面组织化,从而便于国家从农村提取剩余资本以服务于国家工业资本(温铁军,2014)。当乡村的社会生活军事化、经济生活行政化之后,乡村的主体性也就被掏空了,从而失去了探索多样化乡村建设路径的可能性(郭海霞、王景新,2014)。在被工业化和城市化汲取了大量资源之后,1978年党的十一届三中全会召开前,中国农村的大多数地方依然比较贫困。从某种意义上说,这个时期的乡村并没有得到很好的建设,只能说是经历了一次"社会主义改造",但却以牺牲自身为代价,为快速建立完整的工业体系准备了物质条件。

(四) 20 世纪 80 年代至 2005 年的乡村建设实践

20世纪70年代末,集体化农业与人民公社制度的弊端日益凸显。由于分配制度不合理(不能按劳分配),农民们缺乏劳动积极性,可见集中土地和劳动力并不一定能提高农业产量。此外,把农民的自留地、家庭副业和集市贸易等当作"资本主义尾巴"一并割除,一味强调"以粮为纲",限制多种经营,这些措施使得农民的生活颇为困窘。安徽凤阳小岗村的18户农民在1978年的一个冬夜签下了分田到户大包干的"生死契约"。

小岗村农民的创举大大提高了农业生产效率,这一有力事实终于让人们认识到传统小农生产方式与农民文化心理的契合性——"无恒产者无恒心""不能让懒人占便宜",所以"大锅饭"不符合农民的普遍心理。与此同时,国家也基本完成了工业化的原始积累。这样,1982年"家庭联产承包责任制"这个重新让农民获得土地、让家庭成为乡村基本生产经营单位的制度得以产生。

其实,乡土中国的文化根基是家族主义文化和在此基础上的家户式经营。如果说集体化时代的经营方式是政治对文化的忽略,那么从人民公社体制向以家庭为单位的生产责任制的转换,则是政治对文化的妥协,即承认文化是不可以强行中断的(庄孔韶,2000:3)。这一让土地和家庭紧密结合的新制度极大地调动了农民的生产积极性,农民生产出更多数量和品种的农产品,实物收入大大增加，同时政府提高农产品价格的幅度也比较大，这样就大大提高了农民的货币收入。从20世纪80年代到90年代中期，国家除了推行家庭联产承包责任制，还鼓励兴办乡镇企业、集体工业，同时国家逐步退出对农村生产和生活的干预，开始推行村民自治。这一系列举措大大解放了农村生产力，改善了农村风貌、农民生活和精神面貌，成就了改革开放以来中国乡村建设的一段黄金时期，80年代流行的歌曲《在希望的田野上》正是对当时农村一派欣欣向荣景象的生动写照。

20世纪80年代后期城市化浪潮渐起，从90年代中期开始，乡村的中坚力量大批涌向城市，谓之"民工潮"。90年代后期，随着市场经济体制日益完善和市场竞争日益激烈，乡镇企业由于知识、技术、管理上的短板无法应对市场竞争，出现整体上的衰败。乡镇企业的工人失业，失业工人随即加入了"民工潮"。这样，乡村人口锐减、资源流失，慢慢走向凋敝。在城乡二元体制和乡镇政权向农民过度汲取税费、城市化狂吸乡村资源等多股力量的作用下，到21世纪初，"三农"问题已经非常严峻。

各地的乡村建设一开始多是由政府发起的，但是地方政府的财权有限，深入实地进行调研规划和项目落地的人才资源也不足，相关的制度和政策也有待完善。此外，在体察百姓的细微需求方面，政府也不如社会敏锐。因此，2003年以来，一些社会力量开始加入乡村建设的行列中来，去做一些政府暂时无暇顾及或者力不能及的改善乡村现状的事情，给乡村建设带来了新的希望，其中最为突出的就是关心乡村建设的学者。

虽然21世纪以来的乡村建设在时代背景和乡村不振原因上与20世纪初的乡村建设颇为不同，但是20世纪初乡村建设的先行者为当下城市化背景下艰难求索的乡村建设者们提供了可资借鉴的丰富的理论资源、实践资源以及精神感召力。精神感召力具体表现在不忍农民生活贫苦的悲天悯人的情怀，帮助弱势群体、促进社会公平的公共精神，探索现代化强国之路的爱国精神等方面。温铁军先生是最早提出"三农"问题的学者，他认为"三农"问题涵盖农民、农村、农业三个方面，解决的方向是农民增收、农村发展和农业增效。在他1996年提出"三农"问题之后，国务院于2003年正式将"三农"问题引入政府工作报告，成为政府迫切需要解决的一个重要问题。

第一章　导论

2001年，温铁军借助中国人民大学的力量重启了乡村建设研究，开始把一般的乡村调研发展为组织青年知识分子和大学生志愿者下乡，直接在乡村操作乡村调研、农民培训和乡村实验。2003年他来到晏阳初当年从事平民教育和乡村建设实验的河北定县翟城村，创办免费培训农民的"晏阳初乡村建设学院"，资助受训农民回乡创办各种合作社和公益组织。2004年，他出任中国人民大学农业与农村发展学院院长，并在北京指导创立"梁漱溟乡村建设中心"，以梁漱溟等前辈的乡村建设理论为基础，在多地开展直接与农民相结合的乡村建设实验，逐步摸索出社区支持型农业、经济先行文化跟进等切中当地百姓需求、实现城乡互联的可行做法。温铁军团队在乡村实验中形成的政策建议除了以书面形式呈报国务院外，还两次当面向国务院领导汇报并得到积极回应。除了温铁军团队，湖北的"华中乡土派"在全国范围支持了多个经济和文化合作方面的乡村实验并基于这些实验提炼出了一些政策建议呈报中央。可以说，这些新乡村建设学者的努力对中央在2005年提出建设社会主义新农村的重大决策起到了很大的推动作用，体现出广大学者献言献策、促进城乡均衡发展和富民强国的济世情怀。

(五) 2005年至今的乡村建设实践

随着农业面临资源短缺、生态环境脆弱和市场约束、体制障碍的问题越来越严重，城乡差距进一步拉大，同时考虑到中国已进入工业化中期，具有扶持农村的经济实力，再加上广大学者针对新乡村建设提出了很多立足现实的政策建议，于是在2005年10月，《中共中央关于制定国民经济和社会发展第十一个五年规划的建议》首次提出建设社会主义新农村的目标，把解决好"三农"问题作为全党工作的重中之重，实行工业反哺农业、城市支持农村，促进城镇化健康发展。党的十六届五中全会提出要按照"生产发展、生活富裕、乡风文明、村容整洁、管理民主"的要求，扎实推进社会主义新农村建设。可见，社会主义新农村建设的本意是良好的，是为了提高农民的生活水平和农村的发展水平，但是有些地方政府在具体执行新农村建设相关政策的过程中出现了误区。比如把新农村建设简单理解为新村建设，而又把新村建设理解成拆农民的房子让农民上高楼。农民盲目被上楼，失去了院落经济，导致生产生活成本骤增，农民怨声四起。可见，拆村并居不能无视当地的经济发展水平和农民的发展权利。此外，形象工程、土地财政、追求政绩等做法，都背离了社会主义新农村建设的宗旨，亟待矫正。2013年的中央一号文件依据美丽中国的理念第一次提出建设"美丽乡村"的奋斗目标。自2005年以来推行的社会主义新农村建设和美丽乡村建设，在改善农村基础设施、村容整洁、社会保障等方面取得了很大的进步，但是并没有真正提振乡村发展的内生力量，加上历史欠账太多，城乡发展的不平衡、不协调问题还是比较突出，表现在农业基础不稳固、农村社会事业发展落后、农村精英进一步流失、城乡居民收入差距较大。党的十九大报告指出我国社会主要矛盾已经转化为人民日益增长的美好生活需要和不平衡不充分的发展之间的矛盾，并在此基础上提出乡村振兴战略以促使乡村摆脱发展的僵滞状态，同时也通过"乡村振兴"这一新的意识形态话语再造实现对之前话语的衔接和突破，从而重燃社会各界对乡村发展的信心和希望。

20世纪初的乡村建设事关国运，因为那时的中国还是传统农业国家——"乡村衰败则国家衰败"。到了21世纪，我国农业占GDP的比重每年下降2~3个百分点，目前只占到9%左右，乡村衰败已不能完全影响国家但乡村依然很重要，不仅事关粮食安全，还因为农业现代化滞后、新农村建设滞后以及农民在收入增加、素质提升、权益保护等方面滞后的诸多现实，不利于全面建成小康社会。如果工业化和城镇化无偿、低偿地索取农业资源，农民"钱从哪里来，人往哪里去"的问题解决不好，农业现代化进程就会受到制约，反过来影响工业化和城镇化进程。此外，居住在乡村的占人口总数一半的农民[①]的生活境遇远不如城市居民，这不利于社会稳定。

学者的乡村建设探索在这个阶段渐入佳境且仍在进行中。2005年，温铁军倡导成立"中国人民大学乡村建设中心"，温铁军及其团队还在全国14个省建立了10个市县级试验区和50多个村级试验点，依托这些平台，组织了上百个高校学生社团的上万名志愿者下乡支农，开展了包括农民合作、乡村文化、生态技术、市民农业、城乡互助等实践性探索。在温铁军的影响下，很

[①] 第七次全国人口普查显示：我国大陆31个省、自治区、直辖市和现役军人的人口中，居住在城镇的人口为90 199万人，占63.89%。居住在乡村的人口为50 979万人，占36.11%。

第一章 导论

多地方都出现了知识分子发起的新乡村建设实践,比如贺雪峰在湖北倡导成立的既能聚会娱乐又能协调纠纷的村老人协会;廖晓义在四川创办的从读、耕、居、养、礼、乐六个方面来复兴传统文化,同时培育公共空间和公共精神的乐和家园;何慧丽在自己挂职的兰考县成立老年人协会、组织农民合作社、组织农民开展文娱活动,用10年时间把新乡村建设的实践覆盖到了兰考、开封和郑州,大大提升了农民的自组织能力;李昌平在河南信阳郝堂村主持以激活乡村资源、创造经济价值的"内置金融"为切入点的村社共同体主体性重建及自主综合发展实验,并使农民的财产权(抵押贷款权)得以实现。虽然有人把当下的乡村建设者分为做学问的、搞政策研究的、做实验的、扎扎实实做事的(如文化、教育、金融、生态)这几类,但还是把理念和实践结合在一起的倡导"理念永远从脚板心来"的,以高校教师、支农大学生和志愿者为主的知识分子型乡村建设者居多。这些乡村建设者充分运用自己的知识、观念和理论去组织农民、赋能农民、整合资源,在自己的实验基地进行可贵的探索。目前来看,学者们的乡村建设由于没有得到政府的有力支持和媒体的大力宣传,没能形成更大范围的乡村建设的交流和联合,未能掀起全国性的民间乡村建设热潮,仅仅是零零星星的探索,有成功,也有失败,且不确定是否有可持续性。20世纪初乡村建设主要从乡村教育入手并涵盖"政、教、富、卫"等方面进行具体的乡村建设,当下乡村建设知识分子在传承的基础上有所突破,那就是主张回到具体的地方社会脉络,在生态文明视野下连接生态、文化、社会、政治、经济等立体维度,树立完整的、可持续的乡村建设思维。但是这些突破目前更多地体现在认识层面,具体如何操作还有很多不确定的地方。

无论是国家层面的努力还是广大学者的实践探索,最终的目标都是实现乡村的现代化。乡村的现代化不等于城市的现代化,而是基于乡村的传统文化、自然资源、地域特色,同时吸收现代观念、知识和技术,完成的是尊重乡村社会系统自身的延续性、完整性和自主性而不是千村一面的现代化蓝图,这符合费孝通先生提出的以保存乡村总体性和主体性为原则的乡土重建思路,也就是尊重乡村发展的地方经验且多元自主的乡村建设道路应当成为乡村建设实践的一大价值导向。此外,当下后现代和全球化的语境催生出以学术反思为特征的"针对发展的人类学",揭示了某些国家的政府以及国际组织滥用权力和资源,干预项目实施地人民的社会和经济生活的现实,这样做既破坏了当地的文化生态和社会结构,也加大了项目的推行成本和降低了项目的实际效果。

一百多年的乡村建设实践不仅仅是各乡村建设团体、政治组织的社会实验、改良、革命、建设等各类行动,同时也是有背后的理念做指导的行动,只是有的理念成熟些,有的理念模糊些,有的理念在实践中慢慢产生,但都希望在实践中得到检验、修正和发展。乡村建设是思想和实践的结合,与乡村现代化和中国现代化的道路探索紧密相连。

新中国成立以前,执政党的乡村建设的实践基本都是作为手段而存在的,服务于更高的政治目的,或者是为了夺权政权或者是为了巩固政权,或者是为了缓解就业压力,从中体现出国家对社会(农村)、城市对乡村的索取。这与20世纪初学者以改造乡村、改善民生为目的的乡村建设有本质上的区别,也与新中国成立后中国共产党切实改进民生、促进农村可持续发展的乡村建设有本质上的不同。

21世纪初以来知识分子型乡村建设者们的努力虽然经常遭遇来自基层的阻力,但一直在左奔右突中根据当地实际情况调整思路和方法,他们的理论和实践得到了社会各界的广泛关注,尤其是得到了中央的肯定和支持,从而推动了中央一系列建设乡村政策的出台。

这五个阶段的乡村建设实践都是基于乡村的破败,而破败的原因颇为复杂,大体包括帝国主义的经济侵略、严重的封建剥削以及战争、匪患、天灾、城市化、工业化等,尤其是百年工业化和城市化进程中的代价被转移到乡土社会,城乡背离化发展成为乡村衰败的直接原因。当下乡村的凋敝主要来自服务于工业化目标的城乡不平等的二元经济社会结构及其相关的政策体系,造成对乡村的资金、技术、人才、土地、劳动力的汲取,使乡村逐渐失去战略性发展资源而陷入衰败。因此,乡村振兴的关键点就是促使土地、资金、劳动力从城市回流到农村,创造有利于城乡要素自由流动与乡土价值体现的制度环境和舆论氛围,在城乡关系中解决乡村发展落后的问题,解除城乡之间二元对立的体制和机制,实现城乡之间的融合发展。

第一章 导论

当前乡村建设的发起者是多元的，包括各级政府、学者、村级自治组织、村民、各类社会组织、企业、民间人士等发起的各种形式和内容的乡村建设活动，这些实践相互激荡，乡村向何处去的议题遂成为当下中国的热点话题。从目前来看，政府还是这一轮乡村建设的主导力量，但是民间力量的参与也不可忽视且声势日增，形成了流派纷呈的乡村建设模式。不过民间力量大多是各做各的，有做得比较好的，也有做得不好而中途放弃的，总体来看力量比较分散，缺少整合，尚未形成蔚为大观的社会运动。主要原因是国家与社会之间的不平等关系，表现在政府对民间组织管控重于扶持的理念和体制，以及民间组织因为缺少发展空间而内部管理混乱、专业性不足且民间组织之间协调联合的机制尚未成熟。

政府主导、多方力量牵头或参与的不同地方的乡村建设实践此起彼伏，只是有的乡村建设在自觉状态，有的在自发状态，有的初见成效，有的举步维艰。总体来看，传统农业比较收益低下、推动农业现代化发展的体制机制的缺乏、阻碍城乡要素自由流动的城乡二元经济结构及其相关政策体系的存在，农民基于对不平等的城乡境遇的体验产生的贱农主义观念等因素，导致农村人口还在持续净流出，乡村的衰落仍是事实，有的村庄改善了硬件设施却依然阻挡不了人口的大量流出。尽管也有乡村建设做得较好的实例，如戴庄村、郝堂村，但这样的村庄并不多见，而且其发展模式不一定能复制，因为各地有自己独特的自然人文特质。

自2005年新农村建设以来，国家一直就在扶持乡村发展，但总体来看效果并不明显，即使现在提出了乡村振兴战略意图弥补以前工作的短板，但地方的实践还是呈现出对以往思路和习惯的某种路径依赖，中央对地方的资源支持和政策支持也没有配备得比较到位。那么，当下的乡村为何较难复兴，其中的困境有哪些，导致困境的原因有哪些，与历史上的乡村建设有何关联，又有哪些希望存在，是笔者尤为关注的。基于这样的考虑，本研究选择了一个乡村建设成效不甚明显的东部乡村进行人类学考察，希望能对当下中国乡村建设事业的实际推进尽到属于自己的一份心力。

四、理论视角、研究方法与章节概要

人类学的中国乡村研究始于1899年美国传教士明恩溥（A. H. Smith）出版的《中国乡村生活》一书，后来高延和葛兰言也把乡村作为理解中国的着眼点，但都没有走出西方中心主义的研究立场。随后就是中国学者运用社会学理论和方法研究中国的乡村社会，把乡村问题看作中国社会的根本问题，从乡村出发去探索中国现代化的道路。然后就是中国的社会学家、人类学家运用社会学理论和方法研究中国乡村，分别在20世纪30—40年代和80年代形成两个研究高峰。已有的乡村人类学研究产生了很多优秀的乡村民族志作品，比如《江村经济》《金翼》《林村的故事》《礼物的流动》等，这些民族志主要涉及乡村的家庭和家族，农民的人文性格，乡村的宗教信仰以及乡村社会的结构、分层与权力（徐杰舜，刘冰清，2012：5）。其中，乡村社会的结构、分层与权力方面的研究最多，主要研究1949年以来村庄内部的社会结构变迁、村庄与国家之间的政治经济与意识形态关系的变化（王铭铭，2003）。源自这些前辈研究的启发，本书在分析芦荡村乡村建设中遇到的困境的时候，也运用了国家与社会关系的分析视角。不过中国的国家与社会关系与西方的国家与社会关系还是有差别的，中国更多地表现为国家对社会的控制程度问题，西方则更多地表现为两者之间的权利、边界和交换问题。

本书的研究对象是中国东部的一个村庄。目前还没有看到围绕某个村庄的乡村建设困境进行多主体、多层面的结合国家、政党、社会和历史的视角，打通行动者与结构（微观与宏观）之间关系的描述和分析的人类学研究。围绕乡村建设的某个方面比如环境整治、经济建设的社会学和人类学研究还是有的。而且，通过对一个村庄的乡村建设困境的细致解剖，能更清楚地发现影响当前乡村建设成效的关键因素，从而有针对性地进行改进。

笔者在考察这个东部村庄乡村建设的实际情形的过程中，发现作为行动主体的人或人的集合（群体）以及结构性的社会安排都对乡村建设实践产生了各种影响，体现了结构与能动性在实践中的互动与融合。在社会学和人类学的理论发展史上，关于社会与个人的关系，出现过偏重社会事实、社会文化结构（如迪尔凯姆、拉德克利夫·布朗）的作用和偏重个人能动性（如韦伯、利奇、巴特)的作用这两种倾向,这源于传统社会学知识体系中所包含的一系列二元对立的矛盾,如微观和宏观、主体和客体、能动和结构、个人与社会。从20世纪六七十年代起,西方社会学理论出现了一种综合的趋势,产生了一些力图对主观与客观、个人与社会、结构与能动之间的二元对立关系进行超越的理论尝试。一些学者对结构和能动性的关系进行了折中或整合,比如萨林斯的象征/文化理性观点,把"文化理性"作为整合中介;帕森斯的社会行动与模式理论,把"行动单元"作为整合中介;伯格和卢克曼的社会建构理论,把"常识的构建"作为整合中介,这些理论都从不同的面向对复杂的社会现实进行了抽象和化约(陈学金,2013)。缓解二元对立思维导致的现代社会学的方法论危机、对结构与能动性的关系进行理论综合的较为出色的学者当推布迪厄和吉登斯。

布迪厄在早年的一段人类学学习经历之后,开始反思社会学理论中主观主义与客观主义之间的长期分歧,进而探索实践的逻辑(布迪厄,2003:19)。他试图通过"惯习"(外在性的内在化)和"场域"(内在性的外在化)的概念消解主观主义与客观主义之间的对立性。场域并不是一个实体,而是一束关系,是"由附带一定权力(或资本)形式的各种位置之间一系列在历史上形成的关系所构成的一个网络"(杨善华,1999:279)。惯习(habitus)是外在于行动者的客观的社会规则、价值观念在行动者身上的内化,由积淀在行动者身上的一系列历史经验构成,既被场域决定,又由于行动者的行动而产生新的结构,具有历史性和生成性的特点。惯习是主体认识社会的一种认知结构,结构通过惯习间接地支配着社会行动,惯习对结构的形成也起到一定的制约作用。惯习的形成是社会结构的内化与主观化的过程,社会结构的再生产则是以惯习为中介的。"惯习这种性情倾向在实践中获得,又持续不断地旨在发挥各种实践作用;不断地被结构形塑,又不断地处在结构生成过程之中"(布迪厄、华康德,2004:163-165)。当惯习与场域发生关联的时候,实践就产生了,实践是沟通结构与能动性的中介。布迪厄反对对实践的意识化理解,明确地主张实践是一种非意识化的在习性引导下开展的行动,实践逻辑的基本特征就是它的非连贯性、非总体性、非严密性和模糊性(谢立中,2019)。

吉登斯认为结构是行为主体在其多样性的行动条件下创造出的各种规则

和资源，而结构不断卷入其中的社会系统则是由行为主体的种种活动构成的，社会系统在特定时间与空间的条件下能被不断地再生产出来，且总是在行为与后果之间回返(Giddens，1984：5)。也就是说结构一方面作为不断卷入社会系统再生产的规则和资源被行动者利用来创造各种社会关系和制度，另外一方面又以"记忆痕迹"的形式存在于人们的头脑中，成为促成人们行动的动机因素。吉登斯所界定的结构化，指的是在绵延的行动流中，结构反复不断地被生产和再生产的过程。正是通过结构化的过程，宏观的社会结构才和普通人的日常生活连接起来。结构化理论的主题就是结构二重性，二重性不同于二元论，二元论指的是两个并列的分立的事物，二重性指的是同一事物的两个面向。结构二重性指的是社会系统的结构性特征既是行动的条件又是行动的后果；结构既对行动具有制约性，又同时赋予主体主动性。结构作为规则和资源被行动者利用，使行动成为可能，通过行动，结构也得到了再生产。这与人类学家弗雷德里克·巴斯的观点颇为相似，巴斯认为社会结构是依靠行动的执行来完成秩序和规则的安排，所有的结构(无论是制约因素还是支持条件)都是为行动而存在的，制度和习俗是不能直接观察的，只有通过观察人们的行为才能发现它的存在。吉登斯特别强调结构是被行动者使用的东西，规则和资源必须要在行动者的行动中才能被看作某类结构。人们可以按照在行动中不断产生的新要求来调整行为规则、改善制度设计，进而使结构发生变化，也就是说行动使得结构具有转化性和灵活性。此外，结构二重性致力于诠释行动与结构的对立如何消解于实践之中，因此结构二重性又可以被看作实践本身，它是整合结构与能动性的中介，所以吉登斯的结构化理论也是一种赋予实践本体性地位的社会实践理论。实践并不完全是按规则行事，也不是随心所欲的自由自愿，是统合了主观与客观的社会行动，具有不确定性和没有明显意图的意向性。

　　统合结构与能动性的理论流派持一种关系主义的方法论立场，认为行动与结构、个人与社会之间不存在谁决定谁的问题，通过实践，结构与行动，场域与惯习之间进行着相互影响、生产和塑造。在方法论层面，科尔曼认为社会结构和个人行动的关系包含三个环节，首先是社会规范改变了某些人的价值观念和社会认知，其次是这些改变了价值观念和社会认知的个人采取了

第一章 导论

一定的社会行动,接着这些个人的社会行为又改变了或影响了社会的秩序形成(科尔曼,1999:12-15)。这三个环节体现了宏观—微观—宏观的作用过程,而且是一个循环往复的过程。

布迪厄和吉登斯的实践理论虽然力图超越主客体之间、结构与能动性之间的二元对立,但还是没有完全解决二者之间的张力问题,其中布迪厄的理论更具有结构的决定论意味,吉登斯的理论则更强调主体的能动作用。统合结构与能动性的诸种理论尝试存在的缺陷具体包括:这些理论强调行动与结构之间的互动关系,且这样的互动关系更倾向于复制原有的结构,却没有指出打破既有结构的方式与途径,也就是没有阐明如何形成新的惯习和结构。其次,局限在单个场域进行结构与能动性的互动分析,却没有指出处于不同场域中的人进行对话与合作的必要与可能。最后,没有从何谓"好社会"的角度给整合结构与能动性的实践活动以价值引导,没有根植于现实生活世界进行意义反思和价值追求。本研究希望在使用这一视角分析具体的经验事实的时候能尽可能地弥补这些欠缺。

国内外有不少研究用结构—能动性的相关理论分析具体的经验研究,但是用这一理论分析中国当下的乡村建设活动的研究并不多。借助这一理论,笔者试图分析介入芦荡村乡村建设的内外部参与者与村庄内外的结构性因素是如何互动的,并试图回答以下问题:当前该村的乡村建设所呈现的欲振乏力状态背后的结构性原因和能动性原因到底有哪些?芦荡村乡村建设的各类行动者如何面对结构带来的机会、条件和限制?被自己的动机和能力所影响的各类行动者是如何行动的?这些行动是如何影响当地的社会结构的?乡村建设应该坚持怎样的价值导向?芦荡村乡村建设的前景如何?

本书采用的主要研究方法是田野调查法,这是人类学研究的典型方法,是一种需要深入被研究者的生活区域,通过长期的参与观察和深度(无结构)访谈了解当地的社会运行情况以及当地人的生活方式、思维方式和意义体系的浸泡式研究法。在经过一个慢慢熟识的过程后,笔者已经可以做到与芦荡村的村民以及村干部们愉快对话和自在交谈了,还经常加入村民们的劳作、闲谈以及村干部的纠纷处理现场。笔者的田野调查主要是问题导向的,也就是围绕乡村建设中的困境去做调查,并不是面面俱到的村落民族志。由于很难把乡村建设的素材与日常生活素材完全切割开，笔者在田野调查时对二者的观察和记录是混融的，只是在写作中围绕研究主题对田野资料进行了取舍。从田野实践到文本的书写就是一本民族志的生成过程。民族志作为一种写作文本和人类学研究方法，其工作流程是先在田野调查的基础上获得丰富翔实的田野资料，然后对当地人的生活进行描述和解释并得出理论性的见解。民族志研究的趋势已经从对某个社区政治、经济、宗教、亲属诸方面的全观描述分析转向更具问题取向和实验性质的描述分析，因为全球化时代的到来使得任何一个地方社会都很难保持封闭，因而也很难对其进行全面描述，而且全球化带来的高流动性使得社区的内外因素往往交织在一起，从而凸显某一问题的复杂性。在对村落进行问题取向的民族志考察时，需要引入时空框架，既有历史的纵深度，又有超越某个村落的广度，本书的民族志写作也努力遵循这一理路。

此外，本书还采用了文献回顾法、比较分析法、案例分析法这几种研究方法。其中，采用文献回顾法梳理了乡村建设相关领域已有的研究成果，以便确立本研究在该领域中的位置以及为理论的发展找到自己努力的方向，同时为田野素材的解释找到可以依据或者对话的理论；采用比较分析法，对不同村庄的乡村建设情况进行比较，寻找其中的异同点，探求具有普遍意义的规律性认知，具体做法采用费孝通先生提出的类型比较法三步骤即——类型的发现、不同类型社区的调查和不同类型社区社会结构的比较；采用案例分析法，以个人、事件、组织为分析单位叙述了多个故事，依赖三角检验核实资料证据，对案例进行详细描述和系统理解，对互动的过程和所处的情境脉络进行全面把握。此外，案例分析的一大优点是"系统展现因果机制和过程；零散多样的独立案例能够有意义，原因在于它们产出的知识在相关知识体系中具有累进性位置"（张静，2018）。本研究除了总体上属于有关某个村庄的乡村建设情况的大的案例研究，里面也包含了很多具体的小案例的描述和分析，希望可以尽量接近知识生产的目标。目前国内乡村建设方面的研究缺少对典型个案的深度探讨，也缺乏不同村庄乡村建设的比较研究，本研究希望在这两个方面有所突破。

本书第一部分包括研究缘起、问题的提出以及乡村建设的相关理论和实

第一章 导论

践,还介绍了本书的理论视角和研究方法;第二部分为村庄概况和村民生活,包括村庄的历史地理、人口结构、区域划分和村民的社会保障、教育、婚姻家庭、住房等方面的现状,勾勒出该村的民生背景和村民的生存状况;第三部分为乡村的内生力量在乡村建设中的行为表现,主要表现为工作效能较低的村两委以及对村庄事务不太关心的村民,背后的结构性原因有与城市和乡村、国家与社会、不同层级的政府之间的不均衡关系有关的城乡二元体制和贱农主义的文化心理,压力型体制以及形式主义、策略主义的治理生态,村两委行政化趋向和村民自治虚化趋向的相互促进,而能动性原因主要体现在村两委和村民在与现代性素养有关的意愿和能力上的欠缺;第四部分为乡村建设中的政府力量和政府委托力量,包括国家的力量的进入、政府资源下乡和政府委托的社会力量下乡,这些乡村建设主体都是带着明确的乡村建设意愿和希望进入乡村的,但却不能充分发挥自己的效能,原因包括公共规则建设不力,下乡资源与当地村庄的适应障碍和对接障碍,基层干部借资源下乡之机分利,乡村社会的自组织发育不足等;第五部分为其他外来的乡村建设力量,包括笔者本人的村史抢救,水清农庄在经济方面的乡村建设以及西顿学园在教育方面的乡村建设,三者的努力都产生了一定的成果,但是能动性并未得到充分释放,主要的障碍既有外来力量对村庄认识和改造上的观念和能力欠缺,也有村庄里的村民和村干部对外来力量理解和接纳上的欠缺;最后是结语,运用结构—能动性的方法论视角,结合国家与社会、城市与乡村、政府各层级之间的关系视角,总结芦荡村乡村建设中的各类困境并分析其中的希望所在;阐述本研究对中国现代化道路的选择、社会平等和正义的追求、人类生存和命运的关切的个案启示意义。

从总体上看,芦荡村是存在积极的乡村建设行为的,村庄并没有明显的衰颓之相,但也没有蒸蒸日上的兴旺之态,而且乡村建设过程中的困境还是比较明显的。分析该村乡村建设困境产生的原因,发现各类行动者与当地乡村社区未能发生有效互动,有行动者意识和能力方面的欠缺,也有结构性因素的制约。除了困境还有希望存在,比如乡村振兴战略的实施、国家资源的进入、新的外来乡村建设力量的加入等。一个村庄的消失还是新生并不能代表乡村这个人文类型的存在还是消失,但分析一个具体村庄在乡村建设中面临的困境及其原因以及希望所在，还是可以为我国乡村建设的有效推进提供来自具有典型性的个案研究的一些启示的。

第二章　村庄概况与村民生活

一、村庄概况

芦荡自然村①位于东部 M 省 B 市下辖的县级市 J 市的临镇境内。临镇下辖 14 个行政村，2 个居委会，面积 128 平方千米，总户数 13 510 户，近 6 万人。临镇地处沪宁经济走廊，东临苏州、上海，西接南京，南靠道教圣地，有着得天独厚的地理环境。芦荡村位于临镇的西北部，与其余 7 个自然村一起散落在音山湖周围。芦荡村的周围有高达 399 米的音山以及音山脚下的音山湖水库。依托音山和音山湖的山水胜境以及接驳沪宁线的交通便利，也就是拥有一定的区域优势和旅游资源，临镇的乡村旅游业在镇政府的推动下有所铺展，但因为政企双方总体上的规划开发能力和对旅游市场的把握能力不足，目前还不太景气。

芦荡自然村(村民小组)隶属于青埭行政村。芦荡村的村名出现于何时尚不确定，确定的是村子以其地理环境得名，因为原村周围和池塘内生长着很多芦竹。青埭行政村由 14 个村民小组②组成，占地面积 2 570 亩，拥有基本农田 662 亩，耕地 284 亩，水面 426 亩，集体机动地 215 亩。芦荡村户籍在村人口有 455 人，人均占有土地约 2 亩。芦荡村在青埭行政村的经济发展水平大

---

①　出于学术惯例，本书的人名和地名都经过处理。
②　《中华人民共和国村民委员会组织法》于 1988 年 6 月 1 日起试行，村民小组这个说法在这时出现。但是芦荡村的村民和村干部在日常生活中并不使用村民小组的说法，这种说法只在书面和行政系统内部使用，大家还是习惯使用"自然村"来对应村民小组。

概排在前四名，而青埭行政村在全镇行政村中的富裕程度大概排在中游水平。

(一) 村民的人口结构

现在的芦荡村是由原芦荡行政村的12小组和13小组合并而成的。芦荡和青埭原来是并列的两个行政村，2004年合并后成立青埭行政村，芦荡村和青埭村遂变为自然村和行政村的隶属关系。

村里的老一辈还是习惯用"芦荡大队"这个称号，这个称号产生于成立人民公社的1958年，之前出现过互助组、初级社、高级社这三个阶段，时间跨度是从1951年到1958年，这几个时间点与全国各地的农村大体一致，体现了国家的力量对农村统一的行政化规制过程，规制的结果是农民直接面对国家，在国家与农民之间消除了社会空间。不过，从互助组到生产队时期，归入不同组队的依据还是路径依赖的，即尊重村民的心理归属，以老芦荡人（包括芦南和芦北两个生产队）和外来移民（牙桥、安徽）分组。1984年前后，国家取消了人民公社制度，按照原来辖域，大队直接过渡到行政村，生产队直接过渡到村民小组。2004年，原芦荡行政村和青埭行政村合并后，原来两个行政村的村干部重组，一些村干部还因此丢了或降了职位，引起了一次人事变动。芦荡大队消失了，只留下一个芦荡自然村。

在宗族方面，芦荡村乃至整个行政村都在"文革"期间被拆除了祠堂，宗族文化也随之逐渐淡化，仅在办酒席的时候宗亲、姻亲要随份子。不仅仅是这一带的宗族意识弱，有明确的内部认同和外部边界并能团结一致争取本群利益的宗族意识在江浙沪一带远不如闽粤赣地区强，改革开放后宗族文化复兴也是在闽粤赣地区更为积极。不过芦荡村里的大姓还是有的，在老芦荡片区有陈、蒋、王、范四个大姓；在东山牙桥片区有张、王、陈、邱、苏五个大姓；在西山安徽片区有杨、朱、刘三个大姓。除了大姓，这几个片区还有很多杂姓，都是不同时期从外地迁入的移民。村里的青壮年因为有更大的求学谋生的活动圈，有了同学、同事、同乡等血缘以外的、超越村庄范围的人际交往网络，亲戚关系自然淡化。留村的老人大多由于精力所限，活动半径较小，交往圈子以近邻为主，而近邻与亲戚的重合度并不高。

在年龄结构方面，如果嫁出的女性不计入，在外的和嫁入的村民都计入，那么老芦荡片区有285人，东山片区和西山片区共有170人。也就是说芦荡自然村总共有455人,在村人口约180人,约有60%的村民在外打工。村里60岁以上的人口约占35%,50~60岁的约占20%,20~50岁的约占30%,20岁以下的约占15%。村里70岁以上的老人有82人,学龄前儿童只有2人,其余的学龄前儿童则被父母带去了城里。户口在村里的14岁以下的儿童有3人,行政村范围内有75人。

在劳动力结构方面,劳动力人口指的是20~60岁的有劳动能力的人口,其中务农人口占30%,非农化就业人口占70%。平时待在村里的主要是60岁以上的老人,他们根据自己的身体情况适当干一点农活,50~60岁的村民多在附近打零工兼顾种田,打工的工种包括瓦工、漆匠、饭店帮厨等。在城里工作的则包括80%的蓝领和20%的白领,其中白领主要是读过大学的工作相对体面地从这个村走出去的子弟。

(二)不同片区的村民概况

芦荡村由南向北分为三个片区,分别对应着老芦荡片区、东山片区和西山片区,不同片区居住着不同类型的村民。老芦荡片区住的是世代居住在这里的村民——"芦荡人"[①],范围从音山湖与村子的交界处一直延伸到到村小店,小店是分界线;小店往北是东山片区,主要居住的是牙桥移民及其后代;再往北是西山片区,主要居住的是安徽移民及其后代。

1. 老芦荡片区

这个片区原来是位于大芦荡那里的,因为国家建设(造水库)的需要而被政府迁移到现在的位置,现在这个地方是没有芦苇荡的。那时候,老芦荡人住在大芦荡,后来搬到现在这个地方,牙桥人也住在大芦荡,后来搬到那时候的东山,安徽人住在小芦荡,后来搬到那时候的西山。大芦荡和小芦荡相差一里路,现在都是音山湖水库的一部分。在空间上并立的芦荡、东山和西山三个片区名称都沿用了村民过去居住地的名字,这就把空间和时间融合在一起。为什么沿用老名字,这可以归于乡土社会安土重迁的传统,在新的地方使用老名字就好像还住在老地方。这样的情形在乡土中国随处可见,"如果

---

① 芦荡村村民把世代居住在这里的村民称为"芦荡人",把牙桥移民称为"牙桥人",把安徽移民称为"安徽人"。

分出去的细胞能在荒地上开垦，另外繁殖成个村落，它和原来的乡村还是保持着血缘的联系，甚至用原来地名来称这新地方，那是说否定了空间的分离"（费孝通，1998：71）。

1958年8月，在政府的统一安排下，老芦荡的村民迁出村子，迁入当时除了政府建造的几排房子，基本都是山坡和荒地的现在这个地方。村民们离开了自己祖祖辈辈生活的地方，没有人表示异议或要求赔偿。当时的中国处在集体化时期，纵向的政治整合完全替代了地方的社会整合，老百姓的个人利益服从于集体利益。集体化时期的政府作为"父爱"型政府不会不安置移民的生活，在村民迁入之前政府已经提前造好了12排平房，每排10间。每户根据原有房子的大小分新房子，一般能分到1间、1.5间和2间，都是分给老芦荡村民住的。

2006年，国务院颁布了《关于完善大中型水库移民后期扶持政策的意见》，规定从2006年起，水库移民每人每年享受600元的水库移民补助，一共可拿20年，如果在这20年内死去就终止发放。根据这个政策，芦荡村三个片区的村民，凡是在1958年8月31日（搬离时间是1958年8月）前出生的都可享受这个政策。这个政策一开始让符合条件的移民们欢欣鼓舞，觉得是额外多出来的钱，后来听子女说这是国家给做出过利益牺牲的老百姓的补偿，也就拿得坦然。再后来随着一些拿补贴的村民的死去，村民们开始觉得政策有些不合理，认为不管活多久得到的总补贴应该一样多，拿不足20年就去世的人也应该让其家人拿足剩下的年份，这本来就是政府补偿老百姓的，尤其八九十岁没有收入来源的老人，更希望得到全部补偿款来贴补生活。可是1958年之前出生的这些老人们只是发发牢骚，不敢去村委会或镇政府反映情况，他们的子女也忙着生计，也不知道通过什么方式去为父母表达诉求。老人们找不到可以应责、代表他们的乡村组织，担心自己强出头会被有权有势的人报复，而他们连村委会都不太敢去是因为村委会在他们心目中也是政府的一部分。老人们在个体生存境遇较差且缺少组织力的情况下，是不敢冒风险去抗争的。他们中的大多数人在心态上属于阿尔蒙德和维巴所界定的"臣民文化"范畴，即被动接受统治，依附和顺从权力，对政治参与没有兴趣也没有能力（阿尔蒙德、维巴，1989：9-22），他们离理性且主动参与政治的公民文化还很遥远。另外，村民觉得这个政策不太公平，事实上村民们做出的牺牲是同等的，也应得到同等补偿，但却引入了寿命条件使得补偿具有了不确定性和非均等性。社会学家张静认为，"如果适应公共社会的应责和代表机制未建立，很多矛盾找不到解决途径，不公正感受就会在社会中积累，就会问责政府"[①]。事实的确如此，公众的社会公正感受是反映公共管理是否体现公正价值的一个指示剂，虽然缺少现代意识启蒙的水库移民们不可能组织起来去问责政府，但是2019年政府主动派人入村入户了解百姓心声的举措已经使不少水库移民把这个情况反映了上去，但能否真正得到解决尚不清楚，寄托于体察民情的信息收集来解决问题的希望还是远远小于组织化连接百姓与政府的应责机制的作用。村民的一定程度的臣民文化心态、弱组织化状态以及应责和代表机制的不完备，这些都属于不同层面的结构性因素，正在阻碍着乡村的治理现代化步伐。

老芦荡村民不仅在社会地位、地方政府保护等方面优于东山和西山移民，经济条件上也有优势。因为在这块土地上居住的时间最长，老芦荡村民有祖上留下来的家底，在原来住的大小芦荡村，老芦荡村民住的是瓦房，而外来移民住的是草房。老芦荡村民原属一个生产队，搬到现在的地方后有很多集体资产（山和树），集体资产中的一部分后来又遇到征地，平均每户大约有3～4万元补偿，而这些都是东西山移民所没有的。这些综合的优势导致老芦荡村民和东西山移民在经济条件、生活水准、子女受教育水平、子女就业水平上存在比较明显的差距。

在老芦荡片区，原来政府统一建的平房现在几乎都没有了，取而代之的是村民自建的楼房和少数平房。由于靠近音山湖且在整体建筑外观上好于另外两个片区，老芦荡片区被选为村两委[②]的办公所在地，又因为行政村在准备申报"最美乡村"的时候需要打造一个重点区域，就选择了村两委大院周边的老芦荡片区，这样便于外来参观、考察、评估的政府人员和休闲游玩的游客

---

① 人民论坛网，http://www.rmlt.com.cn/2016/1018/442339.shtml，中国基层社会治理难题。
② 村两委就是中国共产党员村支部委员会和村民自治委员会的简称，习惯上前者简称村支部，后者简称村委会。村委会不是国家单位，而是村民自治组织。本书在强调自治组织的时候用村委会，大部分情况用村两委，因为该村村委会和党支部之间的协调做得比较好，基本能一体化地成为镇政府的延伸机构。

参观村庄和村委会大院。具体是在绿化、垃圾清理、路面硬化、外墙出新上做了投入，还找来现在农村已不多见的石墩、石磙、石磨、石鼓等祖辈留下的民俗老物件点缀在村民房前屋后的草坪上，还新建了村历史文化展示中心、配套功能完善的村医务室、白墙乌瓦的徽派风格的村委会大院的山墙以及有运动器材配置的休闲锻炼场地。其实，现在很多地方的美丽乡村建设都有面子工程的特点，因为乡村人力资源大量流出，集体经济乏力，缺乏产业和新型农业经营主体的支撑，再加上税费改革后镇村两级的运转经费都很有限，可是又需要应对各种检查和评比，就只能在形式外观上做点文章了，这就是当前形式主义的基层治理生态这一结构性存在导致的乡村建设的浅表化。形式主义在基层治理中的出现与基层政府（包括村委会）责权利不匹配的机制有关，在人、财、物、权没有配备到位的情况下，为了应对上级部门较多的检查，只能在程序上把材料做得无懈可击、细致齐全，而不是把实质性的工作做得比较到位。再加上越来越多的一票否决制的中心工作占据了乡镇领导的大部分精力和资源，对其他工作也就不太重视，也就放任了形式主义在镇村两级行政中的出现。

2. 东山片区

东山片区的牙桥人都是洪水移民及其后代。1954年长江发生特大洪水，据不完全统计，长江中下游共有5省123个县市受灾，洪涝灾害农田面积317余万公顷，受灾人口1 888余万。由于洪涝淹没地区积水时间长，房屋大量倒塌，庄稼大部分绝收，灾后数年才完全恢复。由于长江流域工农业生产和水陆交通运输在全国的重要地位，1954年大洪水不仅造成当年的重大经济损失，直接经济损失100亿元，还对以后几年的经济发展产生了很大影响。

牙桥乡在长江边上的三个自然村是重灾区，整个村庄被洪水淹没。由于牙桥乡没有多余的地方给村民重建家园，在B市政府的协调和动员下，受灾村民于1955年被整体转移安置到音山湖水库那里的村庄，后来有5户牙桥人实在不习惯在这个地方生活，就搬回牙桥了。

老芦荡人只搬了一次家，牙桥人一共搬了三次家，安徽人搬了两次家，搬迁的原因是国家建设或者军事训练。牙桥人1958年从大芦荡搬到小芦荡，1960年搬到东山，1968年东山附近建了部队靶场，打靶训练让村民没有安全

第二章 村庄概况与村民生活

感,被迫搬到现在的位置。由于是自发搬迁,牙桥村民没有国家造的房子可住,只能自己造草房。安徽人从小芦荡搬到当时的西山,也是因为1968年附近建靶场自发搬到现在的地方,也是自己造草房。用牙桥人的话说地位越高的村民,搬家的次数越少,三类村民不同的搬迁待遇,说明地方保护主义在集体化时期还是隐约存在的。此外,东西山村民的自发搬迁说明在生命安全受到威胁且政府没有主动出面解决问题的时候,即使是集体化时期,村庄内部的自组织力量还是能被略微唤起的。

牙桥人搬到此地后没几年就遇到了三年困难时期(1959—1961)。情况好的时候能吃到山芋、萝卜,在1959年和1960年,很多牙桥人一天只能吃3.5两的米,每天饥肠辘辘。孩子们一放学回来就去割草,有时偷生产队的秧草、红薯、土豆。牙桥人是最晚来的移民,没有家底,生活最贫苦。牙桥人认为老芦荡村民拥有的自然资源最多,安徽人得到的政府扶持最多,而他们什么都没有,甚至牙桥人的田埂也不如老芦荡村民和安徽人的结实,电线也没能像他们那样架到田里,住宅的外观和周围的路面也不如他们。总而言之,牙桥在谈到自身处境时颇有底层村民的哀怨之感,但都有"寄人篱下"、忍气吞声的自觉,而村庄内部基于财富占有情况的阶层格局在这三个片区的村民之间也有所体现。

由于打工机遇发现方面的偶然因素,加上关系亲近村民之间的带动效应,东山片区很多村民在全国很多城市从事澡堂擦背工作。擦背对大多数干这行的村民来说,是已经习惯了的谋生方式,但并不太能坦然告诉别人自己是擦背的,多少觉得有些卑微,少数女性擦背工甚至不喜欢别人当面提擦背的事情。他们每年冬天都去城里擦背,只是因为这种谋生方式他们熟练了,也形成了习惯。但是村里的老芦荡村民和西山村民都对笔者说擦背这个工作不是很光彩,他们肯定是不愿意出去擦背的。为什么东山片区的人更能接受擦背打工的方式?东山村民给笔者的回答是:"穷啊,有什么办法呢?"也就是说,牙桥人在这三类人中经济条件和人脉资源最差。

东山片区有一道最特别的精神文明风景线是其他两个片区所没有的,那就是东山片区唯一的河南移民家族中的30多岁的有点智障的小松一天3次推着他患脑中风的奶奶在东山片区聚集聊天(有4~5人)的地方转悠,有时候大家就是为了这祖孙俩有热闹凑而有意识的聚集。奶奶本来很精明强干，4年前中风了，不能说话，脑子还是清醒的。小松白天照顾奶奶，晚上还要和他姑姑一起陪夜，因为奶奶半夜会哭闹需要安抚，上厕所还需要两个人一起搬。全村人都称赞小松和他姑姑孝顺。姑姑白天要上班，晚上不能好好睡觉，每天如此，非常辛苦。小松24小时照顾奶奶毫无怨言，每天乐呵呵的，对每个人都很友好。东山片区因为有了小松推着他奶奶的巡游和若干老妇人经常聚集起来的聊天，以及这二者的相互促进（巡游的加入聊天的，聊天的等待巡游的），而呈现出乡村作为初级群体的具有亲密情感联结的滕尼斯意义上的"共同体"意味，这是人际连接较少的老芦荡片区和西山片区所没有的，而与城市化大潮出现之前的传统村社的乡风人情更为接近。

3. 西山片区

西山片区分两处，一处在大路旁，与东山片区相邻，聚居了20户村民，另一处在500米外的一个山头，那里居住着10户村民。西山片区一共有30户，87人，在村的有42人。村民中50岁以下在城里打工的居多，少数在周边打工，60岁以上的基本留在村里生活。

笔者想知道西山片区的具体情况，大家都推荐刘敬安。刘敬安是西山片区最有名望的领头人，他的名望主要来自他较本片区村民更为突出的知识、能力和财富。他是1945年生人，年轻时曾经在J县政府组织的耕读教师培训班学习过，当时是一个名牌师范大学的老师给他们做的培训，他的培训结业试讲非常成功，然后成为本村小学的第一位老师。当了4年老师后他就被辞退了，因为有人拿他的成分高说事，算是被当时的政治形势所影响，但他自惭于自己的地主出身，丝毫没有怨言。他还当过8年的芦荡大队第8小队的生产队长，还在乡制香厂当过厂长。1992年香厂被政府关闭，他就在家里开制香作坊，雇人制作烧香用的巴兰香、沉香、檀香。2003年他建了石灰窑，雇了5个本村工人，每年上交4000元管理费给村委会。2013年石灰窑被政府关停，刘敬安拿到了30万元的政府补偿费，他的创业生涯也随之结束了。当时村里的集体经济都是污染型的，都是因为触碰了环保红线被关停了，而被关停的企业没有丝毫讨价还价的余地。这体现了B市政府倡导的"不要金山银山，也要绿水青山"的发展战略这一来自村庄外部的地级市的行政力量对一个村庄经济的巨大影响,这也是当前环保一票否决制背景下污染企业的宿命,而这背后更大的结构性力量则是中央在党的十八大报告中提出的大力推进生态文明建设的战略。

西山村民的宗族意识比另外两个片区明显,这与他们作为跨省移民的寻根意识有关,老芦荡村民和市内迁徙的牙桥村民则在时代浪潮的冲击下淡化了宗族意识。刘敬安告诉笔者他去寿县老家寻过亲,现在跟他同辈的还在世的有25人,他们现在联系比以前紧密多了,因为现在年纪大了、空闲时间多了,也有经济条件来往了,在来往过程中修缮家谱是他们交流最多的内容,而对老芦荡村民和牙桥村民来说,家谱已经是一个非常遥远的东西了。

二、村民生活的具体面向

除了分片区交代村庄的历史和概况,还可以超越片区视角,一窥村民生活的具体层面,比如社会保障、教育、婚姻家庭、住房等方面,从而知道其在未来的乡村建设中需要改善的具体内容。

(一)社会保障方面

村民参加的医保是新型农村合作医疗,每年缴费一次,缴保费200元,低保户则由镇政府统一为其缴费。新农合医疗在乡镇医院的报销比例较高,市级或以上的医院报销比例则较少,但很多病在乡镇医院是治疗不了的,因此生大病对困难村民来说依然是不敢想象、难以负荷的灾难。比如73岁的邱阿姨,多病缠身,2016年胆结石开刀,2017年食道癌开刀,需要自费的医药费一年也要1万多元。她的儿子和儿媳妇很孝顺,全力给她治病,新农合报销了70%的医疗费。74岁的金阿姨得了尿毒症,一周2次透析,老伴骑三轮车把她送到集镇上的公交站,她一个人坐公交去J市区的医院透析。老伴有很多活要干,子女也不在身边,金阿姨只能自己颤颤巍巍去看病。所幸她得的尿毒症在J市医院可以报销90%。她一年要换3次血,差不多要2 000多元,加上自费的部分,一年需要自己拿出1万多元的医药费,她的两个儿子经济条件不好,因而不肯出钱,所幸女儿女婿生活条件较好且比较孝顺,承担了这笔费用。72岁的陈阿姨得了胃癌,看病花了7万元,报销2万元,幸好她的子女能承担。农民们最怕生大病,却不知健康是可以管理的。他们的健康知识很缺乏，比如经常吃隔夜菜和腌制食品，他们不知道里面的致癌物质较多。深入村民日常生活的健康知识宣传在这里甚至在中国的很多农村都比较缺位，很多农民临死都不知自己为什么会生这种病，还把这归为不可抗拒的命运，无奈接受，殊不知这是宣传教育不到位导致的。

当地有句俗语叫"吃低保"，意思是低保钱太少，只够吃饱饭。有低保证的农户除了享受医保照顾，还享受价值9元的每月15度电的照顾。低保按月发放，每个低保证上显示的额度都不一样，因为是按照每户家庭的具体情况综合测算的。以前有人骗吃低保，政府加强了低保审核，严格审核其贫困状况且动态监测，一旦家庭经济情况好转，不符合低保标准就会取消低保。但是在基层实践中，把生活状况没有好转的低保户的低保取消的情况还是有的，这个村也有这类情况。比如有个低保户突然被取消了低保，取消理由是老人的儿子有劳动能力，虽然他好吃懒做收入很低。问题是这个好吃懒做啃老的儿子是老人无法管教的，由于老人认知和能力上的局限，她无法让一个已经好吃懒做几十年的儿子勤劳起来，而镇民政部门不管这些具体而微的家庭问题，也没有给这个懒汉"扶贫先扶志，治穷先治懒"的教育培训和工作机会。这与部分干部扭曲的政绩观有关，也与相关的体制机制不健全、不透明有关，还与基层干部有机会滥用自由裁量权有关。李普斯基提出基层官僚理论，认为基层官僚是代表政府分配社会资源、进行社会控制的人员和将政策文本转化为实际行动的人员；由于现实的复杂性和多变性远不是政策细则所能覆盖的，以及出于便利、效率或资源紧缺等方面的考虑，基层官僚执行政策时经常需要自行判断，并可能重构其所执行的政策。由此可知，镇村干部作为基层干部在执行政策过程中使用自由裁量权是难以避免的，但是要防止其滥用自由裁量权，需要对其进行有效的责任控制，不能让其自由裁量行为明显伤害到社会公平。

芦荡村的三个片区所有的残疾人包括视力、听力、肢体、智力、精神诸问题的分别是老芦荡片区14人，东山片区1人，西山片区3人，当然老芦荡片区本身的人口数也是最多的。三个片区有精神问题或智力障碍的共8人，年龄在31岁到62岁，男性6人，女性2人，有轻有重，有完全不能自理的，也有可以洗衣做饭的。残疾人多为先天残疾，只有2名男性是后天致残，其中一人是事故摔坏的,一人是上大学后在工作单位受到打击精神失常的。8人里还不包括有些愚笨但能正常生活和交流的4人。这么多智力障碍者感觉对一个总人口300多人的村庄来说比例大了一些。当地人把脑子不太清楚的人都叫作"呆子"[①]。"呆子"大多在40多岁到50多岁,年纪最大的是西河,1955年生人。西河的母亲一共生了8个子女,其中西河和最小的孩子小八子有智力问题,小八子还是唐氏儿,智商3岁都不到,由大哥杨东河照顾。杨东河经常向笔者抱怨小八子拖累了他,可他又不忍心不管他。这些父母一直不知道是什么原因导致的这类问题,只说是命不好,还说幸亏多生了几个,总有正常的孩子。笔者告诉他们不是命运,是有科学原因的。村里大多数"呆子"生于20世纪六七十年代,他们的母亲孕期很辛劳且营养不良,加上当时的医疗条件差,孕期检查缺失,产妇缺少基本的保健知识,因而都是比较正常的父母生下了先天愚儿。老纪的二儿子是四级残疾,无法得到残疾补助,必须达到二级才有残疾补助,他拿的是2 000多元一年的低保。小八子是重度痴呆,所以得到的残疾补助和低保一年共有8 000多元。村民王某40岁做瓦工时从高空坠下,造成了智障和身体残疾,需要坐轮椅,拿残疾人补贴一年10 000元。他的妻子没有和他离婚,但也不照顾他,和孩子住在J市区,打工为生。只有他的老父母在照顾他,父母现在已经80多岁了。和养老一样,对残疾人的照顾主要依托于家庭(父母照料为主),政府的扶助大多局限在有限的金钱方面,政府向社会购买残疾人服务还没有做得很到位(如图2-1所示)。

就养老来说,新型农村养老保险需要每年至少缴费100元且至少缴满15年才能从60周岁开始按月领取养老金(每年缴费100元,以后每月能拿103元养老金),很多贫困老人舍不得买这份保险,即使购买了100元一年保费的,到时候能拿到的养老金也很有限,且还不考虑物价上涨因素。此外,不管是公办敬老院还是市场提供的养老服务在这个村的覆盖都很少。村里的青壮年几乎都出去打工了,剩下的老人或者夫妻俩相互扶持,或者丧偶后孤独生活,邻居间偶有走动和互助。如果老人瘫痪了,几乎没有可以照料他们的

[①] "呆子",是当地习惯用语,当地人这样称呼的确有歧视意味,本书尊重当地习语也用"呆子"一词,但作者并无歧视之意,他们的一生同样值得尊敬。

人。相比有的村子已经建起了村民开的养老院,这个村的养老社会化和市场化是比较落后的,能够被公办敬老院免费供养的只有人数极少的五保老人,有的地方已经实施的政府购买养老服务给农村老人的情况在这里还没有出现,社会组织和志愿者提供的公益性和互助性养老服务在这里也没有出现。芦荡村住镇敬老院的只有刘兴保一人。他63岁就去了养老院,现在80岁了。有一次他跟别人闹矛盾,心情不好乱跑出去,敬老院的负责人很生气,打电话通知村委会杨主任去找人,找到了就让杨主任领回村里,他们不给托管了。杨主任像救火队员一样,开着车子到处找人,最后在一座桥下面找到了老人。然后杨主任既要哄老人回去又要恳求敬老院接收,才把老人送回了养老院。这里面体现了新旧两种供养体制的内在关联,虽然现在是镇敬老院供养五保户,但以前是村里供养而且村里最熟悉老人情况,因此村里不能什么都不管,应该配合镇敬老院做一些工作,这种工作配合不在正式的文本里,却在乡村社会通行的人之常情里。

图 2-1 镇民政所派人来村里核查低保户和残疾人情况

年满60岁及以上的农民可以享受基础养老金补助,也就是大家习惯说的"老人钱"。现在60~79周岁的老人是拿1 380元一年,1 380元也不是一开始就有的,是从350、700多、800多,慢慢涨上来的。80~89周岁有1 980元一年,90周岁及以上有2 280元一年。也就是说拿的最多的90多岁的老人,他们每个月的生活费仅有200元不到,如果其子女不能给予一定的赡养费或生活照顾的话,他们的生活必定十分拮据。城乡之间生活质量的差距较大。国家统计局数据显示，2019 年我国城镇居民人均可支配收入 42 359 元，农村居民人均可支配收入 16 021 元，二者差距还是较大的。

(二) 教育方面

现在村里没有幼儿园和小学，以前有过。现在的村两委所在的地方原来是村小学，2004 年就没了，因为计划生育和打工者流向城市，乡村的孩子越来越少。从 20 世纪 50 年代开始就有村小学，有时候一个大队所有的小学生才 40 多人，老师也只有 1 个，只能几个班合在一个教室里上课，就是所谓的复式班，孩子们轮流上课和写作业。村小学虽然简陋，却是乡村的文化中心和公共空间，村小学的教育为乡村孩子带来知识、开阔了眼界，也与乡土连接，注重根性教育。乡村教师以其知识素养获得在乡村社会中的威信，甚至可以凭其威信担当村里的纠纷仲裁，是类似于传统乡绅一般的存在。现在村小学消失了，其对乡村的文化哺育功能也就无法实现，乡村的文化越发凋零。城市化把大部分青壮年都吸引到了城市，也把他们的孩子也带到了城市，因为城里有更好的教育资源且也能给孩子完整的家庭。这个村里寥寥可数的孩子们，如果要上幼儿园、小学、初中的话都要到镇上去，高中则要到 J 市城里去，因为本镇能读到高中的孩子已经少到无法给他们建一个学校。现在村里在镇上上幼儿园的孩子有 5 人，读小学的孩子有 3 人，读初中的只有 2 人。镇政府配备了黄色校车接送村里的小学生上下学，村里的初中生自己骑车或打车上学，幼儿园的孩子则是由家长负责接送。镇中心校是本镇唯一一所小学，2017 年 9 月 1 日搬迁到新校址后硬件水平提升很多，但软硬件还是与 J 市区差距较大，甚至很多优秀教师正在努力往城里调。镇中心小学的教育已经与城市接轨，几乎没有乡村生活的底色，培养的孩子都是以跳出农门、离开农村为目标。乡村小学缺乏乡土根性教育，这对乡村振兴所需要的人才振兴是不利的，因为懂农村、爱农村、爱农民的"一懂两爱"人才是最可能在既有乡土根性教育也拥抱现代知识的乡村小学被播下爱与懂的种子的。

2000 年以来，村里考上大学的人数明显增多，到 2008 年年底，一共有本科生 20 人，大专生 21 人，研究生 3 人，其中有 1 人在外国读的硕士，已经毕业回国工作。迄今为止，老芦荡片区考上大学的人数比东山和西山片区的总和还多 7 人，进一步证明了经济水平和受教育水平呈正相关关系。为什么大学生比以前多很多，村民说是因为大学扩招，而且每家的孩子少，经济负担轻，学习上的开销都能应付，再加上现在的村民更多地意识到读书能改变命运，因此加强督促孩子好好学习。M省本来就有重视教育的风气，农村地区尤其有"读书跳农门"这种把考学和离开农村结合起来的心理。只要孩子读得进书，家长一定全力支持，一点家务和农活都不让沾手，不过也没有财力去培训机构补课，只能靠孩子自己苦学。

(三) 婚姻家庭方面

芦荡村的留守儿童有三个，幼儿园、小学、中学各一个，三个孩子的妈妈分别来自广东、云南、贵州，都离了婚并离开了村子，他们的爸爸都在外面打工，孩子则跟爷爷奶奶生活。三个留守儿童的生存境遇并不理想，没有父母的关爱和教导，爷爷奶奶对他们基本都是溺爱且无法给予孩子学习上的指导。家庭教育的残缺必将影响孩子的身心健康，留守儿童未来的人生质量较差以及对社会产生负面影响都是很有可能的。

村里30~50岁的青壮年村民的离婚率较高，一是因为很多夫妻在不同地方打工，流动的生活导致夫妻长期分居、感情变淡；二是因为流动性会改变夫妻双方原有的价值观进而破坏婚姻的均衡状态，引发婚姻危机。总体来看，随着村民流动性的增强，村里的婚姻状况不如以前稳定了，这与全国农村的情况差不多。村民流动性的增强不仅导致了乡村的原子化、乡村舆论的弱化、儿女养老的缺位，还带来了婚姻风险。村民们还基于身边的若干例子得出一个结论：妇女出去打工更容易导致离婚，因为她们多从事服务性行业，比较容易跟有钱人搭上。似乎也很难对此做道德评判，贫穷带来的婚姻危机并不少见。贺雪峰通过调研发现，2000年以来，中国农村人口的大量流出，导致农民的家庭结构产生巨变，联合家庭和主干家庭减少，核心家庭增多且容易散伙。看来，城市化给乡村带来的负面影响不仅仅是吸走人财物，还导致人口结构失衡、婚姻危机、家庭功能的虚化，使得留守儿童无人监管、留守老人无人照顾；还导致乡村社会资本的断裂，使得乡村资源缺乏整合和经济文化事业无法顺利开展；还导致乡村生活意义和乡土文化价值被消解，以及乡村文化传承链条的断裂。

其实，家庭对乡村的意义甚于城市，乡村人的需求满足更多地以家庭为单位，而城市的结构与功能都比乡村复杂，也更容易满足人们的各类需求。家庭治理在乡村治理和发展中起着更具根本性的作用，因此很多有识之士呼吁推进乡村产业化，这样才可以使外出的农民回归，使家庭团圆、婚姻稳定，农村社区的自我调节能力才能得以修复。

(四) 住房方面

乡村一直流行着"给儿子造房子娶媳妇"的传统习俗，到了城市化影响乡村的今天则演化为"最好能给儿子在城里买套房子结婚"的新乡规。当地的婚姻市场有一个倾向，就是男方城里有房才被女方优先考虑，丈母娘经济、婚房刚需化直接促成了在城里买房风气的形成。因为该村家庭多为半耕半工的就业结构，总体上不太富裕，只能倾全家之力在房价相对便宜的城区为儿子买一套房子。因为J市区的房价低于B市区(J市所属地级市)且在J市区打工的村民多于B市区，所以在J市区买房的村民比B市区多。在城里买房风气的形成，是传统习俗、婚姻市场导向以及农民跟风心理共同促成的，体现了结构性因素对个体行为选择的影响。青埭行政村有接近三分之一的村民在城里买房，芦荡村村民的经济条件总体上好一些，因而有接近一半的家庭在城里买房。老芦荡片区的经济底子相对来说最好，在B市区买房的有11户，在J市区买房的有71户，在城里买房的比例明显高于东西山片区30%左右。前些年J市区的房子不算贵，100平方米总价50~60万元，首付20万元一般由父母承担，剩下的由儿子儿媳慢慢还银行贷款，负担也不算重。近三年J市的房价被N市人抬起来了，因为传言N市区到B市区的城际铁路即将开建，这对收入远不如N市人的J市人来说是一个打击，尤其是要在J市区买房子给儿子结婚的J市农村的父母们。不过，村民们不管在城里有没有房子，都不太愿意舍弃农村户籍，虽然去农文化导致村民对乡村的感情下降，但是随着工业反哺农业、城市反哺乡村的各项政策的出台，农村户籍享有的政策上的好处也越来越多。

以前政府对土地使用管得比较松，有钱就可以多造房子，现在对土地管得严就不能随便造了。现在建房审批较严，要同时具备土地使用证和建房证。不过，2017年以来，芦荡村有不少村民在翻建房子，有的是拆了旧平房造新楼房，有的是在原来平房上加盖一层成为楼房，有的是建车库和厨房。总之都是经济条件相对好些的村民在改善自家的居住条件，有的是为了老两口自己住得舒服点，有的是为了子女放假回来时能住得舒服点。看来，对美好生活的向往是人的天性，物质需求在条件允许的情况下自然会寻求更好的满足。只是对村民来说，住的房子好会让自己有面子，因为房子好是经济实力的象征。物质相对匮乏的农民对经济实力是非常向往的，加上市场经济的影响，村民们甚至觉得有钱比有权更有面子。还有一个因素，就是本镇有其他村子整个村被拆迁了，导致这个村的村民经常琢磨自己的村子是不是哪天也会被拆，在无法获取政府规划方面的确切信息（政府可能还未考虑这里的未来走向）的情况下，有条件的村民宁可多做不能不做，那就是把房子修得好一点进而到可能拆迁时获得更多的补偿，体现出市场经济发展所强化的追求利益最大化的理性小农的一面。但是，农民的经济理性由于认知上的局限在求利上有短视的倾向，使他们无法预估被拆迁后的生活是否一定就比原来过得好，而拆迁就是碰运气的观念也从城市蔓延到农村，使得村民锦上添花的修房行为成为一种将来可能有好处的逐利行为。

本章小结

本章首先对芦荡村的概况进行了大致的描摹，包括村庄的历史地理以及村民的年龄结构、劳动力结构、宗族意识等大致情况，展现了该村在城市化大潮冲击下的老龄化、空心化现实，证实了该村属于贺雪峰所归纳的宗族意识淡化的原子化分散型中部农村。

然后以三个片区为视角，勾勒了老芦荡村民和东山、西山移民的搬迁历史和各自比较突出的片区社会生活特点和文化元素。老芦荡片区凭借历史累积优势，拥有比东山、西山片区更优越的物质资源，在总体生活富足程度上高于东西山村民，也得到了最多的村庄美化工程的政府投入，但也因弱组织化状态而对不太合理的政策规定无可奈何。东山移民作为洪水移民，充分发挥其主观能动性谋求生存，除了多吃苦多干活，还以自组织的方式多次搬离不安全的居住地，以群内关系网的形式带动了本片区擦背业的兴盛。东山片区还因为有了小松推着他奶奶的"巡游"和若干老妇人经常聚集在某处（公共空间）的聊天，以及这二者的相互促进，而呈现出具有亲密情感联结的"村庄共同体"意味。西山村民除了与另外两个片区村民相似的生产生活之外,区别主要是宗族意识更为明显且有具体的寻根行为和修谱规划。

其次介绍了社会保障、教育、婚姻家庭、住房这几个与村民生活关系密切的现状,体现了国家政策、城市化、市场化、风俗习惯等结构性因素对村民生活质量和生活方式的影响,暴露出该村社会保障程度不高、村民健康知识匮乏、乡村教育缺乏根性教育、留守儿童、离婚率增加、村民财富被城市房地产"狂吸"等问题。村民在自身的理性和政府的扶助下获得了相对安稳的生活,但也有主客观条件不足导致的某些生存困境。

21世纪以来,这个村大多数村民的生计方式都是半工半耕并形成了某种路径依赖,他们的谋生活动基本是周期性重复出现的,与周围自然环境和社会环境的互动也是重复出现的,在乡村与城市之间的往来如候鸟般有节律,这样他们的生活场景是相似的,物质生活和精神生活水平也没有明显提高,因此需要城市反向给乡村"输血",尤其要输入资金、人才和技术这几种关键资源。在资源引入的同时,需要充分发挥各方乡村建设参与者的能动性,需要融合政府、市场、社会以及乡村自身的力量,立足乡村特点和村民的公共需求去建设自己的乡村,从而提高村民的生活质量和幸福感,带来乡村振兴的希望。

第三章 乡村建设的内生力量

　　关于乡村建设的方向，目前有几种不同的见解，一种是向城市看齐，一种是逆城市化即保留乡村的老样子，还有一种是基于待遇一致、政策平等、产业互补的城乡一体化。其中，逆城市化论者认为乡村不应该都向城镇发展，这样全国各地的自然人文景观也就大同小异了，比如很多地方"被上楼"、低就业的农民发现生活状态还不如从前住在乡村的时候。逆城市化的声音有其合理的一面，但笼统地倡导乡村更多保留原来的样子，倡导不发展主义，也是不太合适的。不发展主义流行的地方或者是各方面已经发展到比较现代的程度（比如欧美小镇），或者是有一套完整的信仰、价值观、伦理体系，比如倡导朴实生活的不丹，当然不丹人民幸福指数高还仰赖其他辅助条件，比如较好的福利制度、民风淳朴、与外界联系少导致对比感少、文化娱乐生活丰富等。总之，倡导不发展主义的地方的百姓都获得了被自身的文化意义体系所界定的物质生活和精神生活的双重满足，不愿意为了追逐更多财富而破坏既有的身心和谐状态。但是，不发展主义在芦荡村扎不下根，因为这里处在发达的东部地区，受市场经济影响很大，普遍接受了新自由主义经济体系下的发展主义信念，即把经济增长看作社会进步的先决条件，因此村民们求富意识强，对能挣钱的机会很看重，并且把物质富足程度当作美好生活的主要标准。

　　当下的乡村建设主要是由政府主导的，同时有来自村庄内外部的其他力量的参与。本章着重考察芦荡村乡村建设的内部力量。村庄内部的参与者本应包括行政村的村两委、芦荡自然村（村民小组）及其村民，不过现在的村民小组普遍功能虚化，芦荡村也是如此。因此，本章主要从村两委和村民这两个角度分析乡村建设的内部力量。乡村建设的内容则包括有利于乡村各方面的改善的所有活动，这些活动有的是以前就存在的乡村治理的延续，有的则是新出现的行动。

一、村两委的乡村建设

"悬浮型政权"这一概念首先由周飞舟提出，指的是乡镇一级基层政府背离国家与农民的服务型关系而出现的行为迷失现象（周飞舟，2007）。自2006年取消农业税以来，镇政府逐渐将村两委纳入自己的科层体系，其悬浮型特征随之延展到了村两委身上，表现为镇村两级行政权力和财权都被上收，以及与村民隔膜日渐加深，处于权力和权威比较虚空、乡村治理较为无力的状态。这背后的原因很复杂，与农业税的取消疏离了村两委与村民的联系有关，也与以GDP和政绩为导向、以数量化分解任务指标、业绩奖惩和干部选用一票否决为调控方式的"压力型体制"有关，还有过于追求技术理性的科层制导致的工作人员的消极倦怠，以及考核指标和考核过程不尽合理导致的数字治理、典型速成等原因。

压力型体制指的是下级政府主要迫于压力而完成上级政府布置的任务和各项指标，用"动员—命令"的手段来推动经济的增长以及其他工作的完成。给地方政府一把手更多的权力容易滋生个人腐败，还挤压了地方政府应该履行的其他责任。改革压力型体制不能只靠行政体系的自我调节来解决，还需要在中央、地方与百姓三方之间建立起良性互动的均衡格局。

俗话说"上面千条线，下面一根针"，指的是上级政府所有的政策决定只有通过基层才可以落到实处。对一个自然村或行政村而言，镇政府不可能直接对其进行乡村建设和改造，只能通过村两委来实施。按道理村两委是农村的基层群众性自治组织，是村民民主管理村务的机构，但在实际运作中，村两委具有"准行政"的性质，村干部虽然没有正式的政府编制，但直接受镇政府领导，日常工作主要是完成镇政府下达的各项任务。现在村账镇管以及村干部的报酬完全由镇政府根据考核结果发放，使得村干部越来越行政化，导致村干部与村民的心理距离渐渐拉大，村干部的威信降低，从而不太有利于村民自治的落实。

　　贺雪峰认为，乡村振兴的基本前提是以组织起来的农民为主体。但联产承包责任制的实施和村民小组会议的取消增加了农民的原子化程度，仅靠农民自己是很难组织起来的，而是需要乡村能人的带动，因为乡村能人是乡村社会资本建构和内生组织运行的枢纽。具有一定知识和致富才能的乡村能人一般都能被吸纳进小组长或村两委干部序列，从而凭借知识、能力、职位获得更多的认同和支持。但是芦荡村目前还没有出现一个深孚众望的乡村能人，村干部中也没有出现一个想要带领大家干一番事业的领头羊，这与村两委悬浮于村庄之上、村干部趋于行政化的治理生态有关，也与该村长期形成的"多一事不如少一事"的村两委工作风气有关。2004年成立青墩行政村以来，村委会每三年换届一次，前后两届村委会干部班子相差不大，后一届人马基本就是前一届人马调换了一下位子，出现个别的新晋干部则是因为要填补退休干部的空缺，新晋干部先前都是比较活跃的、和村干部走得比较近的小组长。村干部队伍缺少新鲜血液，总体来看年龄结构偏于老化，知识结构偏于陈旧，工作内容主要是应对上面交代的任务，从而实现自我利益——保住这份工作带来的收益。村民们普遍不关心谁当村干部，觉得当官的面孔都差不多，每一届干部的水平也差不多，谁当一把手都一样，除了村容村貌变好了一些，村级经济发展、文化建设、村民自治还是和以前差不多。

　　村两委干部的薪酬分配已纳入行政体系，并体现与村党支部书记薪酬的关联度，以督促村两委班子团结合作，也突出了村两委中党的领导地位。根据规定，党支部副书记和村组长拿党支部书记工资的95%，会计拿党支部书记工资的90%，其余干部拿党支部书记工资的70%。党支部书记的工资基于年终镇政府对村两委所有工作的综合打分情况来定，因此每年都略有变动，但年薪都有6万元左右。这份收入在乡村还是相当可观的，因此村干部们都不敢不听镇政府的指令。村两委干部可以兼任自然村小组长，但兼职不兼薪，多干活可以补贴一点。如果只当小组长，一个月的工资是500元，大多数小组长都很不满意这个数字，因而干活比较敷衍，少数干活积极的小组长都是比较富裕(经营大户)且跟村干部走得近、想跻身两委班子的人。村干部周一到周五准时上上午班(下午安排轮流值班)，要考勤，每月工资打卡，除了必须跟村民打交道的工作比如现场指导村民(有偿)打扫卫生、现场调解纠纷，基本都在办公室里办公、开会，对上负责为主，已经超过"半正式行政"，接近正式行政了。村两委的准行政化直接导致村干部权威下降、村民自治削弱、乡村社会的活力较难激发，使得乡村建设缺少乡村主体性力量的充分支持。

(一)创建工作

青埭行政村最大的特色是山水奇绝，因此靠近这片山水的芦荡自然村成为创建"最美乡村"的样板。由于芦荡村没有集体经济，很难靠自己的力量完成创建工作，因此主要的创建资金都是由村委会想办法筹措的。芦荡村作为创建工作的样板村，得到的资金投入在14个自然村中是最大的，创建事项主要包括村容村貌和基础设施建设。关于样板计划，詹姆斯·斯科特(James C. Scott)认为，当大型的社会计划难以推行，为寻求政绩与治理的合法性，规划者便遁入易于管控的"微型化"工程和微观秩序中。事实上，政府主导的乡村建设目前还难以做到普惠，只能选择性地打造有特色的村庄并进行各类村庄评比以获得民众的认同与治理的合法性，当然最大的治理合法性还是来自民生质量的全面提升。

对行政村来说，争取不到评选荣誉就争取不到财政支持，也就做不成事；村党支部书记如果没有做出点成绩，升迁的机会就渺茫，这些都是由当前基层政府的运行机制所决定的。2010年，青埭村委会想突出本村的自然资源优势去申报J市"最美乡村"，选择村委会所在的老芦荡片区进行重点打造。

在镇政府的资金支持下，老芦荡片区完成了徽派风格的村委会大院的山墙、村行政服务中心、村历史文化展示中心和新医务室的建设。老芦荡片区通向村委会的主干道两旁的民房外墙被设计成文化墙，上面图文并茂地展示着社会主义核心价值观、乡风民德和民主选举知识。村委组织人力对村级道路、广场、下水道进行改造，对每户住宅墙体及屋前屋后进行出新，对通往村委会大院的主干道进行沥青化改造。2015—2018年，青埭行政村以芦荡村为申报主力，成功申报B市"最美乡村"、M省文明村、全国综合减灾示范社区以及J市政府、临镇政府颁布的各类奖项，共获得11项荣誉。得奖的关键点就是村容村貌较为整洁、雅致以及基础设施比较完备且与山水资源融合得较好。经过精心打造，芦荡村已然成为临镇美丽乡村创建的典型和接待各级各类人员参观考察的一个窗口，从而每年都能得到一定的政府拨款以维护或更新基础设施、文化墙和各类展牌。

村委会大院东面是重点建设的新的行政村医务室，作为村级卫生室典型，经常接待上级参观，也是创建材料中的一大亮点。医务室设备比较先进和完备，环境比较整洁，功能比较多样，信息化程度也比较高，平时诊疗、配药、打针、挂水之类的常规疾病都能收治，也免费给村民量血压，需要的话也可以上门服务，比如半夜急诊。医务室只有一个姓许的女医生，看病、开药、打针、挂水、打扫卫生，都由她一人完成。她的工资由镇卫生院发放，工资分两块，基本工资和根据看病人次发放的奖金。她说农民的收入那么低，又是乡里乡亲的，不会多开药，何况现在国家要求乡镇医院和村级医院零差价销售基本药物，基本药物的价格比市场价低不少。但是有村民告诉笔者有的药比如降压药涨价很厉害，搞不清是医生私自涨的价还是市场涨的价，他们怀疑医生从中捞钱，但也不敢声张，担心对自己以后看病不利。事实上，乡村工作有很多地方信息不对称，农民即使有疑问也不敢反映，农民既然没有诉求，有关方面也就懒得告知和解释，处于沟通不良状态。据笔者了解，只有基本药物是零差价销售，有些降压药不在基本药物目录，所以会随市场价波动，有些基本药物之外的药物销售在乡镇医院有拿回扣现象，但是油水流不到乡村医生这里。可见，不沟通是弄不清楚猜疑和真相之间的距离的。

为了申报创建方面的荣誉称号，村委会还在村委会大院北面的村历史文化展示中心内设立了一间图书室。图书室常年落锁，灰尘满布，里面有一些各处寻来的旧书报。笔者问一个村干部为什么图书室几乎不开门，他说村里常住的基本都是老人，没几个识文断字的，开了也没人来，其实这是他的主观臆断。村里有些50多岁的壮年、还有几位当过村干部和小学老师的七八十岁的老人都是读书看报的。如果图书室每天开放且书报常常更新，如果有人主动在这里组织一些文体活动，他们一定会来这里看书聚会聊天，也会带动更多的人来这里阅读和聚会，这样村子里也就有了公共空间，公共事务也就有了讨论的平台，很多事情就有了组织人手做起来的可能，村庄的内部联系也会多起来。现在这个图书室仅仅是争创"最美乡村""文明村"等称号的一个指标，其功能没有真正发挥出来。哈贝马斯认为，公共领域是公众自由地聚

第三章 乡村建设的内生力量

集而形成的一种表达、讨论、沟通以形成公共舆论的地方，是形成民意或共识的社会生活领域。乡村的公共空间就是一种公共领域，可以起到融洽人际关系、增加社会资本、推动乡村自治、形成乡村共识、培养公共理性和共同体精神等功能。中国文化背景下的共同体精神可以吸收传统文化资源，比如吸收《吕氏乡约》中"德业相劝，过失相规，礼俗相交，患难相恤"的自治精神，以此为基础去建设乡村中非市场经济关系的情感—道德共同体。可惜村干部们大多认识不到公共空间和共同体精神的重要性，他们的能动性囿于自身视野和见识的局限而无法充分释放出来。

芦荡村周围的自然风光和村庄的外观打造都很出色，所以有底气去争取各种创建称号，但是负责创建材料撰写的"80后"村干部小吴告诉笔者，现在上面（县镇级政府）老是搞名目繁多的创建，占据了他们大量的时间和精力，也就没有多少心思去做真正对乡村发展有意义的实事。上面要求每年都写各类台账，申报各种称号的时候，就把这些材料改变一下排列组合方式，总体内容大同小异，这也是村干部对繁重的材料工作的一种变通之道。

笔者翻阅着小吴从文件柜里抱出来的一本本厚厚的台账，发现里面的水分还是有的，有的现实中有一点影子，就被夸大一些写出来。比如材料上写"依托当地的国际度假区和国际路亚垂钓基地等配套设施，依靠'一家带动一片'的政策，先后推动了'水里仙中华鲟养殖基地''老王家全鱼宴'等餐饮、住宿点的建设发展；独具特色的音山湖凤鹅、芦荡草鸡蛋等农产品，带动了当地养殖业的快速发展，促进了当地农民致富增收"。事实上，芦荡村的餐饮、住宿、大规模养殖业都是私人老板搞的，村两委发挥的推动作用很小。比如材料上写"乡村旅游将着力打造以音山湖为'圈'的农业观光休闲区，以芦荡村为'线'的民俗文化游览区，以大新高标准农田为'片'的稻田艺术欣赏区，以高黎山为'点'的露营探险攀岩区，以国际路亚垂钓基地为'面'的水上运动体验区"。事实上，虽然这些地点都是真实的，但是旅游资源还未开发，很多还在设想阶段，但镇政府只进行"台账考核"，不太追究里面的实际成就有多少，体现了镇村两级为了完成县级政府布置的任务达成的某种默契，这种默契甚至已经成为压力型体制下的基层行动策略，体现出结构与行动之间的辩证关系，而这种互动的结果则是乡村治理的虚浮化，但基础的日常工作和基本秩序还是可以保证的。

当笔者对这些创建材料的一些水分表示惊奇的时候，村干部们都觉得笔者太不通世故了。笔者感觉到了指标主义的评价体系从市到村的层层施压和层层应付，甚至还有基层之间的默契这类非正式行为。这种现象的产生并不是因为基层干部素质低，而是政府组织结构和制度的产物，是决策过程与执行过程分离、集中决策过程和激励机制强化导致的结果。

此外，材料和实际情况有出入，也是因为镇村干部陷入文山会海，以至于工作落实的"最后一公里"难有精力去操作。农业税取消后，压力型体制滋生出大量琐碎（并不都是必要）的基层工作，很多数据都需要村里提供，于是镇政府通过给村干部发工资来指挥村干部完成各类繁杂的文牍化的工作，使村干部没有多少时间、精力与村民协商如何治理村庄和发展村庄，从而大大削弱了村两委本应有的权威性。

如果说村两委在乡村建设上表现出"务虚务实并存"的惯习的话，那么这与当下科层制下渗、乡村缺乏依靠乡村内部权威（准官员）处理村务的"简约治理"（黄宗智，2008）的结构性因素有关。有学者认为"简约治理"的本质是帝国政府认可村社伦理、村规民约的合法性，依靠乡绅、族长之类的准官员来实现基层社会的治理从而避免高成本地推行公共规则的落实（狄金华，2015：19）。对乡村来说，简约治理相较于科层化治理，更多地根植于乡村的生活世界，有更强的内生性和契合度，虽然现在不再有乡绅、族长，但是乡村内生的乡贤和精英还是有的，但现在的乡村政治缺乏一个他们能依靠自己与乡村的紧密联结发挥作用的舞台。陆益龙认为，当前的乡村政治糅合了国家治理与村民自治，可称之为村干部政治。村干部包括所有的村两委干部，他们来自农村内部，在乡村社会与文化网络中有一定的权威性，同时又受政府的管理约束，从而能沟通政府和百姓（陆益龙，2016a）。事实上这种能圆融连接政府要求与农民需求的村干部在当下并没有很多。一方面，伴随村庄内部人际关系的日渐疏离和原子化，村民自治比较缺乏土壤；另一方面，压力型体制下的乡镇政府需要借助村干部的力量才能完成繁重的基层治理任务，而要管理好村干部就需要把科层制下沉到村一级。这样乡村治理更多地体现运用公共权威维持秩序以增进公众利益的行政管理特点，从而削弱了地方自治的程

第三章 乡村建设的内生力量

度，出现行政化下沉与乡村自治之间的某种对冲效应。

村干部连通上下的功能目前更多还是停留在理论层面，而且村党支部书记中有很多都是上面派下来过渡一下的大学生村干部，青埭行政村也是如此。村党支部书记对村子的具体情况不太熟悉，主要工作是传达镇政府的指示。所有村两委干部周一到周五的上午都要坐班，坐班时的主要工作是完成镇政府布置的任务且都要考核，考核的依据主要看台账做得怎么样，其次才看真正做了什么事。这个村以及很多村庄的治理都有些忽略农民的具体需求，村干部很多时间都是待在办公室里做案头工作而不是深入农民之中体察民情、处理问题。甚至可以说，这种弄台账、做牌子、忙考核的形式主义治理没有能真正连接政府和百姓，削弱了村干部政治本该有的积极效应。

还有一个创建工作是文明城市创建工作。2018年J市创建文明城市，省里有4个城市申报，只有2个入选名额，压力还是蛮大的。J市的创建口号是"手牵手共建文明城，心连心同做文明人"，创建时间是3月到8月，最忙碌的时间是5至6月。J市开展了拉网式环境整治行动，从城市到乡村的每个卫生死角都不放过。在最辛苦的5至6月，镇政府还派了定村干部随时来现场检查，市县级政府派下来的暗访组随时会出现在任何角落。村干部每天的神经都绷得紧紧的，都不敢坐在办公室里，四处查看才安心，即使在各自然村的路面上都安排了保洁员巡逻也不放心。镇政府给各村拨了专门的经费用于打扫卫生，对特别脏臭的水塘、厕所、垃圾堆需要专门雇人清理，工钱是200元一天，一般性的清扫则是100元一天。村委会干部兼芦荡村组长陈菊花在创建决战期，每天晚饭后就出门安排人手完成第二天的各种清洁工作，比如在马路上捡废纸，清理路上的油菜秆、玉米秆、树枝，刷掉墙面小广告等。除了搞好环境卫生，创建工作还需要镇村两级干部入户访问，带着写有文明城市创建方面的问答内容的宣传单，向村民宣教。6月的一天，临镇的一位副镇长、民政办陈主任、村干部陈菊花和文书小唐一行四人去青埭行政村下面的几个自然村入户走访。他们一共去了15户人家，两名镇干部轮着记表格，表格上只填一下被访村民的姓名和电话，意见和建议都写"无"。对村民必说的一句话是"垃圾不要乱扔，放垃圾箱"。两名镇干部忙着给对方拍工作照，不时说着"我给你照片拍得好吧"。留照片本是为了向上汇报时有形象的、真实的材料，现在居然有为了拍照片而做活动的情况，使留痕管理沦为痕迹主义。这里面体现了当下运动式和形式主义的治理生态，在这种生态下，治理者和被治理者的行为都流于短期和表面，老百姓不会对此抱太大期待，但会很配合地走个形式。虽然运动式治理经常被诟病，说它背离了法治精神，助长了投机心理，损害了政府信用，是一种应付式的机会主义的治理（郎友兴，2008），但它还是能够比较好地整合各方面的力量和资源，快速有效地解决很多实际问题，虽然可能治标不治本。芦荡村不少村民说如果没有文明城市创建活动，很多垃圾站和垃圾箱就不会出现，肯定了创建活动的积极面。在制度有效性供给和治理资源供给不足的情况下，运动式治理能发挥救急作用并可以有力回应国家对绩效合法性的需要。运动式治理绝非个人意志的产物，而是国家治理结构和制度逻辑运行的结果，虽然它有当下存在的合理性，但最终应该导向的目标是制度性治理比重越来越大以及运动式治理比重越来越小。

如果说运动式治理是当下基层治理的非常态，那么形式主义和策略主义的治理则是常态，是乡村振兴战略中"治理有效"这一目标的一大阻碍，主要表现在乡村缺少真正的自治组织，村两委对与农民切身利益有关的公共事务关注不多、对与上级检查和考核相关的台账工作疲于应付以及对国家政策简约化和策略化地去执行等方面。形式主义治理背后的成因很复杂，包括指标层层下压的压力型体制、村两委科层化、文牍主义的行政文化、乡村做实事所需要的人财物的匮乏等。

(二)重点工作

2006年取消农业税之后，村两委的重点工作不再是绞尽脑汁地收税了，而转为社会保障和民事调解，这两块工作因为需要村干部与村民面对面地接触。在一个彼此都脸熟的乡村社会，是不好怎么敷衍推脱、不给对方面子的。现在镇政府对村干部的年终考核也开始考虑村干部在村民心中的形象，虽然现在还没有让群众打分，但如果有群众打12345市民热线反映某个村干部的不当做法的话，是会影响这个村干部的考核成绩的。所以村干部还是需要投入一些精力做这两项工作的。目前来看，重点工作做得还可以，只是村干部并没有创新工作方法以寻求更好的工作效果。

第三章 乡村建设的内生力量

1. 社会保障工作

村委会大院里有个人力资源与社会保障服务站，受人社局与地方政府双重管理，由J市人社局给工作人员发工资，村委会再给一点补贴。负责人社工作的是两个大学毕业的年轻人，他们的工作都是在电脑上完成，是村委会大院里科技含量最高的工种。这个工作最烦琐的部分就是因为缴费细则很多，村民的新型农村社会养老保险、企业职工基本养老保险都要在这里认证。比如新型农村社会养老保险至少要从45岁交到60岁，基数要交足15年，政府负担30%，村里负担50%，个人负担20%。农民也可以购买企业职工养老保险，需缴足15年，一年交3 000~5 000元不等。这么复杂的细则，要对全行政村3 000多人实行建档管理，并不是一件容易的事情。

低保核实工作是乡镇民政部门最烦琐的工作。镇民政办的陈主任每年一次带两名工作人员来村委会会议室核实低保户信息。所有享受低保的村民需携带低保证、身份证以及子女及配偶的工资卡的流水单和身份证复印件来会议室一个个地审核。国家精准扶贫战略要求对贫困户建档立卡并实施动态管理，因为每个家庭的经济条件和生老病死情况都会有变化，比如有人去世会影响家庭总收入，家里人得了重病会增加经济负担，子女毕业工作了会增加家庭收入。新增人员需要审核，要核实家里房子有几间，是平房还是楼房，子女与配偶的收入情况等。每年低保人员的名单都会有变化，有进有出。精准扶贫落实到家户调查而不是指标分配，只要客观上达到扶助条件就列入扶贫名单，这和甘肃杨改兰案发生前仅用收入作为衡量标准、用村民投票方式决定是否享受低保的做法相比，是一个很大的改进。

笔者在现场观察低保核实情况的时候，好几个村民以为笔者是记者，纷纷向笔者反映问题，笔者只恨自己不是有话语权的记者，但还是认真记录下他们的诉说。村里有一对老夫妇，都是68岁，老太胆囊管结石开刀，老头患了淋巴癌，儿子已去世8年，孙女跟儿媳在B市区生活，儿媳一个月的打工收入只有1700元。他们两人的低保只有2 700元一年。他们说这个数字太少了，难以面对当下的困境，动态管理并没有发现他家生大病的新情况而多给一点低保补助。还有一位老人在1984年结扎后留下后遗症久治不愈，伤口流液，腰直不起来，不能干重活，常年服消炎药，由于病情特殊还不能做手术。

尽管她丈夫有一个月2 200元的退休工资，并不符合低保要求，但考虑到是与国家计划生育政策有关的医疗事故，民政办还是从低保口给她算了两个人每月共598元的补助。这次通过核实，准备取消老头的低保，只保留老太太的部分。老头本来觉得598元太少想多要一点的，结果反被取消了一个人的低保，怒气冲天拍桌子，扬言要去镇长办公室坐一天。工作人员也不跟老头吵，只反复强调按政策办事。事实上他们用这句话推挡了很多他们本该做实做细的工作。精准扶贫、确定低保户是最能反映政府解决民生问题的一个指标，乡村还是有不少生活困难、大病缠身的村民，每家每户的情况也不一样，在按政策办事的同时，有些需要灵活处理的细节或特殊情况，政策不一定都能顾及全，这时候就考验执行者对实际情况的理解和判断能力，显然该地的低保政策执行者是有这方面的欠缺的。村民与政策执行者之间的互动已经不是单纯的两个行动者之间的互动，而因其各自所嵌入的结构性背景体现出百姓和政府之间的互动，并进一步凸显治理的合法性问题。

精准扶贫的确切数据用目前填表格的方法是很难获取的，如何得到较为真实的数据是需要合适的工作方法的。2017年5月，身兼村委会干部和自然村村民小组组长的张大海和陈菊花都在自己管辖的自然村进行了家庭经济信息的入户采集，陈菊花收上来的入户登记表有70%没有填家庭年收入，张大海负责调查的入户登记表上则全部填了家庭收入。原因是陈菊花是直接问的，张大海是间接问的。张大海告诉笔者，你直接问村民家庭收入是多少是不妥的，多数都不肯说的，属于敏感问题。一个原因是农民自己也算不清楚，另一个原因是农民大多不好意思露富，只会往少了说。应该平时就去人家家里聊聊天，了解家里有几个人打工或上班，各自月收入多少，政府补助有多少，有没有生病的，有几个种田的。自己回去一算，大概数字就有了。完全精确是不可能的，农民的一部分收入是实物，也不太好算。可见，在扶贫工作中要想得到可靠数据，不是靠直接问来的，要摸清农民心理，融入农村的地方传统，掌握实践性知识，工作要讲方式方法。只是像张大海这样懂农民、有方法的村干部并不多，需要加强这方面的干部培养。

2. 调解工作

传统的乡村社会对于纠纷的调解动用的是非正式的民间机制，由维持礼

第三章 乡村建设的内生力量

治秩序的乡绅使用自己的权威进行调解,属于"无讼"社会。到了现在,乡村中权力的文化网络被政治力量消解,权力的组织网络也日渐悬浮于乡村之上,但纠纷调解工作还是因为与百姓的生活密切相关而保留了下来,成为村委会治安保卫工作的一部分。由于村委会具有政府代理人和社会自治体的双重属性,使得村级权力调解介于非正式与正式之间,国家通过村委会对纠纷的调解来实现对乡村的治理。贺雪峰提出了中央、地方和农民三层关系的分析框架,指出"国家/中央"在与农民打交道时,既要借助又要约束"地方/基层"的双重逻辑。也就是说,村级调解工作体现了中央、地方和农民三者之间的治理关系,也是代表国家的法律规定和代表地方社会的村社伦理在具体的乡村利益冲突情境中综合起作用。村治保主任张大海指着办公室墙上的调解原则"实事求是,有法必依"八个字,对笔者说:"这么写不太贴切,因为违法的案子直接由镇法治所处理,综治办调解的都是村民之间的鸡毛蒜皮。房前屋后的摩擦最多,比如渠道排水、水管改道、垃圾清理等,主要用的还是做人的老道理,偶尔借用一下法律条文。"下面是张大海给笔者讲的两个调解案例,体现出村社伦理、法律知识和沟通技能在具体情境下的灵活使用。

有个90多岁的老太跟她60多岁的儿子一起过。儿子新造了一间房子,被后面那家抗议影响了自家房子的出水。吵闹中,老太出来调停,推推搡搡中老太被推倒受伤了,双方都不承认是自己碰倒的,越吵越厉害,就找张大海去调解。张大海首先查看了出水情况,感觉影响不大,可以考虑把排水沟挖深一点、降低一点,就没问题了。至于受伤的老太太,她说是对方推的,但也不足为证,因为有可能袒护自家人。老太很快被送去医院做多项检查。张大海说双方先协商各负担多少,如果不想承担,必须提供证据证明自己没推,没证据就平摊。张大海做思想工作的时候注意运用人之常情、乡风民俗,也注意更新知识比如提供证据证明自己没有责任,情理相融,收效较好。还要有耐心慢慢磨,不急于立刻解决,给大家冷静思考的时间,再寻找介入的机会。果然,两个月后,两家的火气渐渐平息,张大海就继续做工作,强调他们两家是亲戚,也是天天见面的邻居,处不好会让别人笑话,大家的年纪也60多岁了,应该看开一些,和为贵。最后误伤老太的那家赔了500多元的检查费,所幸老太太没有大碍,没有发生治疗费用,如果费用高的话估计更难调解，因为对于收入不是很多的农民来说金钱损失是他们最不愿意承担的，与钱相关的冲突也是最激烈的。

还有一个纠纷。村里在修一段路，附近的一家养鸡场老板不让卡车经过，理由是卡车鸣笛太响，鸡受到惊吓不生蛋了，也有鸡给卡车轧死了，一共有3万只鸡受到不同程度的影响。张大海先问施工方老板："鸡怎么才能不被吓到，你有什么办法？"对方说没办法。张大海又问养鸡的农民："你有什么办法？"养鸡的也说没有办法。张大海就说："我有一个办法，你们看行不行？"然后张大海给他们分析指出车速太快、鸣笛声太响是把鸡吓呆的主要原因，建议在距离养鸡场前后50米的地方，在路的两边各竖2块牌子，一个牌子上写着"禁止鸣笛"，一个牌子上写着"慢"，这样来往的车辆都会及时得到提醒。张大海在这个案例中的调解思路是：要尊重当事人，问双方"你的意见如何？你对对方要求如何？"得到双方的意思表示后，再协商处理。另外，要不断学习新知识，才能分析问题和找到解决问题的办法。

这两个例子的共性是做调解工作需要摸清村民脾气秉性、动用人情、面子、做人的道理等村社伦理，摆事实讲道理，晓之以理动之以情。这与梁漱溟所说的"中国文化的无形的根是做人的老道理"是颇为契合的，这就是为什么再跋扈的村民也害怕村庄舆论说他没有人缘、不会做人的原因。不同之处则是，第一个例子突出了张大海的一个调解智慧即事缓则圆，给时间一个机会来缓解冲突。这样的直觉顿悟是基于他丰富的经验积累，不过林耀华借用齐美尔的说法却对此有着理性的分析——"人们之间的互动常因情势的变迁，伴有无意识的、难捉摸的和未预料的情况发生，短兵相触，危机难以避免，可随着时过境迁，也往往会达成和解，形成新的均衡态势。"（渠敬东，2019）第二个例子则突出了调解员平时要注意学习新知识以应对不断出现的新情况，也就是以开放的心态开阔视野，提高行动者的行动能力。

张大海常说的话是："邻里之间长期相处，要相互体谅，学会换位思考，给予彼此方便。争吵会伤了和气，都在说对方坏话，有什么意思呢？"虽然他也强调要视具体情况而定，不过都不背离"将心比心""己所不欲勿施于人"的调解精神，这来自儒家文化传统。文化是社会心理建构的原材料和模板，生活在某一特定群体中的人潜移默化地受当地文化的影响。调解的过程也是彰

第三章 乡村建设的内生力量

显世道人心的过程。张大海告诉笔者,百姓不仅是百家有百姓,也是百人百性格,什么样的人都有,有人随和,有人固执,有人胡搅蛮缠。因此,对不同的人要用不同的方法,村干部不了解村民的家庭、过去的经历、交往的圈子,是没办法处理千丝万缕的人际矛盾和利益纠葛的。他说上面派来的"80后"大学生村官和笔者这样的学者都是没办法完成调解任务的,因为我们不懂农民和农村社会。事实的确如此,人与人难以相互理解的一个主要原因就是缺乏共享的意义体系,这方面的民间智慧的确是笔者不及的。老张还说,对待复杂的案例和难搞的人,有时还要动员多方力量共同干预,善于借助群众领袖、群众积极分子、共同的朋友来化解矛盾。像老张这样来自乡土又懂乡土的村干部做民事调解是很适合的,他能结合道德、法律、感情、理智去情境化地做思想工作。他说等他退休了,像他这样懂农民心理、懂当地乡俗乡约、懂方式方法的调解干部就后继无人了,那些连村民都不认识几个的、只是把乡村工作经历当作公务员跳板的大学生村官[①]对乡村发展的作用并没有多大。他的话充分揭示了现在呼唤"一懂两爱"型农村干部的用意所在,那是乡村治理的实际运行暴露出来的治理人才的素质缺憾和工作瓶颈,也充分说明行动者的能动性是有大小的,因而对现实的变革力量也是有大小的。

现在的乡村治理应该属于公共规则(如政策法律)、对中央政府道德预期的德治话语以及乡村伦理并行的复合治理模式。政府依靠准官员治理乡村的简约主义治理策略在当下得到了沿用并有了新的内涵,那就是村规民约与法律法规都适用于乡村治理,在具体的实践中表现为两者一致、法律法规消解村社规则的正当性、村民用村规民约抵制法律法规这三种情况。芦荡村的陈子强是养猪大户,在执法队拆掉他违规(占用耕地)造的猪圈后,他很快在原地又建起猪圈,又被拆掉。笔者问治保主任张大海,陈子强怎么如此无视法律的权威,张大海说:"他说他要赚钱,要谋生,这是他的饭碗。他还说现在是和谐社会,政府说要全心全意为人民服务,更不会端老百姓的饭碗!"可见陈子强用生存伦理和德治话语抵抗法律对他的约束,而且使日常管理政治化,

---

[①] 笔者采访了自己认识的所有大学生村官(5人),得知他们的职业理想都是当公务员,村官工作只是权宜之计。

表现出当下乡村复合治理的困境，也就是在乡村内生权威丧失之后，外来的公共规则和村社伦理加上德治话语，被村民策略性地使用来与村两委讨价还价，从而获取个人私利(狄金华，2015：309)。

  农村矛盾有不同类型，从根本上看都是利益矛盾，后面交织着人情面子、乡规民约、政策法律等因素，利益有大小，利益相关人的性格、德行也有差异，所以复杂程度和激烈程度不同的矛盾需要使用不同的方法甚至让不同风格的村干部去调解，比如冲突比较激烈的征地矛盾调解对于性格温和的张大海来说就不太合适。对于比较激烈的且当事人比较难搞的矛盾，历届村委会主任一般都是派村干部陈菊花去处理。以前的老书记王三保对陈菊花的评价是"泼辣，敢得罪人，因为对野蛮的人也要野蛮，以毒攻毒，干部里需要这样的人。虽然她识字不多，但也有她的威风和能力，她会在工作中总结经验，会找到对付不同人的不同方法，每届书记主任都愿意找她搭班子"。事实上，陈菊花作为农村很少见的在一线处理棘手问题的女干部，充分体现了她来自乡村、深谙农村人情人性，又长期被基层行政文化濡染，对上对下都很通达，同时她还具有彪悍的个性。2018年9月的一天，J市抽水蓄能电站的一个主要施工方——水电六局遭遇到了堵路事件，一位80岁的老大爷把路堵了，让施工车辆无法通行。以往也发生过施工过程中的村民堵路事件，大多是因为施工过程惊吓了村民的鸡鸭、轧坏了村民的庄稼而遭到索赔。经过村干部调解，最后都以施工方给予少量赔偿了事，比如要价1 000元实际给200元。这次陈菊花和另外一个村干部还有笔者一起去了现场，大家都以为又是一次涉及赔偿的事件，后来才知道不是这回事。老大爷因为担心水电六局的施工队把村边的路压坏了不给修好就撤离，才去堵路。他没有村干部的电话号码，也不会用手机，所以无法反映问题，不过他看到以前村民只要一堵路，村干部就会火速出现，觉得可以用这个方法"召唤神龙"，于是就豪迈地去堵路了。在村干部出现之前，已经有水电六局的一个副总赶到了，他一再承诺会把路修好，可是老大爷不信他，认为他是只知道赚钱的老板，说话不可信，他要官方的承诺。然后陈菊花赶到，她把情况弄清楚后，拍着胸脯对老大爷说："路肯定会修，我跟你保证，有事就找我!"老大爷闻言立即收兵，一分钱都没要。所以不能先入为主地认定村民是麻烦制造者，村民年龄不同、观念不同，就有不同的问题解决方式。陈菊花这个来自乡村内部、熟悉乡人不同性情的村干部在这里就体现出了她的优势。陈菊花跟笔者说了她的几个工作方法,如果是村民和企业、政府之间的利益矛盾,她就帮村民多要一点钱,村民很感谢她;如果是村民之间的纠纷,就让大家一起来评理,最后大家都让点步,占理多的就让步少一点;蛮横的村民就对他凶一点,压住他的气势,温和的村民就对他说说软话。总体来看,她的处理方式是特殊主义的,有明显的"摆平"色彩,并没有遵守普遍主义的公共规则,也没有一味维护政府和企业的利益,但因为她能快速灭火所以一直派她当"急先锋"。希望未来的乡村治理队伍能加入更多尊重规则、懂农民、通人性的年轻一辈村干部,伤害规则、满足农民不合理要求以图摆平的做法并不利于公序良俗在乡村的建立,而在事件的解决过程中善于引导教育村民更新观念去遵守公共规则,同时也兼顾一定弹性(情境主义)的做法更值得提倡,这是从事乡村调解工作的行动者未来素质提升的方向。

(二)其他方面

1. 经济工作

中国的乡村经历了革命、改造、改革和市场转型之后,已不是传统的乡土社会,但也不是现代性的个体化的新乡土社会,而是既有转型又保留了部分乡土特征的后乡土社会。在后乡土中国,农民的温饱问题已不再是基本问题,因为最低生活保障制度已经覆盖农村。在现代化、市场化的大背景下,后乡土中国的基本问题已演变为农民何以获得公平的市场机会问题,也就是如何让广大农民有业可从,并能从中得到相对理想的收入(陆益龙,2015)。村民得到的市场机会不仅是非农化就业的机会,也有生产销售农产品获得合理收益的机会。村两委在帮助农民驾驭农产品市场方面应该有所作为,比如带领农民成立联系小农户和大市场、帮助农民提高素质且增加收入的经济合作社,但是青埭行政村的村两委在这方面却没有什么动作。

产业兴旺是乡村建设的基础,最好是多业融合,这需要对经济形势的把控、对市场的把握以及吸纳一定的资金和人才,而这对年龄和知识都趋于老化的村两委班子来说是很难做到的。在村集体经济发展上,青埭村里原有的几个小企业因为污染较重都被提倡"建设低碳环保城市"的 B 市政府关停了,现在只能发展租赁经济，但收入和以前不可同日而语。对原三埭小学、郭家桥小学场地的出租，逐年增加租金，对原水泥瓦厂和胶木厂厂房现在的承租方，根据其经营效益，逐年递增租赁费，租金一年最多3万元。村两委对发展乡村旅游也是雷声大雨点小。首先是资金问题。虽然有音山湖旅游开发的东风，村两委由于财权上收且集体经济薄弱，缺乏发展乡村旅游的资金。大学生书记认为需要一定的投资来筑好巢，这样才能引来凤，在乡村大自然里满足城里人的多重需求，不然普通的乡村风景吸引不到城里人。大学生村干部小吴告诉笔者，什么样的条件吸引什么样的顾客，高中端旅游服务都要有。这些都需要钱，但是镇政府支持有限，村集体收入仅靠租赁，财力也有限，民间的工商资本又缺少进入的机制与渠道。其次是人才不足。村两委现有的队伍中，只有2个村干部是大学生，1个文秘是大专生，其余的两委干部大多不会计算机操作，更不知道如何做乡村旅游，比如景点和服务的设计与打造，客户群的定位以及宣传策划和营销。村干部能力不够，也找不到其他的能人来做乡村旅游，村里有几个有点头脑和财力的村民想做农家乐，也因为得到的政策支持和村委会支持不多而放弃了。最后是土地问题。村里没有建设性用地是发展乡村旅游的一大瓶颈。这与前面几任村领导大肆挥霍村集体经济中的资金、资产、资源有关，导致现任村两委手里没土地、没钱，还要为前几任村领导的挥霍买单，这也说明农村问题复杂的一个主要方面就是当下的果经常与以前的因、当下的因关联在一起，或者说历史和现实纠缠在一起。总之，村两委由于无法解决资金、人才和土地问题，虽然坐拥好山好水却无力发展乡村旅游，除了收租金，也缺乏发展村集体经济的知识、技术和人才。这不是这个村的个别现象，据媒体报道，资金紧张、技术落后、人才匮乏是当前乡村建设事业的最大瓶颈。

2. 公共事务

公共事务本应该是以自治为目标的村委会的主要使命，但现在趋于原子化和半熟人社会的青埭村缺少自治的社会基础，村两委因而越来越行政化和悬浮化。不过，村两委除了面对上级的检查，还做了一些与大家的生产生活紧密相关的公共事务，比如禁止焚烧秸秆和灭钉螺，做得还是比较到位的。

现在的公共事务明显少于农业税取消前，但灭钉螺这个关乎公众健康的

第三章 乡村建设的内生力量

公共事务一直存续着。钉螺是寄生虫的宿主,它总是待在水里,有人或者牲畜下水就会被寄生,然后得大肚子病而死。灭钉螺大约两年组织一次,给村民的工钱是90元一天,由镇防疫站付费。2017年5月10日,陈菊花召集了20个芦荡村村民去附近的清河村沟渠边灭钉螺(如图3-1所示),要干的活就是把黑薄膜扎进两侧沟壁。工作时间是上午6点半到11点,下午1点到5点,连续工作10天。陈菊花专门选了气温较高的那几天,这样才能热死薄膜下的钉螺。镇防疫站2015年开始推广用黑薄膜灭钉螺,以前用药水喷钉螺会污染环境。那年灭钉螺的黑薄膜很快被清河村的村民偷走了,大大降低了灭钉螺效果。不少村民爱占小便宜,没有集体意识,认识不到损害了公共利益必定也会损害自己的利益。吸取往年的教训,陈菊花专门到旁边的清河村里一家家打招呼,请大家务必不要拿走黑薄膜,至少等10天,不然大家都会倒霉。她本人以及清河村村民小组组长反复和大家说清楚里面的利害关系后,就没人偷了。笔者在现场看大家灭钉螺的时候,负责清河片区的村两委干部开车巡逻来了,车上喇叭反复播放焚烧秸秆的危害以及酒驾的危害。上级对焚烧秸秆抓得很严,村委会为此还落实了村干部责任制,谁的片区出现一例就罚管这片的村干部200元,因此秸秆一收上来干部们就每天带着喇叭开着车在辖区内巡逻。难得看到这么繁忙的农村社会,有集体劳动,有巡逻宣传,笔者赶上了农村社区的农忙时节,同时也是村委会与村民接触最密切期,虽然时间短暂,也保留了部分乡土社会的特征,是过去的社会结构的部分延续。一个新情况是村干部现在处理公务尤其是与村民打交道时,有意识地拍照片留证据,甚至提前带上拍照片的助手。陈菊花去灭钉螺、慰问残疾人和留守儿童或者指挥挖掘机清理河沟里的淤泥的时候,都带上笔者去拍照(如图3-1所示)。这些照片日后作为工作成绩汇报材料或者宣传材料是很有说服力的,跟城里的政府机关随时用照片记录工作场景的新做法完全一致了。村干部也有摆拍照片只为留痕的情况,有时候属于对规范化理解有误而导致的方向走偏,有时候完全是为了应付上级规定的繁密的台账记录要求,是压力型体制下的一种变通,体现了结构与行动者之间的博弈。

图 3-1　村委会组织村民灭钉螺

　　还有一个公共事务是路灯安装。随着城里人到乡村休闲观光成为一种时尚，乡村有没有路灯成为一个流行的话题，这关系到城里人在乡村看星星和村里人生活要便利两种需求的冲突。芦荡村的乡村旅游一直没有搞起来，能否安装路灯就纯粹是个有无经费的问题，而与城里人的看星星需求无关。老芦荡片区因为有集体资产被征用，有一些公用经费，就最先安装了路灯，只是安装两年了却没通上电，因为电费的出处还没着落，而东山片区和西山片区因为缺乏公用经费则连路灯都装不了。晚上笔者在西山片区和东山片区之间行走的时候一片漆黑，而且夜晚的狗吠非常狰狞，害得笔者一路心惊肉跳。村民们也经常抱怨夜晚行路不方便，因为电筒已经基本在市场上消失了，所以只能减少夜晚的走动，这样的乡村也就更寂静、更原子化了。2017 年年底，村委会给东山片区和西山片区装上了路灯但没有通电。2018 年 1 月 3 日傍晚，芦荡村三个片区的路灯同时亮起，从那以后天天都亮路灯，问题解决的关键是电费的出处有着落了。乡村有路灯不但给大家晚上的出行带来方便，也增加了村里的人际交往和公共活动，乡村的夜晚比以往多了一点生气，但还是没到热闹的程度。曾经轰动一时的"碧山计划"的策划者欧宁与一位留美社会

第三章 乡村建设的内生力量

学女博士有一个辩论——"乡村有了路灯,还能看到星星吗?"看星星是去乡村休闲的中产阶级的审美趣味,而村民却没有看星星的情致,他们要的是行路方便。可是乡村只是村民的吗?看月亮和星星的城里人和需要路灯照明的村里人,谁的需求更优先?城市是大家的,是因为农民工和市民都在城里生活,乡村却主要是村民的,虽然偶尔有城里人来乡村度假,而乡村旅游也需要迎合城里人的需求,但也要平衡好村民的生活便利和城里人的精神需求,不能使乡村完全成为都市消费文化的一部分。乡村已经无法像以前那样封闭,所以只能折中,让灯光不要太亮,星星也能看得见,不仅城里人想看星星,村里的孩子也要看星星。不过乡村更是村里人的长久生活之地,不能完全丢弃当地的日常生活意象和文化特色。乡村建设需要在社区再造、实现村民和市民的空间共享上多下功夫。不过,由于芦荡村的乡村旅游还处在萌芽状态,芦荡村村民还不清楚城里人对乡村的消费偏好以及需要平衡好商业化和乡村本色之间的关系,倒是为有了和城里一样的路灯而欣慰,这与他们"向往城市"的心理倒是颇为契合。村民还是希望发展乡村旅游的村干部们能够认识到保持乡村特色的重要性,只是因为缺少交流沟通的渠道,村民和村干部的所思所想很多时候都没有交集。

3. 文化建设

如今村民的生活意义主要停留在生物性的生存和社会性的人情、面子层面,在本体性价值追求上出现真空,在传统时代农民倒是有光宗耀祖、慎终追远的本体性价值追求,现在反倒出现经济至上、孝道不彰、极端个人主义和阎云翔所说的"无公德的个人"等弊病。贺雪峰认为当前中国农村普遍存在不知道活着的意义在哪里的价值荒漠化现象,这属于文化失调,应该通过乡村文化建设来解决。然而,很多乡村的文化建设都存在浅表化、无法触及灵魂的问题。比如芦荡村的乡村文化建设目前还是着眼于视觉层面,表现在一些标语牌、文化墙的制作,上面图文并茂地展示传统美德、乡规民约、文明行为等内容,而结合村民的生产生活实践进行的精神、情感、伦理层面的建设很少,导致的结果就是村民对这些文化展示视若无睹,最多看成装裱性的面子工程,继续着以往价值虚空、精神无依的生活。此外,农村内部出现了阶层的分化和利益的多元化,导致价值共识的弱化以及行为的工具性和投机性，出现了公共道德的滑坡。可以借鉴的是韩国政府在 20 世纪 70 年代发起的"新村运动"，把培养勤勉、自助、协同的基本精神和发展经济紧密结合，以政府支援、农民自主和项目开发为纽带，通过一个个具体项目的开发和实施来培养农民的主体性和共同体精神，使其能够依靠自己的力量建设家乡。可见，梁漱溟先生所强调的乡村建设要解决农民的精神出路问题即"复苏农民精神"实为洞见，却正是现今很多地方乡村文化建设的盲区。

可以说，芦荡村村干部缺少通过项目开发打通乡村经济建设和精神文化建设的意识和能力，甚至在县镇两级政府的领导层面也缺少这方面的意识，也就无法指导和培训村干部。那么原子化的当下的乡村，是不是就无法找到进行精神文化建设、倡导文明新风的切入口呢？笔者通过田野调查，认为还是能够找到切入点的，但村委会在这方面没有体现出多少能动性。乡村的生活虽然单调，却也不时发生一些值得玩味思索的与乡风文明有关的事情。村委会基本不会利用村庄里发生的鲜活事件进行情境教育，引导大家讨论整个事件背后蕴含的东西，促进观念的进步。讨论的场所其实很灵活，不是非要到村委会会议室才能讨论，也可以在大广场、小卖部、图书室等公共空间讨论。可惜这样的事情没有人想到去做，这是村委会工作的一个意识盲点。比如小纪在家人的强烈反对下非要和一名离异女子恋爱，家人越反对越激发出年轻人反抗家长制的意识。当家人无奈同意后，小纪却在与对方长期相处后黯然分手。这个真实的案例，就可以用来探讨新旧观念之间、代与代之间的博弈，引导人们去思考尊重子女自主性的效果是否好于扼杀其自主性。可惜没有一个村两委干部、自然村村民小组组长认识到身边发生的事情的情境教育价值，即使有情境资源，也缺乏能认识到资源的价值并加以利用的行动者，所以这里的乡村文化建设缺少人才是显而易见的。

笔者觉得自己可以主动寻求村委会的支持在这方面做点事情，推动蕴含着现代规则意识、契约精神和传统美德的文明新风早点吹拂乡村的角角落落——通过身边事进行情境教育不失为一个有效的方法。"每个田野工作者都会发现他自己在参与影响其研究群体的生活，不论结果是好是坏。"（詹姆斯·皮科克，2009：143）笔者在与当地村民的密切接触中也已经发现自己已经有意无意进入了他们的生活，那就应该认真琢磨合适的方式方法比如通过项目开发、身边事的情境教育引导其更新观念，尽可能地寻求好的结果，避免坏的结果。笔者需要村委会的支持，比如帮笔者寻找村里和镇政府的相关资源，给笔者一个可以增加大家对笔者的信任的身份(如村组长助理)，笔者再去寻找乡村文化建设方面的社会资源，甚至可以引入社会服务，对资源进行整合。不过目前这些还在设想状态，以后笔者会尽力多找一些时间待在村里，基于乡村自身的肌理、村民自己的生活去做文化建设，把笔者自己作为知识分子乡村建设中的一个行动者在村里做些事情，如果能吸纳更多的知识分子加入其中，应该也能成为这个村乡村建设的某种"希望"所在吧。

村委会主导的乡村文化建设要以乡村为本位，因为乡村主要是村民的，乡村文化建设也应该生发于村民生活。文化既包括外显的符号层也包括内隐的理念层，因此乡村文化建设既要有外在的文化氛围的打造，更要有精神价值、集体人格和生活方式的涵养。乡村文化建设既要有对传统文化的批判性吸收，又要与外来文化碰撞，借助文化的内在适应机制，不断转换并更新原有文化，呈现乡村文化的自主性、开放性成长，让传统与现代文化、城市与乡村文化融合共存。在被国家力量、土地改革、市场经济影响的同时，仍然需要建设一个具有仁德本性、守望互助、生机勃勃、富有热情、积极进取的并具有地方特色的现代中国乡村，兼顾个体自由与共同体的凝聚力，兼具亲密的人际情感与多样性的生活方式。乡村文化建设需要在传统与现代之间保持张力，需要在乡风民俗、文化娱乐活动、社会心理、价值观念等方面系统打造，需要通过重建乡村共同体来重建村民在原子化生存状态下丢失掉的主体性。不过，目前这个村的乡村文化建设离这个应然的图景还很遥远，最缺的就是懂得如何进行乡村文化建设的有见识、思路和能力的乡村干部。

4. 余论

去村里的次数多了，笔者能感觉到村委会工作状态不佳、村干部的能力的不足。村干部除了要对上负责，对村民并不需要做出什么交代，因为村民普遍不太关心村务，也没有足够的监督意识，偶尔有财务公开的布告贴出来也没有多少村民去看。村民只有在和别人出现自己无法解决的矛盾时需要村干部出面协调一下，至于村干部平时怎么做事并不太在意。总体来看，芦荡村的村委会和村民这两个本该共生共济、彼此交融的群体却在乡村共同体瓦解、基层政权悬浮于村庄之上的当下，呈现出各行其是、互不干涉的双轨并行状态。

　　由于资金缺乏，青埭村委会除了在芦荡村这个样本村投入较大之外，对其他自然村基础设施的投入就比较有限了，甚至有的村反映了很多年的村路破损问题一直没有得到解决。为什么镇政府不积极帮助村两委一点点改变乡村的面貌，很多惠民工程投资也不大，为什么不资助一下呢？村支书告诉笔者，镇领导的主要精力都放在招商引资上，钱也花在大项目上。政府官员都是任期制，一个任期5年，最多连任一次，这么长的时间其实是可以沉下心来做事情、细水长流做项目的，领导们要赶在任期内干出活，没干完的项目不算政绩，因此耗时长、见效慢、影响深远的项目就不太入眼了。当下，在基层政府，存在着"亲资本"（亲商政策）和GDP主义的公司化的行政文化以及以个人升迁与公共服务相结合为导向的从政观念，事实上有所违背公共权力完全服务于公共事务的公共行政精神，即使有一些真正想为乡村长远发展做点事情的基层干部出现，也难以抵抗公共服务意识不足的基层风气，这也是基层政府主导的乡村建设不力的一大结构性原因。

　　此外，本村的村两委并没有体现出正式组织应有的组织合力。村书记是一位"80后"大学生村官，跟一帮平均年龄56岁、平均学历初中的村干部一起工作，总感觉不太协调。老干部们觉得书记太嫩、只懂书本知识且不了解各村情况，书记觉得老干部们观念保守、知识老旧且没有发展思路。虽然大家共事时面子上还过得去，但是没法发挥团队合作效力。每次村干部开会，笔者都请求旁听，每次都被婉拒，后来才知道事关干部们的内部矛盾。笔者联系镇政府的一些部门，想了解具体的政策执行情况，也被拒绝，理由是不接待新闻媒体以外的"外人"。镇村两级的表现颇有"国之利器不可轻示于人"的意味，这也构成了我们这种渴望了解事实真相的社会调查者的一大阻力。关于现任村委会主任，通过笔者多方收集的信息，对他的评价大致如下：由于一直做的是会计工作，缺少处理复杂农村事务方面的历练，管理能力不强，也缺少与市场打交道的知识和能力，甚至不会使用计算机；日常工作主要是完成上级布置的任务，以及哪里出问题就去哪里"救火"，不太敢于尝试新事物，奉行"多一事不如少一事"的原则。很多乡村建设的设想，比如村两委与水清农庄合作水上餐厅和半坡禅堂的意向,以及与来渔山庄合作建青年客栈(五年计划投入五千万)的意向,都因为他的不置可否而不了了之。事实上,现在大多数村委会主任能力都不太强,因为最有能力和魄力的乡村精英大多离开了农村。至于他们观念保守、不敢尝试新事物,倒不一定是性格使然,现在的压力型体制以及不太合理的问责机制、容错机制并不利于基层干部施展拳脚,再加上镇村一级的经费不足,行动能力受限,村干部乃至镇干部的做事准则基本就是不拖后腿,也不犯错。

总体上看,村两委在乡村建设中还是做了一些事情的,但很多都是为了完成上面交办的任务以及各种检查,更多地体现为做台账以及组织人手去维护乡村的环境卫生,并没有太多的积极性去探索乡村发展的路径。村两委主导的乡村建设有打水漂的,也有落在实处的,落在实处的也多为表面化的工程(比如修路、装路灯),没有怎么落在提升村庄内生力量上。究其原因,一个是村干部在压力型体制下生怕多做多错、追究责任,不敢尝试;一个是村干部的知识、见识、能力有限,不善于尝试;还有就是对农村发展缺乏信心,对农村缺乏热爱,不愿意尝试。

二、村民的乡村建设

随着农村人口的大量外流、利益主体和价值观念的多元化、城乡二元的社会经济结构和认知取向、乡村自组织的薄弱、乡村公共服务供给的缺位,使村民们失去了对村庄的关切和主体感,认为村庄怎么建设跟自己没多大关系,只要不损害自己的利益就行。费孝通认为,农民对村庄的主体感包括农民与乡土的利益关联、情感眷恋和价值归属(贺雪峰,2013:8)。对村庄的主体感其实就是一种共同体意识,即把村庄看成一个具有情感归属、共同利益、道德共识、交往互助的村社共同体。在共同体意识方面,芦荡村乃至大部分中国村庄的村民都不够充分。

与共同体最相关的一个理论是社群主义,主要代表人物有桑德尔、麦金太尔和沃尔策等。社群主义以新集体主义作为哲学基础,反对新自由主义把自我和个人当作理解和分析社会政治现象和政治制度的基本变量,认为个人及其自我最终是由他所在的社群决定的。社群主义视共同体为其根基所在,认为共同体提供了情感的纽带以及共享的价值、规范、意义以及对共享的历史和认同的信念。

共同体需要同时满足情感、道德信念和构成性（成员和共同体一体化）这三个特征，因此不可能像国家那么大，像村庄这样的小共同体才可能成为现实。事实上传统村落的确是滕尼斯意义上的成员之间亲密无间且有紧密的共同利益、共同价值观和共同体认同的礼俗社会和共同体社会，不过现在我国的村庄共同体在城市化背景下很多面临着解体。如果乡村的共同体特质消失，那么村民的共同体意识也就随之消失。家庭联产承包责任制的实施、市场化和城市化进程以及税费改革等因素导致乡村共同体的弱化，而缺少了村庄共同体、村庄共同利益和村民的共同体意识必然带来村民"一袋马铃薯"状的原子化存在状态。

"原子化"这个概念首先是由"华中乡土派"学者提出来的，特指农村社会出现的个人之间联系弱化、个人与公共领域疏离且缺乏对社区共同体的认同、村庄的舆论机制失灵、道德水准下滑的现象。这一概念的理论来源大概有三个：一是古典社会学家（如涂尔干、滕尼斯）对社会整合、社会团结的阐述；二是孙立平对原子化的界定——强调个人之间联系的弱化以及集体行动能力的缺失；三是阎云翔提出的"个体化"理论，强调改革开放以后中国乡村在市场化进程中个体的崛起及道德的缺失（周大鸣，廖越，2018）。

原子化这个概念还是比较符合芦荡村的现实的。在经济建设中，这个村的个体化、原子化存在的村民还是具有赚钱谋生乃至发家致富的个体意识和理性算计的，只是无法发展出红火的集体经济；在村子的文化建设和政治建设中，自组织能力较弱的村民只能被动地接受村委会的安排，而村委会为完成上级检查、形式主义的工作方式，以及村干部们的认知盲点和能力缺陷使得这两项建设也较为破碎和表面化。

（一）经济建设中的村民行为

1. 村民生计总览

对尚不富裕的芦荡村村民而言，"吃饭是头等重要的大事"，村民的生计问题是最重要的问题。费孝通先生的乡村研究使命是"志在富民"，如今促进就业、改善民生已成为各级政府的主要责任，所以开展乡村建设也应该先了解当地村民的生计与生活情况,然后在此基础上探索产业兴旺和发家致富的可行路径。

生计或生计方式,是指人们获得食物以及其他生活资料的方式。人们选择怎样的生计方式与所生活地方的自然环境、社会环境、技术条件有关。民生一开始的意思就是指生计,比如《左传·宣公十二年》中有"民生在勤,勤则不匮"的说法。后来,孙中山赋予民生新的内涵——"民生就是人民的生活——社会的生存,国民的生计,群众的生命。"(孙中山,1981:802)生计与生活加起来就是民生,民生问题可以说是人民群众最关心、最直接、最现实的利益问题。

全村目前有164户人家,其中老芦荡片区有103户276人,东山片区有31户92人,西山片区有安徽移民30户共87人,在村人口不到总人口的一半且多在60岁以上。由于农产品价格低、生产成本高,种田几乎挣不到钱,农民都是兼业谋生。村民的谋生方式包括做小工(建房方面)、种花木、跑运输、做电焊、养蜜蜂等,也有村民在镇上开饭店、修摩托车。少量村民在村庄附近打工,早出晚归,不用离乡背井。打工的村民很羡慕上班的,认为上班是稳定的且不辛苦的工作,打工则是不稳定的辛苦的体力工作。大多数村民都在为生存寻找机会,属于生计导向的生活。

村里40岁左右会种田的村民不到这个年龄段总人口的10%,30岁左右的村民基本都不会种田。有位老农民跟我说:"30年之后,也就一代人左右,没人会种田了,农村就彻底没有了。"的确,现在会种田的村民大都在50岁以上,30年后他们基本失去劳动能力或者去世了,传统的农业种植方式的确后继无人。但是人总要吃饭,农业不会消失,会有机械化、智能化、工业化的现代种植方式,估计还会出现很多规模经营的现代农场。不过,农业不会消失不代表乡村不会消失,中国乡村的命运还要看城市化力量和乡村建设力量之间的博弈情况。各国的历史实践证明,最可持续的文明是同时吸收城市和乡村养分的均衡发展的文明,希望中国的乡村发展能在立足中国人长远利益的理性精神的指引下,通过多方行动者的自主的、合理的、探索性的行动走上相对正确的道路,应该不存在一个预先建构的唯一正确的"历史决定论"式的道路。

村民中存在着基于代际的劳动分工。村民间流传着这样一句话——"白头发种田，黄头发(染发的年轻人)休闲，黑头发(中年人)挣钱。"白头发中55~65岁之间的老人是村里的种田主力，平时干的活有种稻子、种蔬菜果树、养殖家禽家畜，村里的有偿劳务(清理垃圾、村里巡逻捡垃圾、清理厕所)基本也是找他们干。65岁以上的老人干点力所能及的家务和农活。现在种田的很多工序都是机械作业，所以老人农业能维持下去。"黄头发休闲"指的是年轻人对土地的感情很淡漠，都不会种田，对年轻人来说不干农活是正常的，农活不属于年轻人。小麦和油菜在6月份是紧急收割期，年轻人即使在家也不会帮忙。年轻人中读了大学的能去上班(白领)，但人数不多，大多数是没有大学文凭的打工人。年轻人打工也不太积极，挣钱意识不如中年人，很多时候无所事事。至于黑头发的，那就是努力养家糊口、挣钱意识强的中年人。这种半工半耕的经营模式虽然增加了农民的家庭收入，但农业本身却没有得到发展，农业的技术升级以及规模化经营都没有实现。也就是说打工经济通过劳动力外流换得一些物质财富进入乡村，却无法成为促进乡村可持续发展的内生动力。

村民人均2亩土地，主要种小麦、水稻、油菜、果树，收益很少。2016年村民们种的小麦大面积亏本，因此从2017年起，全村没有一家种小麦。2016年麦子最差的卖5角一斤，最好的卖7角一斤，本钱都回不来。麦子平均亩产500斤，最多卖350元，其中每亩地买麦种60元，农药和复合肥50元，收割的机械费100元，种植的机械费80元，每亩共290元的成本，辛辛苦苦劳作半年，一亩才挣60元，跟打工没法比。但是水稻不一样，水稻比麦子更适合当地人的口味，属于口粮，麦子只是辅助粮食。稻子的亩产也高，最多有1 500斤，一般是1 200斤，每斤能卖到1.2元至1.4元，扣除每亩450元的成本，还是比小麦收益略好，最重要的是吃自己种的米安心又省钱。农民种的粮食没多少盈余可卖，卖粮的都是农业大户。村民们都告诉笔者现在种田挣不了钱，仅够温饱，想要日子过好点、给孩子好一点的教育，就必须出去打工。有调查显示如果有就业机会的话，大约有70%的农民愿意在家乡周边就业。村民们并不想背井离乡，但是有一股无形的力量牵引着他们的流动方向。巴格内(D. J. Bagne)首次提出人口迁移的"推拉理论"，指出拉力

第三章 乡村建设的内生力量

是流入地的那些有利于改善生活条件的因素，推力是流出地的不利的生活条件，这两股力量前拉后推决定了人口的流动方向。就我国而言，已有的研究发现促使农民进城的"推力"因素有农村收入水平低、没有挣钱机会、不愿意干农活、受教育机会少、家乡封闭保守等因素，"拉力"因素包括城市收入高、工作机会多、出去见世面、别人都出来了等因素。芦荡村村民的进城原因也不外乎这些因素，基本都是结构性因素，是不平等的城乡二元体制导致的。

在家庭副业方面，村民们养猪、羊和鸡、鸭、鹅，还有两家养耕牛，家家都在房前屋后种时令蔬菜，种枇杷树、桃树、梨树。很多乡镇为了环保走极端，把国家规定的在一定范围内禁养变成全面禁养，甚至以无猪乡为荣。其实适度养殖不会破坏生态环境，家畜产生的有机肥还有利于土壤保护和庄稼生长，只有过度养殖才会污染环境和过度消耗资源。临镇目前还没进行全面禁养，但养殖户都战战兢兢，对政策的不确定性颇有疑虑。乡村振兴战略既然以产业兴旺为首要，就应该在保持生态环境的可持续性和适宜性的前提下，通过引进先进技术，尽可能保护农民既有的稳定的生计方式。现在已经有技术可以解决畜禽养殖污染问题，只要集中到养殖区，配备集中的污水、粪便处理设备就可以了。但是在镇政府是否引进环保技术和是否实行全面禁养方面，畜禽养殖户们只能表示无能为力。在养殖户和镇政府之间缺乏类似单位这种可以应责、代表农民利益的组织，已经准行政化的村委会无法成为这样的组织，也就造成了养殖户的某种弱势地位。

芦荡村有一个特色服务业，那就是东山片区一些村民在城里的搓背业。东山片区大概有10位40～50岁的村民在城里给人搓背，先是2008年有个敢于在外闯荡的东山片区村民邱启康发现城里澡堂的搓背业很好赚钱，澡堂大多配有搓背和按摩的服务人员，他们要会捏脚捏背、穴位推拿，培训一下就可以上岗。邱启康干了一段时间后觉得工作不错，就告诉有亲戚关系的东山人，一些亲戚先被带出来搓背，发现的确很好赚钱，于是和他没有亲戚关系但关系较好的东山人也被带出来搓背，就这样一个带一个。大多是夫妻两人一起出去，搓背的城市也从J市扩展到南京、哈尔滨、济南、北京等大城市。搓背的旺季是冬天，但其他季节也不是没有生意，勤快一点一年的收入大概有10万元，东山片区最有钱的村民都是搓背的。夏天如果生意很差的话，搓背的村民就回村生活,就这样阶段性地往返于城乡之间。在中国的城市中有一种现象,那就是某个行业被某个地方(大多是农村)出来闯荡的人承包了,比如快递业"三通一达"的创始人和业务骨干大多来自浙江桐庐的钟山乡,打印业的七成业务被来自湖南新化洋溪镇的师徒们承包,"这与关键人物的关键作用以及当地的社会结构和地方文化紧密相关。"(冯军旗,2010)其实这个社会结构和地方文化是中国绝大多数的农村地区都有的基于血缘、亲缘、地缘的"一个带一个"的互助关系,但是关键人物或者带头人物的出现具有一定的偶然性,其余则是市场经济和乡村文化、社会网络在发挥作用。农民的关系资源有限且大多局限在村庄之内,熟人之间的信任和支持可以减少信息搜寻成本和信用风险,且别人已经赚到钱的行当对经济底子弱、能力弱、风险承担能力弱的农民来说具有明显的诱惑力。前些年搓背生意还不错,近几年,城市居住条件改善,以及反腐力度加大,客流量锐减,生意不比以前了。这说明某个行业是否景气,不仅与市场供求关系有关,还与国家新出台的政策法令有关,对于政治和经济之间关联度较高的我国而言,更是如此。

  临镇乡镇企业的总体兴旺程度比以前差很多,这和全国的情况差不多。全镇目前大概有 30 家企业,全部都是民营企业,以劳动加工为主,芦荡村有 6 个村民在乡镇企业工作。芦荡村原来有不少厂子,主要是石灰窑和采石场,大约存在于 1984 年到 2013 年之间。有的厂是公社解体后转给村委会的,有的是村委会承包给个人的,也有个人自建再雇人的。由于这些厂子的存在,芦荡村的经济实力一度在周边地区名列前茅。2013 年,这些小厂被 B 市生态领先的发展战略关停后,村里没有了财源,现在只有一点集体资产(土地、厂房)租给私人老板,租金收入也有限,缺少有技术含量、污染少、市场好的村级经济实体。芦荡村的经济水平在临镇属于中等,村级集体经济不如其他几个有特色农业的村子。

  近三年,村里平均一个劳动力一年苦钱①达到 2 万元的较多,达到 4 万元的较少。平均每户毛收入一年有 5 万元左右。村民在外地打工的多,在 J 市区打工一个月工资有 2 000 多元,在 N 市区打工一个月工资有 3 000~4 000 多

---

① 当地方言,苦钱就是挣钱的意思,但"苦"字更突出谋生之艰难。

第三章 乡村建设的内生力量

元。虽然村委会大院的外墙上贴的青埭村简介上写着 2017 年本村村民的人均纯收入①为 1.83 万元,但村会计告诉笔者这个数字来自 J 市官方发布的数据,而笔者在临镇的一份政情通报中看到 2017 年临镇农民人均纯收入是 12752 元。不管人均纯收入是 1.83 万元还是 1.28 万元,村民都说实际数字肯定没有这么多。笔者问村民知不知道纯收入还包括非现金收入,比如他们收获的粮食和蔬菜要折算成现金,村民大多表示不清楚。所以芦荡村村民的纯收入到底是多少没有人知道,村民也不把官方发布的数字当回事。这里面体现了民间话语和官方话语之间的隔膜,群众对"农民纯收入"的理解与统计局的指标解释之间存在差距,又没有弥合这种差距的沟通机制,进一步造成农民对所公布数字的不信任。

笔者在陈菊花村长②家里发现一叠芦荡村的"惠民大走访"入户调查表,表格中的 A1—A9 是家庭基本信息,B1—B8 是家庭成员信息。笔者翻看了这些调查表,发现打工务农的多,本科生和大专生不多,高中、初中、中专、中技学历的多为中青年,老人多为小学和文盲。职业有教师、警察、学生、医生、务农、打工。家庭年收入方面,填的有 5 万元、1 万元、10 万元、20 万元、4 万元、2 000 元、3 000 元、5 000 元、7 万元、3 万元、8 万元、9.5 万元,还有 1 500 元,还有不填任何数字的,虽然表格数据有随意填的可能,但还是可以感觉出来这不算是一个富裕的村庄。

老芦荡片区村民的经济水平和文化水平总体上高于东山和西山片区,东山和西山的情况差不多。东山牙桥人的移民时间最短,底子最弱,尤其缺少祖产和周围山地资源。西山村民则是清朝末年从安徽移民过来的,家庭资源的积累稍微好些。一个地区百姓的生计方式还是有很多共性的,因为所处的社会环境、自然环境都差不多,但是各家之间的贫富程度、谋生类型还是有差别的,除了与家底有关以外,还与各家致富能动性的发挥程度有关。芦荡村的家庭多为分家后组成的核心家庭,家庭成员的个人素质、个体努力、合

---

① 农民人均纯收入=(农村居民家庭总收入-家庭经营费用支出-生产性固定资产折旧-税金和上交承包费用-调查补贴)/农村居民家庭常住人口

② 芦荡村村民习惯把自然村的头儿称为村长,老一辈村民仍把自然村的头儿称为队长,没有叫正式称呼"村民小组组长"的。民间称呼和官方称呼有时并不一致,民间有它的历史惯性,地方上也会有特殊偏好。

作程度、人脉资源等形成家庭总体上的谋生能力,因此家庭之间的致富能力和结果是存在差别的。在村庄内部,富裕村民的社会地位较高,比较受其他村民的尊敬和羡慕,这说明村庄出现了经济与身份捆绑在一起的"势利文化"以及某种阶层区隔。韦伯把财富、权力和声望作为分层的决定性因素,但在这个村子,由于乡村的原子化和缺乏公共生活空间,声望和非正式权力已失去成长的土壤,村两委的悬浮化使得村干部的正式权力和权威也大大削弱,只剩下财富以及由财富产生的"荣誉"在市场经济和消费主义文化的裹挟下占据了村庄价值体系的主导位置。

村里大多数家户的经济状况差不多,不算富裕也不算穷困(三口之家年收入4万元左右),也有少部分富裕户和贫困户。人类学对贫困的理解是它是西方资本主义建构出来的一种以利益最大化为导向的文化,而氏族社会的闲适丰裕和礼物互惠并不使人们觉得贫困。费孝通认为中国的农民在农业产出匮乏的情况下反而养成了易于满足的心态,而西方工业社会虽然产出丰富却培养了人们的贪婪和不满足感(杨渝东,2015)。萨林斯认为在资本主义社会中,个人从经济角度被相互割裂,在追求总量的过程中,时时感到不足与匮乏,贫困于是产生(萨林斯,2009:45-46)。也就是说,贫困与物质财富的多少没有必然关系,它是现代社会通过不平等的经济关系建构出来的概念,也是社会分层分化的结果。社会学对贫困的解释主要是从贫困产生的原因入手,产生了贫困解释的个人取向、文化取向和结构取向。其中个人取向指的是个人懒惰导致了贫困,文化取向指的是内化于心的贫困文化、价值观念导致了贫困,结构取向指的是政治经济结构导致了贫困。在这三种取向中,个人取向的支持者最少,大多数人认为最根本的因素应该是结构性因素,社会结构导致了贫困的产生,贫困现象产生之后才导致了贫困文化的出现。

就芦荡村而言,造成村民相对贫困的原因主要还是结构性因素,首先是城乡二元结构虽然有所弱化但依然存在,在城市化、市场化以及行政手段的作用下,城市对乡村的资金、土地、劳动力、人才等各种资源的吞吸依然很大。其次是农村社会保障水平低、覆盖面小。表现为生活保障制度建设缓慢,农民的最低生活保障严重依赖土地;合作医疗筹资标准低,不能有效减轻农民的看病负担;养老保险由农民根据自己的缴费能力和保障需求自主选择缴费标准，很多贫困农民少缴或不缴费，导致基金规模和覆盖人群无法扩大，人均领取的养老金很少，很难起到养老保障作用；除养老保险和医疗保险进行了改革试点以外，其他保险项目基本上没有建立起来。再次，基层政府扶贫缺少"助其自助"机制，既缺少产业帮扶也缺少技能培训帮扶，主要是在"托底"（国家救济）也就是给贫困户、低保户核发生活费上有些作为。最后，村庄缺少领头羊和合作社之类的带领大家创业发家的个人化与组织化的力量，加上乡村原子化减弱了村民之间的互助意识，这样的乡村社会环境导致弱者缺少自救能力。

2. 茶叶经济

早在民国时期，就有乡村建设知识分子认识到在贫穷的社会，民生比教育优先，卢作孚还探索出了以经济建设为中心、以交通建设为前提、以乡村现代化为带动、以文化教育为重点的乡村建设模式。在乡村振兴战略提出之前，发展乡村经济就一直是困扰基层政府多年的一个难题。乡村振兴战略虽然讲全面振兴，但是重心还是放在产业兴旺上。没有产业的发展，就没有农村生产力的进步和农民富足的生活，以及在此基础上的"生态宜居、乡风文明、治理有效"，也就无法实现农民的美好生活。因此，经济建设关乎民生，是在当下乡村经济仍不发达以至于青壮年纷纷外出打工的中国农村进行乡村建设的第一考量。村两委应该借助基层政府贯彻乡村振兴战略的有利形势，整合乡村内外的各种力量，通过多种途径发展本村经济。从生产力角度看，乡村产业结构单一（农业）导致产业报酬低，而要提高报酬率，就要提高乡村产业的复杂度，就要融合新型农业、工业、旅游业，这样必然提高里面的技术含量以及要素的组合配置效率，也就必然会提高产业报酬率。从生产关系角度看，生产组织通过建立人与人之间分工合作的联系，产生出远超个人行为效果总和的整体效应，可见组织力也是生产力，甚至不比技术层面的生产力的威力小，因此要发挥组织化的力量振兴经济。事实上，村两委在这两个方面都做得不够。该村目前的产业除了粮食作物就是经济作物，经济作物中最受欢迎的是茶叶种植。作为该村最有特色的产业——茶叶，它的生产和销售基本处于一种弱势化的散户经营状态。

茶叶经济的兴起与B市政府的发展思路密切相关，说明了在中国当下强政府角色定位的背景下,中央政府和地方政府出台的绿色发展政策对乡村发展有着巨大影响,体现出小地方与大环境之间的政治经济关联。从2008年年初到2013年3月,芦荡自然村的6家集体所有制工厂依次被取缔,因为达不到B市政府在生态立市战略下制定的环保标准。农业税取消以来,全国农民收入的主要来源已从农业转为非农产业,非农产业收入在农民人均纯收入中的比重已经超过七成。缺少了农业以外的工作和收入,村民的精神状态和经济状态都将一落千丈。西山村民杨卫强平时经常在J市和N市之间走动(女儿嫁到N市),2010年新茶上市的时候,他发现N市和J市市面上的茶叶价格突然高起来了,居然可以卖到两三百元一斤。杨卫强马上告诉乡亲们茶叶行情好起来了,东山和西山片区的村民闻讯立刻兴奋起来,彼此招呼着出去找种子、开新地。原来只种了一点茶叶自己喝的村民忙着去种更多的茶叶,原来没种的村民赶快去开地种茶叶。村庄周围的荒山很多,地由谁开就归谁种,产权属于村集体,但经营权和收益权属于开地者。

为什么东山和西山片区的村民对茶叶价格这么敏感,一旦价格起来就开始种茶叶,这与他们在集体化时期种过茶叶的经历有关。芦荡村在集体化时期由4个生产队组成,分别是芦南、芦北、东山、西山4个小队。那时候东山和西山生产队分到的土地有坡地,适合种茶树,大家就种了一点自己喝,另外两个生产队则没有分到坡地,也就没有种茶树。后来分田到户,茶叶几乎没有市场,但东山和西山一直有村民种点茶叶自己喝。到了2010年,周边的茶叶市场形成了,历史记忆和传统资源(技术、经验和茶树种子)遇到合适的机会就会被激活,成为造福村民当下生活的有利因素。这样,经过2010年秋天采集茶树种子、2011年3月播种、3年护理期、2014年春天第一次收获并全部售出这3年历程,村里的茶叶经济就这样兴盛起来了,而且在东山和西山片区村民的带动下,老芦荡片区也有部分村民加入了种茶队伍。茶叶遂成为芦荡村参与人数最多的唯一经济作物,也是本村农民在种植传统、自然条件优势和市场行情的综合作用下,发挥自身能动性选择的一种生计方式。

2011年,东山和西山片区共有23户村民种下了茶叶,3年后茶叶上市取得了较好的市场回报,于是越来越多的村民开始"跟风"种茶叶,每年的茶叶种植户数都在增长。2019年,东山和西山片区有41户种茶叶(共有60户),

而老芦荡片区的村民因为经济条件好、谋生方式多,只有10户(共有103户)种茶叶。笔者问了很多茶农他们是怎么种起来茶叶的,是谁带动的?他们的回答很一致,都是"没人带动,一个跟着一个种起来的"。这反映了农民的一个普遍心理——根据周围人的某个行为是否获得了期望的结果来决定自己是否做出同样的行为,这是一种寻求先例、眼见为实的"务实求验"心理,深层动机则是为了减少风险、保障生存、结果导向。现在很多乡村建设学者比如欧宁、李昌平、温铁军在与农民打交道的时候也都发现了农民的这个特点,你的设想说得再好也没有做出东西并给他们带来一定的实惠更能获取他们的支持,可以说"他们信眼前的、实在的东西,信已经得到生活应验的东西,而不信未来的、空幻的玄想"(周晓虹,1998:73)。

这几年茶叶卖得较好,更多的村民增加了茶叶种植面积,也有村民担心种的人多了价格会跌,但是价格跌不跌是未来的不可控因素,眼前的利益却是能抓多少算多少。小农生产"看天吃饭"的特性助长了农民的短视心理,尤其当农民处于相对贫困和分散状态的时候,他们更倾向于选择眼前利益。但个人的理性在特定的时候会导致集体的非理性,比如有些地方的农民一窝蜂地种西瓜,导致最后大家的西瓜都卖不出去,直接烂在地里。这就是"囚徒困境理论"所揭示的个体理性和集体理性的矛盾——因为缺乏合作、分散决策的个体理性无法有效协调各方利益以兼顾整体利益和个人利益。

东山片区的王秀英告诉我,她种了8分茶叶地,这几年卖鲜叶子,收入都达到了3 200~3 500元,这是她低保收入(每月800元)之外的唯一收入来源,自我感觉很满意,于是2018年她又新开了2亩茶叶地。她不敢开太多地,一怕价格下跌,二怕自己80岁的身体吃不消。王秀英的行为选择兼有新古典经济学(以舒尔茨、波普金为代表)所说的"理性小农"和实体主义(以恰亚诺夫、斯科特等为代表)所说的"道义小农"的特点。所谓小农,指的是以农业生产作为维持生计方式的一群人,他们具有这样一些关键特征:为简单再生产(生存)而进行的家庭农作,包含着小农消费的小农生产,注重社区的团结、互惠和平等主义,亲属关系和地方性,减少风险,与自然和谐相处,政治地位上处于受剥削与附属状态等。总体来看,中国目前农村、农业的现代化程度并不高,因此中国的农民仍然具有"小农"的很多特征。王秀英一方面追求低保(生存)以外的收入和眼前可以抓住的利益,另一方面她没有追求利益最大化,而是在平衡辛劳程度、家庭的需求总量以及市场风险后稍微增加了一点种植量,且在茶叶种植和销售过程中与其他茶农互通信息或互相搭把手,这些体现了"安全第一"、多面考虑、互惠互助的生存伦理。农民的行为选择在很大程度上受制于其生存境遇和制度性安排,他们的理性是生存理性,而不是企业追求利益最大化的经济理性。杜赞奇与黄宗智通过对华北农村的研究得出一个结论:小农的特性兼具形式主义(功利的理性主义)和实体主义(经济行为内嵌于社会关系),因为这两个特性使得"合作与竞争、开放与封闭的二重性特征在实践中并存,方可以应付变化不定的周围世界"(郭于华,2002)。这说明小农在经济活动中具有多方面的考量,理性和道义兼有,只是二者基于具体的社会情境会有比重上的差别。

  茶叶最讲节气,每天的口感都不一样,因此每天收购茶叶的价格和采茶的工钱都随市场行情波动。这些价格信息都是通过口口相传在村民之间传播的,村民看待茶叶价格的变化和天气变化相似,属于"天意",完全接受,而意识不到如果村民组织起来是可以有议价能力的,还是局限在原来个体化小农听天由命的消极心理中。村民把顺应天时和顺应市场等同起来,认识不到二者之间有自然世界和人为世界的差别,认识不到人组织起来所发挥的能动性是可以影响市场行情的。此外,茶农都是以家庭为行动单位,但不是孤岛化存在,家庭之间有一些信息方面的互通有无和搭把手式的互助,但还是离组织化很远。

  市场经济条件下的茶叶生产必然会产生与茶叶炒制相关的制茶厂,因为市场会自动实现资源的优化配置。当天采的茶叶当天就要炒制(如图3-2),如果分量不大(4斤鲜叶子以内)就在自家土灶上炒制。如果分量较多,就要去制茶厂加工。在芦荡村附近有3家制茶厂,生意最好的是春来茶厂。2019年4月10日下午,笔者来到春来茶厂,第一次看到乡村茶厂的繁忙景象。完全是企业化运作,有老板(操作揉捻机),有合作多年的员工班子(也是村民),还有三台机器,分别负责杀青、揉捻、烘干三道工序,最后一道工序是晾干,没有机器,只能人工操作。每台机器上都有人工操作,杀青机和揉捻机各有1人负责,烘干机有6人负责,晾干则由送茶叶来制作的茶农或茶商自己操作。整条人机互动的流水线配合默契，无缝对接，让笔者感叹农民也可以组织起来，只是不是自发组织，而是被资本企业化地组织起来。陈老板告诉笔者每年他只需要忙40天，就能挣十几万元（每斤干茶叶制作费25元），只是人很辛苦，有时候机器24小时不停转，就得彻夜盯着。他告诉笔者农民是很难自己组织起来的，但佩服有魄力有能力的人，只要有领头羊，还是可以被带领起来勤劳致富的。在陈老板跟笔者交流的时候，刚好有村民提了几斤鲜叶子进来，他一问"谁收茶叶啊？"立马就有正在制茶的村民回答"我收！"这样交易就当场完成了。陈老板对笔者说："看到了吧，我这里不仅仅是加工厂，还是信息中心和交易市场，村民们既可以互通信息，又可以现场交易，还可以问我谁收茶叶、谁卖茶叶。"在这里，的确感觉不到原子化的村民关系，人与人之间建立了联系与合作，背后是市场经济、企业化组织方式和信息平台在共同起作用。

图3-2 当天收到的茶叶当天就要炒制

每天上午10点半左右，茶农们把刚采的茶叶送到本村收鲜茶叶的村民（茶商）家里，不是茶商上门收，因为过秤不方便。芦荡村专门收鲜茶叶的有两家，分别是村委会主任杨卫强家和村干部陈菊花家。他俩社会资本较多，有不少亲友，对普通村民来说，根本没有渠道把自家产的茶叶卖掉。茶叶经济与中国人的送礼文化密切相关。私人老板买茶叶的最多，主要是送人以建立或巩固生意关系。最近两年，鲜叶子平均50元一斤，4~4.5斤鲜叶子能制成1斤干茶叶。1斤干茶叶一般能卖500元，如果成本是225元的话，能赚275元，茶商获得的利润还是很可观的。茶农种一亩茶叶可以得到4 000多元的收入（不算劳动成本），茶商把一亩地的茶叶买入再制干以后可卖出2万元左右，赚的钱远多于最辛苦的茶农。茶商和茶农都是本村村民，但由于资本和销售渠道的差距，在茶叶销售过程中产生了茶商与茶农的收入不对等关系，但这种收入不对等关系并没有被茶农明确意识到，茶农只是觉得自己没本事才赚得比茶商少，但总比没有收入好，却认识不到茶农是可以组织起来提高议价能力的。

虽然芦荡村中种茶叶的农户很多，但并没有一个带头人，而是大家相互观望、一个跟着一个种植起来，体现出人与人之间微弱的联系，偶尔也有天气、价格等方面的信息共享之类的互惠行为。茶叶是散户种植的，没有统一规划的茶园，更没有把茶农组织起来的茶叶合作社。农民合作组织是连接农民与市场、政府的纽带和桥梁，在家户经营的农村具有聚合分散的小农的作用，是乡村建设中至关重要的组织单元。由于村里没有真正起作用的茶叶合作社，茶农对茶叶收购价没有任何议价能力，处于市场中的弱势地位，只能根据口口相传的价格信息出多少价卖多少价，甚至有明显不合理的低价也只能接受。茶叶合作社在芦荡村的存在价值主要体现在村两委的汇报材料中，没有人知道怎么运作合作社，甚至还有村干部把合作社理解为"刮地皮"的组织，也就是合作社帮你卖产品，你要给它分一杯羹，根本认识不到合作社是一种"自我组织的自愿合作制度"。此外，芦荡村收购茶叶的主力是两位村干部，他们也不愿意推动茶农成立真正的茶叶合作社来提高议价能力、损害他们的利益，这体现出市场关系与权力关系交织在一起造成的对农民利益的损害。

笔者在村委会的一个办公室里看到了"青隶村茶叶经济合作社"的牌子，但村委会主任告诉笔者这是上级下指标要求每个行政村建立经济合作社，他

第三章 乡村建设的内生力量

们村才去注册了一个茶叶合作社。笔者问村民是否知道行政村成立了经济合作社，他们都说没有听说过，更不知道现在的合作社和以前集体化时期的生产合作社有什么不同。镇政府把行政村成立经济合作社作为一个考核指标，却没有去认真指导经济合作社的建立和有效运作，甚至没有让大多数村干部认识到经济合作社的重要价值，比如笔者在这个村就没有遇到真正懂经济合作社的村干部。事实上民国时期的乡村建设者已经有把农民组织起来的意识。梁漱溟认为乡村建设的关键点是以儒家的人生态度和中国的伦理社会为本位，建立乡村组织和引入科学技术，"农民散漫，缺乏团体组织，这是一大缺陷……我梦想的团体自治是合作社，这种合作社主要是生产合作，也包括消费合作、信用合作。"（梁漱溟，2005c：344）当代"三农"问题研究专家温铁军、李昌平、贺雪峰认为乡村建设要以农民的组织化为根本，仅靠个体的分散农户，乡村建设是没有多少可能性的。所以，面对如今激烈的市场环境，靠农民和村干部已有的知识和经验储备已难以应对，需要政府和社会向农村输入乡村建设人才以引导村民组织起来、涵养乡村的组织力，成立真正的基于农民自愿、平等、民主、互利、联合的经济合作社，发挥经济合作社联系小农户和大市场，帮助农民提高素质、增加收入，促进农民之间、农业各环节之间的合作，形成"产-供-销"一体化的农业产业链，降低内部交易成本，增强农业抗风险能力等诸多功能。未来的芦荡村，需要在这方面多做努力。

3. 创业者

根据前面对芦荡村村民的生计和生活情况的描述，可以发现大多数村民都是各自谋生，在自己的信息获取能力和劳动能力范围内，哪里有钱挣就去哪里。村民收入往往不太稳定，内心时常烦忧，正如社会学家陆学艺所认为的，"以前的农民问题是土地问题，现在的农民问题是就业问题"。不过，还是有一些村民客观上在乡村经济建设中起到了一些积极作用，他们是村民中的创业成功者，数量并不多，他们也不都有要为乡村经济建设贡献一份力量的主观意识。

（1）种田大户

芦荡村没有外来的种田大户，本村种田达到15亩以上的只有3户，而且土地都是出去打工的村民送给他们种的，不收租金，因为土地抛荒对地力维护不好，愿意种别人的田是帮别人的忙。一户是陈老汉家(15亩)，一户是吕老汉家(30亩)，一户是王老汉家(25亩)，主要是种稻子。这三位老农民告诉笔者，他们喜欢种田的感觉，与土地的感情很深，但是现在种田赚不了钱，如果是规模经营，还是可以赚到钱的，规模越大越赚钱，尤其现在都机械化了，没有以前辛苦，一年下来30亩地可以挣个4~5万元。随着大量农民进城务工经商，全国已有超过35%的农地承包经营权发生了流转，绝大多数的流转都是发生在同村人之间的低租金或无租金、没有固定期限、没有规范的合同的就近流转。因为农产品收购价格低，不规模经营就无法得到好一点的收入和体面一点的生活，所以还要感谢那些进城的村民把土地收益让给了种田人。然而粮食蔬菜从农民的地里出来到进入城里的超市、菜市场，价格翻了几番，这是农民最痛心的地方，因为大部分利润都被中间商拿走了。农民没有认识到如果村里有寻找销路、组织销售的经济合作社，把农民和市场直接连接起来，问题就解决了，然而却没有村委会或村民去发起建立经济合作社，行动者这方面的意识与能力较为欠缺。

笔者了解到青埭行政村一共有11个土地承包人，多于50亩才具备承包资格，有5个承包人来自苏北，他们承包的土地都大于或等于100亩。11人中有6人到村委会报备了自己的承包信息，村会计说这是市场行为，不来报备也没有关系。现在种田大户得到的粮食直补是120元一亩，如果土地是流转而来的，补贴款给谁以原承包者和经营者签订的"合同协议"为准。农业的集约化经营必定是未来的一大趋势，和西方一样，用工业化方式生产农产品，使peasant(小农)变成farmer(农场主)。但中国农村地区的地形差别很大，比如土地不平整的丘陵地区就不适合规模农业和大机械，在那里传统的家户农业依然有其存在的合理性，所以要因地制宜，多元并存，鼓动复制推广某种模式是不太合适的。

(2)养猪大户

陈子强是芦荡村唯一的养猪大户，这三年的年均收入约13万元。笔者去参观他经营的有300头猪的养猪场(如图3-3)，感觉颇为专业化。他告诉我，猪不用吃抗生素，因为密度不高，猪圈很宽敞，不像养鱼和鸡，密度过高，会感染病毒，要打抗生素。猪圈里有黑白黄三种颜色的猪，外国种、本地种

第三章　乡村建设的内生力量

都有，每批猪大约 200 头。猪的孕期是 112 天左右，一胎 1 个到二十几个不等，平均一胎有十二三只小猪。养猪场只有陈子强夫妇二人干活，上下午各劳作 2 小时，他们唯一的儿子的职业是海员，回来休假的时候给养猪场搭把手。本村人不愿意来他的养猪场干活，据说是因为气味受不了，他们宁可去附近的水清农庄、林苗场干活。猪吃的泔水来自附近的东城监狱，2 天运一车皮，不要钱，这是陈子强主动去监狱的后勤部门谈下来的。泔水喂猪虽然有一定的食品安全风险，但主要是针对餐馆泔水而言，监狱的饮食还是相对安全的。与一般村民相比，陈子强还是比较善于利用村庄外部的资源的，有时候资源就在那里，但是缺少整合资源的眼光和思维，所以靠自己发家致富的农民还是有过人之处的。不过 2019 年，陈子强养的猪得了非洲猪瘟被全部扑杀、损失惨重。这是全国乃至全球疫情对个体农户的深度影响，风险的全球化在传染性疾病的推动下格外彰显，个人与国家、与世界的联系从未如此紧密，进而要求国家、社会、个人提高风险防范和应对能力。

图 3-3　村里唯一的养猪场

2017 年夏天，陈子强想在自己承包的耕地上建一个 400 平方米的猪圈以扩大生产规模，而这需要村组长陈菊花和村委主任杨卫强的签字。村干部也不想影响村民发家致富，就说你先造造看吧。可见，在乡镇一级政策规定的执行有一定的弹性，可以变通，体现出科层制度非人格化和行政关系人缘化之间的矛盾和张力。2018 年 4 月，陈子强刚把猪圈造好，就被巡逻的城管执法队扒掉了，说这是违反《土地管理法》的，该法规定耕地只能用于农业，而不能用于副业，他的猪圈建在耕地上自然要被扒掉。有西山村民申报开乡村饭店也一直得不到批地手续，也是因为耕地不能用于农业以外的行业的政策规定。至此，养猪大户的规模化经营被土地困住。其实农村有很多闲置的农地，农地上建非水泥类的临时建筑也未尝不可。中央一号文件倡导农村一二三产业融合发展，但法律却规定农业用地不得进入第二、第三产业。不协调的法律和政策构成了阻碍农民创业创新的一种制度性障碍，如何妥善地使用好农村土地，在保障粮食生产和其他农产品生产的同时，兼顾农业和其他产业的融合发展，是需要解决的一个结构性问题。

（3）养鸡场

在水清农庄正门的对面是6家养鸡场，其中5家是夫妻档，1家是母子档，他们中有芦荡村的村民，也有隔壁村的村民。每家占地约8亩，6家占地共50亩，土地是从村民那里流转来的，租金直接交给村民，每年每亩的租金是650元。

6家养鸡场由于某种机缘都成为主动到乡村寻找资源的资本方——广东温氏食品集团股份有限公司的合作单位，充分体现了市场在资源配置中的基础性作用。温氏集团是一家以养鸡业为主导，兼营生物制药和食品加工的多元化、跨行业、跨地区发展的现代大型畜牧企业集团。温氏集团与镇政府签合同，需要土地流转以大规模养鸡。公司派车在不同的养鸡场之间流动，每天都卖出大鸡、送进鸡苗，这样不同期的成熟活鸡才能源源不断地供应市场。

养鸡场的饲料都是由温氏集团提供的。在生产环节可以打电话给公司请求上门指导，免费的。公司还负责免费打禽流感预防针，每期的鸡都要打。每家都是1期养18 000只鸡，一年有3期。鸡的密度不能太高，夏天1平方米养7~8只，冬天可以养10只。对鸡的疾病以预防为主，等到生病就来不及了。每期鸡需要注射三次药，分别在鸡10天、20天、30天大的时候注射。有青脚麻鸡和黄公这两个品种。鸡苗、饲料、采购价都是波动的，扣除成本，每家一年能挣14万元左右。

6家养鸡场各自生产，各自赚钱，受温氏集团统一指导和收购，不存在竞争关系，还自发组成了互助组。互助主要体现在技术培训和卖鸡上。6家中轮

第三章 乡村建设的内生力量

流派人去温氏集团在K市办的培训班学习养鸡技术，回来再教大家。最忙的是卖鸡的这几天，早上2点就要起床。一家卖鸡，五家帮忙，因为一栏鸡要在4~5天卖完，需要大伙一起抓鸡，再整齐地码到卡车上，这里面有技巧，要防止鸡之间相互踩踏。

6家养鸡场的农民虽然平时工作很辛苦，但被纳入了现代企业的管理体系，用现代的标准化工序养鸡，成为现代大企业的一个分工环节，自己也没有多少经营压力，收入比较稳定。这是市场与乡村结合的一个成功案例，实现了资源互补。养鸡户充分利用结构中的有利条件（现代企业的生产、销售、培训资源）来提高自己的行动能力和减少自己的经营风险，还调整了自己的行动策略进行互助合作，从而突破了当地农村的传统家户经营的结构性限制，成为当地创业发家的典范，是当地乡村振兴的一个亮点。

（4）工厂

养鸡场旁边有两家胶木电器厂，分别是唐志兵和张建义开的，他们做的产品一模一样，是芦荡村首富杨继华不做的小产品转给他俩做的。两家工厂的关系很融洽，不时在产品上互通有无。杨继华做胶木电器，是他的姐夫陈春福带出来的，而陈春福做胶木电器是他的姐夫章金才带出来的，章金才则是他大哥章超龙带出来的。章超龙是大能人，是改革开放前社办厂的领头羊，J市最早的胶木电器厂就是由他创办的。这里面充分体现了乡村企业与亲属关系的密切关联，做厂子一个带一个，其中姐夫小舅子的组合居多，兄弟组合较少。估计兄弟之间多为竞争关系，看谁更能光宗耀祖；妯娌关系大多不和，影响了兄弟相处；姐弟或兄妹之间没有什么竞争关系，大多能融洽相处，姐姐或妹妹要求丈夫帮衬自己兄弟的情况很平常。不止芦荡村如此，在M省农村，妻子对丈夫的影响力还是很大的，很多家庭都是女人当家，丈夫与妻子的兄弟姐妹的交往多于与自己的兄弟姐妹的交往。这说明乡村企业的发展不会脱嵌于乡村的文化价值、社会系统，地方性的乡村观念体系影响了不同亲属类型的互动方式和合作伙伴的选择，也证实了梁漱溟所说的乡村的经济与其他部分是混融在一起的，是"嵌入"的，也说明中国现在的农村仍然有传统农村的一些文化特质。中国传统文化的根脉在农村，当然也不乏现代性带来的新质，毕竟传统乡村已不是当代乡村建设最为恰当的分析单位。

在村口的绿色拱门旁边，开着一家小型胶木电器厂。工厂租了一户村民的破旧庭院和房子，老板是夫妇2人，都是50多岁，丈夫原来是芦荡村的，后来搬到集镇上居住。丈夫以前在杨继华的厂里干过，学了一些技术。他们的独生子在另一个镇上开了一家更大的胶木电器厂，把小的零部件交给父母的小厂生产，这里面体现了乡村企业的亲缘纽带不仅是平辈之间，还包括亲子之间。丈夫在外面跑业务的时间居多，每天都在这里工作的只有妻子一人，即使酷暑也不歇工。虽然有3个雇工，但只有活多的时候才来，一年大概只有三分之一的时间在这里工作。工厂全年产值40多万元，扣除人工、税金、租金，夫妇俩净收入15万元左右。空气中弥漫着难闻的甲醛味，电风扇也吹不走，妻子只说习惯了就好，就闻不出了。不管闻不闻得出来，这样的环境对身体的损害是肯定的，但是没有其他谋生渠道、且对既有收入还比较满意的农民是不会因为工作环境影响健康而放弃这个渠道的，所谓"生存大于天"，况且他们也缺少劳动防护方面的意识和知识。

村里与经济全球化距离最近的经济实体是一家外贸订单代工作坊。作坊由陈国军夫妇经营，就设在自家庭院里。外贸作坊于2008年开工，最近两年一年收入6万元左右。作坊拿到的外贸订单做的是外贸产品的末道工序，就是用缝纫机把标签缝入围巾和帽子，规格都是外商给的，仅仅是在中国制作——Made in China。围巾上面有漂亮的欧美少女的图案，主要面对欧美的中小学生市场，帽子则是黑色的没有图案的成年男子的款式。层层叠叠的围巾和帽子堆满了车间。一共有4名女工，2名是这家的母女，2名是村里的青年妇女。4人都有非常娴熟的缝纫技术。外贸加工的旺季是6~8月，淡季是9~10月，全年开工5个月，为欧美的冬季做好服装准备。在旺季赶货期，她们从早上6点赶到晚上9点，中午休息一小时，14个小时的劳动，每小时才挣10元钱，算得上是标准的廉价劳动力了。这个作坊也是全球化产业链中的一个低端链条，中国女工超出8小时劳动量近一倍的机械操作方能换得微薄的收入，驯服的身体背后是在国际分工中处于产业低端。这些外贸产品仅仅是在中国制造出来，设计图是国外客户给的，规格也是国外客户给的，创意部分的高利润与中国无缘。在不平等的国际产业分工和国际贸易格局下，即便中国的加工厂所得的利润也不多，外贸订单对中国的农民来说也是需要把握

第三章 乡村建设的内生力量

好的赚钱机会,毕竟比面朝黄土背朝天的种田(机械介入不多)赚得多,而这与传统农业缺少比较优势有关。作坊的订单是老板从附近葛镇的一个朋友那里争取来的,葛镇已经成为J市外贸订单加工的重镇,主要是因为有一个带头人带领大家一起做这个产业,他有外贸圈的资源,也愿意带领大家奋斗,就像当年的章超龙有能力有愿意带领大家搞村办企业一样。这说明行动者之间的力量是不均衡的,拥有较多的经济资本、文化资本、社会资本且能力更强的人,行动的效果更显著,如果他还能组织起更多的人统一行动,长此以往对结构的改变必定很显著。

(5) 服务业

陈国军夫妇很有生意头脑,不仅拥有全村唯一的外贸订单作坊,还在自己家里开了村里的唯一一家浴室(如图3-4所示)。夫妻俩都去东北学习过搓背技术,也在城里的浴室搓过背。浴室夏天不开冬天开,冬天生意很好,还提供搓背服务,年收入3万左右。陈老板58岁,老板娘50岁,夫妇俩在村里算是比较年轻的,也是最有商业头脑的。在这家人的创业活动中,笔者看到了市场的力量和全球化的力量,而且他们从事的行当与农业一点关系都没有,体现了农村发展的多业态可能。只是这家创业者目前还是一枝独秀,没有发挥领头羊的带动作用。

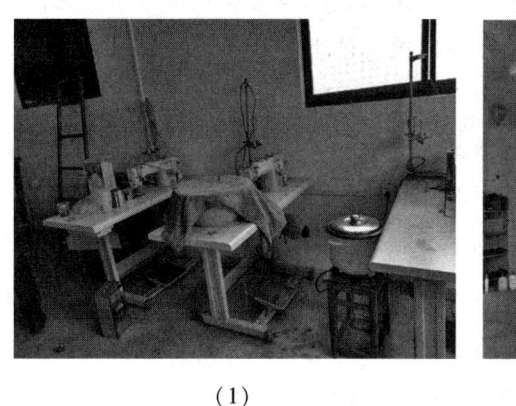

(1)　　　　　　　　　　(2)

图 3-4　村民在自己家里开的订单作坊和浴室

芦荡村出来的一对母子2015年在芦荡村附近的音山湖畔开了一家规模很

大的涵盖餐饮、客房和农产品销售的"来渔山庄"。母亲很能干，以前开过小饭馆。来渔山庄的特色是音山湖出产的鱼，各种菜肴口味很好，鱼的味道更佳，性价比也合适，周边村庄需要请客的村民、镇上的企事业单位职工，以及来音山湖钓鱼的游客都喜欢在他家吃饭。来渔山庄目前已经做成当地的餐饮品牌，就地转移劳动力8人，年销售额也很高。后来饭店还调整经营思路，价格更加亲民，增加了盒饭定制业务。

所以，有眼光、有能力的人还是能发家致富的，但这样的人在现在老年人为主的农村毕竟不多，这样的人是否愿意当带头人，更加可遇不可求。习近平总书记在徐州调研考察时表示农村要发展好，很重要的一点就是要有好班子和好带头人。当前中国乡村的自治文化尚没有形成，让村民们完全通过民主协商的方式来组织经济、文化、政治活动是不太可能的，但在集体化时期村民形成的服从上级指挥的文化心理还有遗存，只要有领头羊且做的事对村民自己有利，村民们是很愿意被能人组织起来做事的。M省以有机农业和合作社闻名的天庄村也是因为有一位德才兼备、全心付出的带头人赵老先生才发展起来。不过有的地方的领头羊可以自然出现，有的地方的领头羊则需要花力气催生出来，比如村委会发掘领头羊候选人并给予项目和资金支持，乡镇政府对村里有潜质的带头人进行知识技能培训和管理能力培训，为行动者赋能，培养和选拔带头人。不过在芦荡村，既没有看到领头羊，也没有看到催生领头羊的机制。芦荡村的普通村民总体上经济条件不算富裕，少数能人的创业活动有利于推动村子的经济建设，但是能人也只能做到自己发家，而缺少整合资源、带领群众一起致富的意识、魄力和才能。镇政府也没有注意发掘和培训带头人，其实在村干部和村民中都可以发掘能人和带头人。乡村振兴战略提倡建设现代化的农业和农村，促进农村一、二、三产业融合发展，这需要懂技术和懂市场的带头人把农民组织起来一起干。带头人并不都是现成的，到目前为止，芦荡村的带头人既没有自然凸显，也没有被发现并培养，所以核心行动者的缺位导致乡村发展陷入比较低迷的状态。可见，行动者是处于中心还是边缘地位、掌握的权力和资源是多还是少、行动者是个人还是组织、行动者的综合素养等因素导致行动的效果是不同的，对结构的影响程度也是不同的。

第三章 乡村建设的内生力量

乡村建设的经济目标，就是要彻底解决农村产业发展和农民就业问题，不断提高村民在产业发展中的参与度和受益面，确保农民长期稳定增收。中国的乡村经历了革命、改造、改革和市场转型之后，已经不是传统的乡土社会，但也不是个体化的新乡土社会，而是既有转型又保存了部分乡土特征的后乡土社会。如今有最低生活保障制度托底，农民的温饱问题已经不是基本问题，后乡土中国的基本问题转为农民怎样可以获得公平的市场机会问题。而公平的市场机会的供给需要从制度、文化、市场等方面整合资源，需要政界、工商界、教育界、传媒界诸多人士的分工与合作，需要多方行动者的力量以改变既有的不利于农民公平就业的结构性环境。需要注意的是，制度虽然构成乡村建设者的结构性环境，但制度本身却是政府制定的，政府可以发挥能动性制定出更加合理可行的推动乡村发展的制度和政策，同时也要建立良好的制度落实机制，因为村两委把制度贴在墙上而没有落到实处的情况在很多地方的农村并不少见。

需要注意的是，本书中所指的乡村建设中的村民主要是在芦荡村生活的村民，也包括在城市和乡村之间来回穿梭的、在乡村待的时间多于城市的村民，大多数时间流动在外的村民没有被包括在内。流动在外的村民当然也是对乡村有贡献的，比如他们的收入会用来在乡村造房子、买电器，他们也会给乡村带来城市的一些观念和生活方式。但总体来说，这些影响是间接的或者微弱的，因为乡村是他们偶尔度假才回来的地方，他们无法成为乡村事务稳定的参与者，没有与村庄社会建立内在的有机的联系，没有成为村庄舆论的一部分。

(二) 村民的文化生活与文化建设

村庄里参与人数较多的文化娱乐活动主要有两个，一个是打麻将，一个是广场舞，都在土著片区进行且参与者多为土著片区的村民。一个是传统娱乐方式，一个是被城市影响并被镇政府大力推广，才存在了5年的新娱乐方式。由于城镇化大潮下村民联系的减弱，这两种娱乐方式并没有覆盖全部的在村村民，其中麻将参与者约占20%，广场舞参与者约占10%，虽然对乡村文化建设有一定的促进作用，但是很有限。广场舞对乡村文化建设的积极意义还是比较明显的，而打麻将这个历史悠久的被国人迷恋的游戏似乎很难说有什么高雅的功能，但是它在芦荡村有了新的组织形式——麻将室。开麻将室成为一种营生，还延续了麻将以往的社交和娱乐功能。对生活单调的村民来说，目前还没有出现别的可以代替麻将的社交和娱乐方式。

1. 打麻将

除了农忙，每天的麻将桌上都有人。打麻将的多为老芦荡片区的人，牙桥人和安徽人不多，估计因为土著村民的经济条件好一些，生活更加闲适一点。安徽人和牙桥人总体上的经济水平和受教育水平都低一些，大部分时间忙于生存，少了那份打麻将的心境。

与以前不同的是，村民现在基本都在需要付费的麻将室打麻将。老芦荡片区有 3 家麻将室，有时候还竞争顾客。每家都开两桌左右，每天从中午 12 点多打到下午 4 点多。顾客要交场地费和茶水费 15 元给主人家，夏天开空调，则要付 24 元的场地费和茶水费。费用不是 4 人平分，而是谁存牌谁付钱。开麻将室的老板知道那点茶水和用电是不值这个钱的，就会送些小礼物给麻将客人，一般一人给两个鸡蛋，有时也给自家种的蔬菜瓜果。可见在乡村中，市场经济和"会做人"的传统伦理并行，尤其通过送小礼物的方式建立了彼此之间的道德义务和情感联系。

打麻将有多重功能，首先是让开麻将室的村民有了谋生的机会，现在种田挣不到钱，老年人出去打工也不现实，在家里开麻将室就能挣钱贴补家用还是不错的。其次，村里以老年人为主，老年人的整体文化水平偏低，兴趣爱好少，空闲时间又多，打麻将既有赢点小钱（不算赌博）的机会，还有游戏的乐趣，还能打发时间，已经成为老年人的两大休闲娱乐项目之一，另一个是看电视。再次，打麻将时还能社交，可以交流情感和信息，形成村庄里的社会舆论氛围，维系着传统乡风民俗的规约功能。贺雪峰和他的团队通过对中国各地农村的实地调查，发现中国的南方农村多为团结型村庄，北方农村多为分裂型村庄（互不统摄的若干小亲族）、东部和中部农村多为原子化村庄。何谓原子化村庄，贺雪峰的理解是村庄内部村民与村民之间关系链条的强度和长度都很低，村民的认同与行动单位是家庭，没有超越家庭之上的团体或共同体让村民可以认同和归属。芦荡村属于东部地区，原子化特征明显，村里人与人之间的联系比较稀薄，大多数村民都忙于生计，在城乡之间穿梭。

打麻将已经成为一部分留守老人最重要的社交纽带,打麻将的老人们也算是在村庄文化和社会建设中增加娱乐性和减轻原子化程度的一股积极力量。笔者有一种感觉,你走进一个村庄,只要能听到哗啦啦的麻将声,那说明村庄还有一丝活力,没有那么萧索和冷清。

2. 广场舞

青埭行政村的广场舞队伍并不是民间自发产生的,而是镇政府要求各行政村组建的。2015年夏,青埭行政村村委会派村两委干部兼芦荡村村小组长陈菊花组建广场舞队伍。陈菊花最熟悉的可以拉入伙的姐妹大多住在芦荡村,这样行政村的广场舞队伍基本就被芦荡村承包了。这个广场舞队伍并不像城里一年四季都在跳,主要是在每年的5~8月跳,每天下午6点开始,场地就在村委会大院旁边的大广场上,音响设备由村委会提供。因为镇政府将于5月28日(2017年)在临镇的街心广场举行广场舞汇演,4月底,陈菊花就集结好人马,天天晚饭后去大广场排练,她还找来了一位跳舞很在行的退休教师当教练。她们排的广场舞歌曲是《爱我中华》,比较雄壮有力。她们一遍遍地练舞姿和动作力度,互相纠正动作,还用手机一遍遍录视频看效果。汇演前夕,她们还统一购买了服装和鞋子。汇演当天笔者全程跟随拍照。陈菊花带队的平均年龄55岁的广场舞队员互助化了妆,和全镇摇曳多姿的另外9支广场舞大妈队伍轮流上场飙舞。虽然组织方没有搞比赛,但大家都认真准备和卖力表演。笔者在人声鼎沸的广场舞现场深感激活公共空间对繁荣乡村社会的促进作用。这些广场舞大妈大多是50多岁的年轻老人,年轻老人的文化水平、精力、财力在村子里都是最有优势的,正成为乡村社会承担公共事务的主力。2018年,临镇政府把广场舞汇演改成了广场舞比赛,要求每个行政村好好组织排练。青埭行政村的村委会主任让陈菊花负责此事,争取拿到好成绩。广场舞队伍在陈菊花的带领下进行了更加艰苦的日日排练,每天至少2小时,用心做好每个动作,精心选择服装和设计妆容,终于在比赛中取得了二等奖的好成绩(总共14个参赛队伍,排名第二)。陈菊花带领的12人广场舞队伍有比赛的时候辛苦排练,没比赛的时候自娱自乐。晚饭后,只要大音箱一响起舞曲,很多村民就向广场集中,跟着广场舞队伍一起跳,小孩们也在一旁玩闹嬉戏,村子里的公共空间也就被激活了,与白天的安静形成鲜明对比。

图 3-5　村广场舞队参加全镇广场舞汇演

3. 诗朗诵

2018年7月的一天，陈菊花跟笔者说："小刘，你给我们写个跟我们村子特色有关的赞美家乡的诗歌吧，我们要表演节目，参加B市的乡风文明文艺汇演。"笔者心想你怎么知道我会写诗歌，敢情你们没有机会读书的人认为我们这种书呆子什么都能写啊。仔细想想，尽管乡村现在受市场经济影响，有钱的村民较受人尊敬，但有知识的人还是像在传统时代那样得到大家尊重的，尤其对于受教育程度不高的村民来说，读书人是自带光环的，一定是想写什么就能写出什么的。既然如此，笔者决定不辜负陈菊花的期望，接下写诗歌的任务。

诗歌写好后，陈菊花就在她带领的广场舞队伍中选了5个文化水平较高（初高中生）的姐妹组成了诗朗诵队伍，隔三岔五地聚在一起排练。陈菊花虽然没上过学，无法给予太多的技术指导，但是她善于学习，去看中央电视台的《朗读者》寻找感觉去指导大家，也善假外力，把笔者叫到现场指导她们的吐字、发音、语气、感情，还让笔者帮她在淘宝选购演出服和扩音器。就这样坚持训练了1个多月，终于在B市乡风文明文艺汇演中精彩亮相，获得好评。三周后，同样的诗朗诵又在临镇的2018年度"百姓大舞台"文艺汇演中得到好评。"百姓大舞台"2018年在临镇是第一次搞，也是乡村振兴战略在基层的一种回响，要求围绕改革开放40周年主题，展示"颂改革、谱新篇"；突出

第三章 乡村建设的内生力量

"全民性、草根性"的活动特色，挖掘地方文化，进一步扩大公共文化产品的有效供给；面向基层、服务百姓，丰富群众的精神文化生活，传播文明，引领风尚。可以说，5个芦荡村妇女这次代表青埭行政村呈现了一个还算比较成功的文艺节目，这背后充分体现了组织化的力量。首先是镇政府定主题，要求青埭村的节目必须体现本村的人文地理特色；其次是村委会指定节目负责人陈菊花，并拨给服化道经费；再次是陈菊花善于整合资源，让笔者写诗歌和指导发音，让她的队员排练和表演，她自己严格监督，从而出色完成了青埭村第一次乡风文明题材的节目展演。

芦荡村近几年比较突出的乡村文化建设方面的活动就是广场舞、诗朗诵的排练和演出，尤其是场地在土著片区的广场舞还吸引了七八个该片区的村民前来观看或跟跳，让乡村内部人与人的联系多了一些，而不是像以前那样各自在家守着电视机。在有些村庄，跳广场舞除了能健身、娱乐和社交，还充分利用这一公共空间发展成为由妇女发起的公共事务的讨论平台和组织平台，增强了村庄内生的组织化力量，可惜芦荡村并未出现这种情况。

广场舞、诗朗诵在汇演和比赛中的成功，充分说明镇政府、村委会、村民、外来知识分子多方力量组织起来才能切实推进具体的乡村项目，单靠分散的村民是无法完成的。村民是乡村建设的主体，这两个节目的表演者都是村民，但村民需要引导和组织，因此需要参与乡村建设的各方行动者有效合作，完成对村民的引导和组织。比较遗憾的是，政府主导的文艺汇演导向的乡村文化建设并不能带动村民们的广泛参与，对丰富群众的精神文化生活、树立文明新风、提振农民精气神的促进作用不太大，因为参与其中的主要是村里的文艺积极分子，她们的确收获了团队合作和个人成长。除了队员和七八个固定观众，大多数村民与这类活动未能发生有效连接。现在，临镇下属各村的广场舞的健身功能已趋于淡化，被新赋予了竞赛功能，镇政府开始把广场舞比赛成绩作为对村两委的一个考核指标，导致各村花费了大量的时间和精力去排练，也花费了不少经费去购买服装和道具。可见，镇政府随意性地确立指标和考核可能导致一个健康有益的活动变味，这背后是镇政府把广场舞汇演与比赛的举办列入了自己的业绩菜单，体现了行政化力量对乡村民间活动的过度干预，使广场舞现场失去了乡村公共空间的集聚人气和凝聚人心的功能，吸引更多群众健身、娱乐、社交的功能也不如城市显著。当然，乡村的广场舞队伍很多都是村委会在上级指示下组建的，因为农民自身的组织力比较薄弱，但这不能说明乡村的广场舞队伍没有民间色彩，事实上它的草根性是非常明显的，它的日常运作充分体现了乡村妇女锻炼民主协商能力的实践过程，只是涉及的妇女人数比较有限。

（三）村民政治建设的乏力

从 20 世纪 80 年代末开始，我国农村逐步开始实施村民自治制度，1998 年又通过了《中华人民共和国村民委员会组织法》，进一步在法律上明确了要实行村民自治、发展农村基层民主。故而，当前乡村的政治建设应该围绕村民自治展开，然而村民委员会越来越具有行政化色彩。"随着民生建设工作量的任务的增加和维稳工作量的增加，需要村级干部的岗位规范化和常规化；村级基本支出由财政开支，村干部工资由政府负担，也为基层政府提出这种规范化要求提供了可能；村干部的成员结构明显趋于多元化，对于这种复杂化的村干部群体，也需要类公务员的管理。"（赵树凯，2012：511）也就是说，税费改革后，村两委出现了行政化的趋向，具体表现为干部职业化、财务正规化、组织行政化、岗位专业化，难怪老一辈的村民对现在的村干部和集体化时期（政社合一）的大队干部的印象差不多，都是政府派来管老百姓的"官"。人民公社时期，行政权力渗入乡村的每一个细胞，公社与生产大队、生产队之间不仅存在经济关系，也存在行政隶属和管理关系，大队干部事实上行使着国家授予的部分行政权力。也就是说，当下村民自治背景下的村干部与人民公社时期的村干部都有国家在基层政府的代理人性质，这说明现在的乡村社会与集体化时期的乡村社会都没有得到充分的发育。村委会虽然在法律上属于基层群众自治性组织，但在党政权力的过多介入下，并没有多少自治权，村干部则成为国家权力在基层社会的中介者和经纪人并受到非制度化的行政化管理，这样，现在的乡村社会很多就处于自治较虚弱的状态。

芦荡村的村民自治也基本属于这种比较虚弱的情况。虽然村民委员会组织法规定了不少的自治权利，如村集体经济所得收益的使用、土地承包经营方案、宅基地的使用方案、征地补偿费的使用分配方案等，但由于村委会还不是真正意义上的自治组织，这些自治事项和自治权利最后都集中到了村书

第三章 乡村建设的内生力量

记和主任手上，成为其行政权力的一部分。对芦荡村村民而言，他们参与的与村民自治有关的活动主要有两个，一个是进行村民选举，还有一个就是被村委会喊去开会(村干部履职情况座谈会之类)。在真正触及每个村民利益的公共事务的协商上，村里缺乏协商议事的渠道，对此，村民没有表示抗议。村民自治意识不强与其原子化的存在状态以及臣民文化心理有关。另一方面，村委会也没有主动提供议事平台，乡村基本延续了集体化时期的管制模式，不过管制程度大大减轻了，村庄依然可以维持基本稳定的局面。也就是说，在当下原子化的缺乏共同体精神的乡村社会，村民自治是缺乏社会基础的，同时村两委的悬浮化特征也使其与乡村社会的距离拉远，很难去主动引导村民实行自治。事实上农民是可以过民主生活的。美国的《罗伯特议事规则》被安徽皖西南塘村的青年农民杨云标本土化改造成《南塘十三条》，已经在切实地指导村民就某个具体的公共事务开会议事，成效显著。中国传统农人基于其家户经营的生产方式形成了家本位的文化心理，因此不容易形成超越家族的社区认同意识，但是一旦有了乡村公共事务自治协商的机会和平台，其社区意识就可以萌芽、生长。根据笔者对老年村民的访问，在20世纪八九十年代，生产队长经常在某户村民家里召开"村民小组会议"，大家畅所欲言，碰撞沟通，本队大大小小的事情基本都能通过会议解决，充分训练了大家的民主能力。而农民大量进城、乡村空心化、村委会准行政化之后，村民就缺少了公共事务讨论方面的训练，长期下来乡村原来初步形成的自治文化也就断裂了，这直接导致村民公共意识的弱化。新旧对比，说明不同的时期的乡村社会因为参与公共事务的实践机会不一样而形成了不同水平的公共意识和自治意识，其中有没有村民小组会议这个组织因素非常重要。

由于公民教育和协商议事训练的缺失，芦荡村的村民普遍缺乏现代政治理念。当下农村和农民的现代化程度都不高的现实，农民灵魂深处的臣民意识与传统社会的农民颇为相似。民怕官心理的确有传承，但不是生物学上的遗传，而是有历史和现实的结构性原因。历史原因自然是中国自秦朝到清朝2000多年的君主专制制度对百姓观念和心理的影响，现实原因主要包括传统政治文化中的父母官思想在当下的遗存、权力监督机制不健全、群众诉求表达机制不健全等，使得百姓对官所代表的左右百姓命运的权势力量颇有畏惧。

政治场域作为元场域，是社会运行的主导者，在现行体制下具有一定的封闭性和等级性，缺少现代政治变革的充足动力，导致事本位的公务员文化取代传统政治文化的过程相对艰难。上级一锤定音、下级迎合上级、场合性变通的官场哲学还是比较常见的。从另一方面看，村干部对村民的评价也不高，认为他们私心重，以村干部的行为是否满足他们的私欲为评价标准。比如当地村干部圈流行的一首打油诗，就是讲农民如何对待村干部的——"平时无事不求你，遇到公事就避你，家里有事找到你，处理不好就骂你"，诗中的"你"指村干部，"公事"指公共事务。根据诗里隐含着的对农民的不满情绪，应该是村干部总结出来的。由此可见，现在农村的干群关系还是比较疏离的，都陷在自己固定的视角里，相互怨怼，但他们都只在个体互动的意义上看待双方关系，而看不到官民两分、科层化的村干部治理才是背后的结构性原因。

导致这个村村民自治相对虚化的原因有很多，其一是乡村产业不兴旺，无法提供足够的就业机会留住乡村精英，加上我国农村产权制度的缺陷使得农民难以从承包地和宅基地上获得较好的收益因而推动了乡村精英的外流，这样乡村自治就缺乏人才支持。其二，从改革开放前近30年的乡村高度组织化到20世纪80年代开始实施村民自治，农民并没有多少自治经验，加上村干部队伍整体上年龄结构趋于老化，缺乏开展村民自治活动的知识、技能和主动性，无法领会自治精神，取消了或形式化了村民小组会议和村民代表议事会，导致农民缺少议事训练。其三，留守村民的文化素质、公共意识、政治参与能力较差，从而无法进行有效的民主选举、民主决策和民主监督。此外还有村民自治法律体系不完善（缺乏细则）、村党支部与村委会权责不清等因素。

村民自治的相对虚化和村两委的准行政化是相互促进的。村民自治落实不到位，群众支持少，导致村两委尽可能减少对公共事务的投入，实在需要村民出劳力的地方就用付费的方式，加上县镇两级政府又有政绩考核的压力，就把最基层的村两委纳入国家行政体系，以共同应付考核压力。村干部每天上班打卡、写材料、开会，除了不得不与村民接触的社保工作和民事调解工作，村委会基本上就是悬浮于村庄之上的政府派出机构，而没有表现出一个内生于村庄的自治机构。村民自治的基本内容包括民主选举、民主决策、民

第三章 乡村建设的内生力量

主管理、民主监督,这四项内容是个整体,但现实中后三项内容的执行度很低,民主选举虽然实施了,但还是流于形式,很多村庄都是这种情况。笔者有一次在村里看到公示的民主选举结果,新任村委会主任得票是 2 821 票,就问村干部是不是每个村民都投了票,他们说是的,每个自然村村组长都拎着投票箱在自己村里收选票,要求在规定时间投完。我再去找芦荡村村民询问,问了 15 个人,有 8 位村民说没见过选票。有的村民不识字,就让村组长随便填,有的村民在外打工,就请村组长帮自己填,有的村民不知道选谁,村组长就暗示选谁。这个时候,村组长掌握的选票资源就很多,往往成为候选人的拉拢对象。由于乡村社会内部联系减少,有的候选人村民并不怎么熟悉,但也没有让村民了解候选人的经历和素质的充分的渠道,导致很多村民都是"随便填"。村委会虽然 3 年选一届(从 2018 年起改为 5 年一届),但青堎行政村的很多村干部都是连任的,有的已经当了 20 多年。只有到了不得不退休的时候,才找一个年轻一点的替补上。有时候镇政府也介入了村庄选举,因为镇政府与村干部的联系较多,要选比较听话又能办事的村干部。虽然芦荡村主干道两边的民居外墙上刷了宣传村民选举的文字和图画,但村民们大多认为实际操作还是走形式为主。老百姓觉得谁当都一样,事实上也就是那几个干部轮流当村委会主任,新上任的主任也不会"新官上任三把火",就按以前的惯习行事,所以村庄多少年来也没有很明显的变化。可见,村委会的形式主义作风、被镇政府行政捆绑和村干部之间小集团化进一步加剧了村民对村干部的不信任局面,进一步造成村民自治的虚化。

芦荡村不仅村民自治比较涣散,也缺少值得大家尊重和信任的正式权威和非正式权威。权威是权力和威信的合体,威信则有威望、信誉、信任、合法性的意味。"如果说权力是影响他人行为的能力,那么权威就是影响他人行为的权利。因此,权威是基于被认可的服从义务,而不是任何意义上的强迫和操纵。在这个意义上,权威就是披上合法性和公正性外衣的权力"。(海伍德,2014:7)在传统乡村社会,乡村的权威依托于"权力的文化网络"而产生。"权力的文化网络"是杜赞奇研究华北农村的时候提炼出的一个分析性概念,指的是由乡村社会的多种组织体系以及塑造权力运作的各种规范所构成的,包括宗族、市场、信仰、自愿团体以及各种非正式的人际关系网络(杜赞奇,

2010：10）。文化网络给各类组织的成员提供了共同遵循的规范和象征价值，后者构成了乡村社会领袖统治的合法性基础。在各种人际关系与组织关系的互动网络中，权威才得以存在和施展。这些相互渗透和交叉的组织体系编织成的文化网络构成了对乡村权力运作的有力支撑，此时的乡村社会自发生长出保护型经纪以与国家派出的专门掠夺乡村资源的营利型经纪相对抗。到了19世纪末期，面对外敌入侵，晚清政府被迫启动自强求富的现代化方案，于是通过政权建设将权力延伸到乡村社会从而大肆掠夺资源，同时打击旧的地方精英和破坏当地的文化网络，遂造成营利型经纪贪污贿赂激增并替代保护型经纪的局面，最终导致国家政权内卷化。"国家政权内卷化是指国家机构不是靠提高旧有或新增（此处指人际或其他行政资源）机构的效益，而是靠复制或扩大旧有的国家与社会的模式——如中国旧有的营利型经纪体制——来扩大其行政职能。"（杜赞奇，2010：51）到了20世纪50年代，国家政权第一次将控制力有效延伸到最基层，进一步打击传统的家族、宗族、长老等原生性权威，建立了互助组、生产队、民兵组织、妇女协会、儿童团等正式的组织体系，形成"权力的组织网络"（强世功，2003：108）和乡村社会的高度组织化。借助强大的组织网络，基层政府解决了税收逃避和囤积问题，彻底消灭了乡村的营利型经纪人，从而止住了国家政权内卷化的趋势。不过，集体化时期建立的权力的组织网络在包产到户后迅速崩解，村民委员会与村民小组取而代之，成为新的权力的组织网络。具有国家代理人和村庄当家人双重身份的村组干部，一方面具有国家赋予的行政权力，另一方面也需要与村民保持互惠关系，才有群众基础。基于这一双重身份，在具体的治理实践中，村组干部要同时兼顾国家法律法规和地方性规范且以后者为主，以至于出现"正式权力的非正式运作"，即国家的权力、规则必然依托于乡村社会的非正式权力和地方性规范才能有效实践（孙立平、郭于华，2000）。地方性规范的践行离不开村组干部及其权威，也离不开低流动性的乡村社会这一社会基础（狄金华，2015：109）。不过地方性规范作为乡土社会和熟人社区中的行为图式并不等同于追求绝对善的道义伦理，而是以人情、面子、亲疏、生存伦理（给人活路）等有儒家文化背景和地方认同的价值原则为主要内容。

随着国家向农村输入大量项目资源时期的到来，镇村干部还吸引了经济

第三章 乡村建设的内生力量

精英和有关系资源的利益方加入这个分利秩序。之所以能形成分利秩序，是因为国家无法甄别分散化的农民千差万别且动态的需求，只能依靠地方政府采取灵活的特殊主义的资源分配方式。也就是说，税费改革之前和之后，由于存在利益空间以及村干部介于国家和农民之间的特殊身份这些结构性因素的影响，村干部都有营利型经纪的特点，同时由于村干部的威信主要来自村民的认同，他也需要充当保护型经纪，在必要的时候维护村民的利益。贺雪峰通过对不同地域村干部角色扮演上的广泛调研，得出一个结论：受不同村庄价值生产能力和经济发展水平等因素的影响，村干部可能扮演保护型经纪人、混日子者、营利型经纪人或者动摇于国家代理人和村庄当家人之间等多种角色(贺雪峰等，2006)。就芦荡村而言，由于该村的价值生产能力和经济发展水平都不高，村干部没有多少资本与上级的不合理规定抗衡以维护村庄利益，反而在科层化的治理体系和资源下乡的分利秩序中与镇干部之间有了更多小团体主义的利益捆绑，从而更多地体现出"营利型经纪人"的特点。村干部的自利性其实也是不太合理的制度设计的产物，究其根源是村干部身处国家行政体系和社会自治体系的中间地带，其双重代理身份暴露出当下治理体系的某些缺陷以及国家与社会之间权力关系的某种失序。

由于国家的"基础性权力"在基层社会的渗透能力和规则贯彻能力不足(狄金华，2015：307)，而且税费改革后，基层权力上收，使得镇村权力悬浮，村干部为乡村服务的资源调配能力被大大削弱；由于基层治理的内卷化，镇村干部之间形成利益联盟，缺乏维护村集体利益的保护型经纪人，村干部更多的是向上负责而不是向下负责，引起村民对村干部道德上的质疑和信任危机，加剧了政权的悬浮程度；由于村庄集体经济空壳化、集体土地所有权虚置即治理资源不足，难以满足村民对公共服务的需求……这些因素导致芦荡村乃至整个行政村的村干部的权威被大大削弱。赵旭东将村落社区中的权威划分为制度化的权威和非制度化的权威，前者属于科层式的权威，后者包括村庙的权威和非官方权威人物的权威(赵旭东，2003：275)。在芦荡村，由于政权的悬浮化导致正式控制力量的削弱即制度化权威的失落，也不存在村庙、宗族、新乡贤等非制度化的权威，虽然不乏出生地、成长地或姻亲关系在本村的机关干部、企业法人、高中老师和在本村投资创业的外来生产经营管理

· 103 ·

人才，但他们基本不关心村集体，住在城里的则跟村里没什么联系，因此无法取得村民的信任进而获得权威。芦荡村和大多数中国农村一样，联产承包责任制的实施导致家庭成为农民的唯一认同和行动单位，家庭的私密化程度增强，与此同时村民之间的联系明显减少，村庄共同体认同也减少，这些导致权威生成的社会基础削弱，从而导致村社伦理、地方性规范等非正式控制力量的减弱。芦荡村不但缺乏正式和非正式的控制力量，更缺乏行使这些力量的官方和非官方的权威性人物，加上村庄在村民的个体主义意识已经发育的情况下缺少民主制度建设和自治空间的培育，这些因素导致芦荡村基本处于权力和权威的相对虚空状态。

不过，村委会还是有国家征地补偿金的收取、国家惠农补贴的发放等公共资源的控制权和分配权，这时候有外来资本进入村庄，就很容易勾结起来侵蚀村庄的财富。

国家强调要惠及于民并输送大量资源下乡，可是村两委行政化和乡村社会低组织化又是事实，导致下乡资源被镇政府、村两委变通分配并形成某种地方分利秩序，真正下沉到农村社会、满足农民需求的资源并不多。国家下乡的资源被攫取，没能转化为基层治理能力以提供公共服务，加上利益分配不公，导致农民对基层政府的不满增加，从而降低了基层政府的合法性。在这一政治前提下的资源下乡必定是流于表面甚至产生不少副作用，国家意图通过资源输血振兴乡村的现代化构想还会因为缺乏乡村社会的自组织空间以及与之相关的与农民实际需求对接的困难而流于空茫。因此，乡村建设应该以村庄为本位而不是单纯地以个体的农民为本位，应该培养乡村的组织化力量和村民的公共观念，推动有认同感、安全感和凝聚力的村落共同体的形成，才能真正满足农民的美好生活需要和乡村整体的长远发展。

（四）村民参与乡村建设能动性不足的原因分析

能动性是人独有的特性，包括所欲与所为，所欲包括人的主体性和自由意志（意愿），所为指的是行动能力。结构性因素中有有利的条件，也有不利的因素，尤其是不利因素不会自动消失，结构不会自动完善，需要在绵延的行动流中慢慢撬动结构。这需要发挥行动者的能动性，行动的意愿是能力释放的前提条件，因为意愿不足行为就缺乏动力，有再大的能力也释放不出来。

第三章 乡村建设的内生力量

意愿和能力之外，还需要有价值引领、目标导向、可行的方法，这些都是有效行动的要件。

总体来看，这个村的村民在经济、文化、政治建设上还是有一些积极的作用发挥了出来，但是比较有限，村民的能动性没有充分发挥出来。一是因为城乡二元体制及其衍生的去农文化的流行导致村民对村庄缺少感情，村民缺少与村庄的联结感；二是因为村民的主体性未能树立，导致他们参与乡村建设的意愿和能力不足；三是没能把村民组织起来。

城乡二元体制是典型的制度产物，从计划经济时代开始形成，是实施重工业优先发展的战略、人民公社制度、粮食统购统销制度、城乡分割的户籍制度所产生的综合后果，突出表现为城乡居民在各方面的待遇严重不平等，严格的户籍制度还限制了农民的流动，属于行政主导型的二元结构。现在，行政主导已经弱化了不少，但依然存在城乡教育、医疗、就业、社会保障等制度安排上的不平等，同时市场主导型的新二元结构也出现了，表现为优势资源向城市倾斜、城市对于乡村的依赖度越来越低。制度主义理论聚焦于制度或规则，认为不同的制度设计和制度效果导向不同的社会变化的结果。中国的社会转型实践尤其体现了制度的效用，是国家政权和政策制度推动了社会转型而不是反之。制度如果得到大力推行的话是可以改变原有的文化观念的。城乡二元体制由于得到当时国家领导层的共识和强力推行，得以突破传统中国以"绅出为官，官退为绅"为典型的城乡社会——文化一体化模式，并通过制度控制下的实践把城市优于乡村的观念潜移默化地滴入大众的头脑。去农文化的产生是城市导向的现代化发展策略经由城乡二元制度产生的一个消极后果。所谓去农文化，指的是农民由于对农村和农民身份缺乏自信而在各方面都想去除农民特质的意识倾向，其背后的形成机制是结构性的制度安排。农村居民通过制度约束下的切身体验感受到了城乡之间的不平等进而形成了"信仰城市、轻贱乡村"的贱农主义观念（张玉林，2013）。虽然后来户籍壁垒打破了，但是城市化和不合理的政策体系导致城乡之间的差距继续扩大，导致贱农主义、去农文化深入农民的价值世界。"不平等的城乡二元的制度和政策带来了当今世界最大的城乡差距，是需要消除或缩小的，但是却没有意识到它的另一个历史后果，也即对于中国人的城乡观念的扭曲：由不平等的制度导致的优与劣,反而被当作城市天然地优于乡村的逻辑起点和现实根据"(张玉林,2013)。自从完整的乡土中国被硬生生地拆成城乡二元社会,从未有过的城贵乡贱的观念被不平等的制度安排催生了,然后作为一种观念切实影响着乡村人的行为选择——"读书是为了走出乡村,能打工的都不要留在乡村,实在出不去的才留在乡村"(——村民语)。在这样的集体意识下,谁还会全心投入乡村建设?贱农主义观念不仅削弱着村庄主人建设乡村的积极性,还连带着鄙视乡土文化,把乡土文化看作封建的、落后的精神糟粕,殊不知"乡土文化是根植于乡村生活的文化,饱含了民间的智慧、经验价值和情感,是乡村社会的黏合剂,在乡村秩序的建构中有着基础性的功能"(陆益龙,2016b)。当乡村和乡土文化都被贬低的时候,乡村社会也就失去了内在整合机制,从而导致乡村秩序与发展中的诸多问题,直接表现在村民对乡村建设缺少热情,甚至觉得"乡村有什么好建设的,能去城市谁还待在乡下?"当乡村的主人都鄙弃乡村的时候,乡村建设的内生动力也就无从谈起了。

芦荡村乃至大部分村庄的村民进行乡村建设的意愿和能力不足,还因为缺少主体性。所谓人的主体性,指的是人的主体意识以及与之相关的各种功能属性的总和。一家一户的分散经营、较低的文化素质、不太完善的政治参与机制、贫乏的乡村文化等因素导致农民主体性的欠缺。农民的主体地位长期建立不起来,权利经常被忽视,农民已经习惯了被代表,失去了自主选择和自主表达的能力。主体性的缺失必然削弱其参与乡村建设的意愿和能力。主体性的建立需要还权给农民,比如自治权、教育权,这是他们能动性得以施展的条件。在村村民基本都在55岁以上,大多都是小学学历,由于家境贫穷和乡村教育资源匮乏而不能获得较多的学校教育;现在村委会的行政化比较明显,对村民的自治权有一定的削弱。主体性的建立还需要给农民赋能,因为农民处于城乡二元体制中的弱势方,缺少主宰自己命运的能力。晏阳初先生对农民有"愚穷弱私"的界定,且有本质主义之嫌,似乎只要生在农村就必然如此。他没有认识到农民的"愚穷弱私"不是乡村落后最根本的原因,最多只是个中介变量,还有导致"愚穷弱私"的原因,那是社会原因,是不平等的社会结构剥夺了农民的发展权利。基于自身视野和资源的局限,农民在能力上的欠缺是不可能靠自己改变的,所以政府、知识分子以及各种民间力量

第三章 乡村建设的内生力量

要帮助农民提高能力而不是直接输送物质资源,要通过激发农民内在的力量去提高与他们的生存发展相关的劳动技能。在这里,无论是村两委还是镇政府,都没有能够对村民进行针对性的知识技能培训,尤其是未能围绕三产融合、农业旅游业融合、绿色农业、质量农业、乡村文化兴盛等未来乡村建设最需要的几个方面对有相应潜质的农民进行培训和教育。

最后,芦荡村村民进行乡村建设的意愿和能力不足与未能把农民组织起来很有关系。梁漱溟在 20 世纪初就认识到农村的组织化、农村经济的发展、为农民寻得精神出路是乡村建设需要解决的主要问题,这也是现代性的目标。到现在为止,这三个问题依然没有得到完全解决,其中最难解决的就是农民的组织化问题。把农民组织起来,自己管理自己,自己解决自己的问题,这应该是乡村建设的重要抓手,在组织化的基础上才容易发展经济、繁荣文化。很多村干部都说农民组织不起来,脑子里都是小农意识,只有私心。其实,实行联产承包责任制以后,农民以家庭为本位的自利意识凸显,村庄共同体意识削弱,加上迷信权威、服从权力、主体精神匮乏的传统人格的遗存,以及制度给予的空间不足,削弱了村民们的自组织能力。除了被组织(集体化、人民公社),他们很难自我组织,主要还是社会原因导致。

在芦荡村,无论是种田大户还是创业者,都是以家庭为单位,没有跨家庭的农民组织。由于缺乏农业合作社之类的组织来整合资源、产供销一条龙,芦荡村虽然坐拥良好的山水资源,还是没有找到集体致富的经营之路。尤其是在农产品销售上,因为没有销售渠道,只能坐等小贩上门;因为农民之间销售价格不统一,只能被小贩各个击破,一再压低收购价(你不卖,我就去别家),从而无法改变农民的市场弱势地位。对农民为什么难以组织起来,有人简单地归于农民一盘散沙、各有私心是不全面的,因为很多有宗族或者小亲族纽带的村庄还是很容易组织起来的。像芦荡村这种原子化的、彼此之间不太信任且对于合作的收益是否高于交易成本难以确定的村庄,农民是较难自发组织起来的。

其实,农民的非组织化遭遇到的最大的伤害来自市场,包括该村在内的 B 市农村普遍放弃小麦种植的情况颇有说服力。笔者初入田野的时候曾经被五六个村民当成记者围住,反映小麦价格太低一事。一个农民说小麦的收购价只有0.65元一斤,他有6亩地可以收4 200斤小麦,轧麦要100元一亩的机械费,打田要80元一亩的机械费,辛苦了8个月最后还挣不到2 000元,还不如把土地撂荒出去打工。有个农民说:"小麦贩子垄断乡村的小麦收购价格,物价局不管,监管不到位,还有农机收费随意化。现在最大的问题是撤销了粮管所,让小贩垄断乡村市场,国家制定的小麦1.2元的保护价根本没有很好地落实。农民们收上来的小麦、黄豆都是小商小贩开卡车或农用车来村里收购,价格越压越低。虽然每个镇都有粮站或者储粮库,但也被私人承包了,他们也买小贩收来的粮食,没有执行国家的粮食保护价政策。"有个老汉认为,农民散漫,容易被分化瓦解,容易被收买去做不利于大家的事①;怕和别人不一样,跟风,从众,没有独立思考;农民太弱势,逆来顺受,没有谈判能力,价格上在任人宰割。笔者觉得农民中不乏有见识的,但老汉认识到了农民诸多缺陷的同时,没有认识到把农民组织起来是可以克服这些缺陷的,尤其现在基层政府有懒政倾向、市场监管不力、相关制度不完善,更需要农民自组织起来,以增强行动者自身的能力。

但是当村庄集体遭遇生命威胁的时候,村民们也会自发地、临时地组织起来维护自己的生命权。20世纪60年代,有个家境贫穷、头上长癞子的城里女人嫁到本村,生了两个儿子,大儿子的脑子不太好,小儿子很健康。2000年,大儿子在与别人争吵时,在精神刺激下用刀具把对方杀了,法律没有给他判刑,但被镇政府强制送进J市精神病院。老两口想把他接回村子,却遭到了芦荡村民的集体抵制。但这次抵制并没有事先组织,只是一开始是几个邻居围在这户人家的门口,谴责他们不顾别人的生命安全,后来越来越多的本村村民聚集过来。聚集的村民中包括当时的妇女主任陈菊花,大家都跟她说政府应该安排大儿子终身住在精神病院,不得回村,因为他随时可能对别人不利,陈菊花于公于私都表示支持大家的想法并积极向镇政府反映情况,终于得到镇政府的同意终身安排其住在精神病院。这是生命威胁下本村发生的唯——次集体行动。赵鼎新认为,集体行动是由许多个体参加的、具有很

---

① 例如农民给我讲的这种情况:小贩买你0.8元一斤,让你到处说卖价是0.7元一斤,类似于拿小贩回扣。

第三章 乡村建设的内生力量

大自发性的制度外政治行为。与社会运动相比，集体行动的组织性、结构性和秩序性都比较低，但却是群体成员为改善群体现状而发动和参与的行动。可见，村民是有组织起来的潜力的，只是目前还只发生在性命攸关之时，不过组织化程度很低，如果缺少本村村民兼村干部陈菊花在里面的斡旋也很难达成目标。

在打工潮没有到来之前，每个自然村是有自己的组织的，那就是村民小组会议。20世纪90年代末，去城里打工的青壮年越来越多，乡村逐渐失去了乡村精英和主体力量，变成了无主体半熟人社会、原子化社会；加上取消农业税之后村干部也很少上门收钱收物了，村两委干部、村民小组长与村民的联系也就越来越少了，这样，开会的必要性没有了，村民和村民小组长集中在某家院子里热烈讨论某件公共事务的场景在从20世纪末到现在的岁月里很难再看到了。具有民主协商性质的村民小组会议的取消导致村民与村庄事务脱节，主体意识大大降低，国家在农村的动员能力也随之下降（贺雪峰，2013：133）。

现在村民难以组织起来，不仅仅是缺乏组织者、失去了原先的村民小组会议，还因为农民缺乏集体意识、公共精神。集体意识的有无不仅仅是思想观念方面的问题，也与生活环境有关。在"民工潮"发生之前，村庄的人口流出很少，老弱妇孺和青壮年都在一个熟人社会空间里朝夕相处、生产生活，必然会产生不少公共事务，再加上有村民小组会议这个议事平台让村民有了实践基层民主的机会，村庄内部人与人的联系也就紧密了起来。可是，当乡村青壮年都流向城市，村里只剩下老人的时候，公共事务也就变少了。如果有些公共事务实在需要找人来做，比如灭钉螺，也只能临时有偿招募还干得动活的村民，不像以前那样每家出义务工。这里面有市场经济的影响，但也是按劳分配、按劳取酬的现代社会的正常现象，毕竟义务工需要每家平等地承担[1]，这在当下人口稀疏且以年老体弱程度不一的老人为主的村庄很难做到。

---

[1] 笔者小时候（80年代）曾经见到过每家出2个劳动力去义务挑土方、堆垒成长江护堤的盛况，那是行政命令下的行为，与村民日常生活中上班、市场交易等按劳取酬行为并行不悖。

· 109 ·

(五) 与天庄村乡村建设差距的比较分析

距离芦荡村 50 千米的天庄村是 J 市的知名村庄，其开创的"天庄模式"即有机农业合作社模式，让这个默默无闻的小村声名鹊起。原先天庄村也是老人多，但是有致富带头人赵老在那里扎根 18 年（一退休就去了那里），指导农民搞有机农业，将科技人员、村两委和农民绑在一起建立合作社，产供销一体化，吸引很多在外打工的农民重新回到家乡种植各类经济作物。天庄模式被国内外很多专家认为是符合中国农村实际的高效合作社形式。

芦荡村和天庄村所处的地理环境和政策环境都差不多，村民素质也差不多，为什么乡村建设的效果差这么多，笔者想找到背后的原因。笔者前后去了 3 次天庄，希望可以做一些比较研究。待在一个村子里研究这个村子固然需要，但不能缺少不同类型村庄之间的比较视角，否则很难获得具有普遍意义的推论。费孝通先生提出的类型比较法包括三个步骤：类型的发现，不同类型社区的调查，不同类型社区社会结构的比较。根据这三个步骤，笔者首先发现了天庄村（有机农业合作社）和芦荡村（无合作社）这两个类型，其次对芦荡村和天庄村都进行了实地调查，最后，笔者对两个村的社会结构进行了比较，发现所处环境相似的这两个村的乡村建设的效果差距主要来自两个村的行动者（谁在做）及其行动（怎么做、做什么）上的显著差别，是一个年轻化的领导班子和一个致富带头人带领广大村民以合作社的方式发展有机农业与一个老龄化的领导班子、没有带头人也没有带领广大村民谋求组织化的经济发展之间的区别。

首先是村两委班子年轻化、知识化程度的差异，芦荡村的村干部平均年龄为 52 岁，天庄村的村干部平均年龄则为 32 岁。与年龄相关，两个村的村干部在知识和能力上的差别是显而易见的，尤其是经营管理能力、市场敏锐度以及农业技术水平。天庄村有位副书记叫王志亮，今年 30 岁，985 高校农学专业本科毕业。他承包了 100 亩的有机蔬菜园，把河南老家的父母叫来一起种菜，在种植过程中他还跟着赵老学会了很多有机农业技术，他还一对一扶助贫困村民种植有机蔬菜。除了农业技术，他在当副书记的过程中还积累了很多处理复杂农村问题的经验并且锻炼了工作能力。像他这样的村干部在天庄还有不少，是乡村发展的新生力量。不过，王志亮告诉笔者考公务员考

第三章 乡村建设的内生力量

走的大学生村官也不少，考走的人中有的是因为不喜欢长期待在农村，有的是因为个人问题难解决，有的是因为只是把村干部当作自己仕途的第一站。我觉得如果没有配套的用人留人政策和落实机制留住这些大学生村官①，他们也很难成为乡村可持续发展的新生力量，这是天庄未来发展需要解决的一个关键问题。

其次是天庄有克里斯玛式的带头人赵老。赵老是时代楷模、2007年度全国十大三农人物，德才兼备，深孚众望。他在某科研所所长任上退休，有官方背景，因此能通过省市级政府协调到2 000万的免息贷款投资天庄，做规模化的有机农业，这比散户经营或者规模化经营的普通农业具有更大的市场竞争力。他做的有机农业是生态大农业，致力于修复生态系统，追求生物多样性，建立了全域13平方千米的山水田林湖草牧一体化的有机实验区，动物、植物、微生物和人组成生命共同体，和谐相处。做有机农业的关键是善于利用自然规律为人类造福，比如利用生态链"相生相克、相冲相刑、相互制衡、相互依存"的原理对付杂草害虫、增产增收。赵老指导技术员专门养一种虫子去对付水花生这种与蔬菜抢养料且繁殖飞快的草，专门养小蝌蚪放到稻田里去对付害虫；在冬天的稻田里养小龙虾，鸟来吃稻田里的虫子的时候顺便把鸟粪拉进田里做了肥料，而小龙虾很喜欢这种半烂的肥沃的土壤，这样稻子和小龙虾都长得好，对地力保护也好，还能在小龙虾最贵的时候上市。赵老告诉笔者，自然农法很好，但是产量不高，仅靠自然农法喂不饱这么多的人口，因此要做环境友好的现代农业，自然农法和新品种、新技术、新设备相结合，不过，生态系统达标是底线。笔者问赵老天庄模式为什么难以"复制"②？他说自己分身乏术再去别的地方做有机合作社，有机种植和合作社组建都需要相应的知识和技术，即使天庄这一处，他还没做完，尤其是在农产品种植、升级过程中如何更加有机环保方面有许多科学实验要做，虽然也培养了几个年轻人，但流失了一半，留下的人目前还不能独当一面地出去推行

---

① 有村干部告诉笔者，他们在乡村难找对象，收入也不高，住房问题和家属工作问题也不好解决；而且干农业很辛苦，是需要一点"情怀"的。

② 乡村发展模式"可复制"是当地市政府用语，笔者认为用"可借鉴"更恰当，因为乡村的发展模式应该是多元化的，应该因地制宜，自主选择发展道路。

有机种植和合作社组建。所以乡村发展最重要的是后继有人，需要相应的激励机制的完善。

图 3-6　赵老正把 5000 只蝌蚪放入稻田

再次是建立有机农业合作社。建设乡村和经营乡村的前提是组织乡村，发挥农民组织的主体性。天庄合作社统一安排分地和入股事宜，土地承包大户交租金给合作社，合作社交租金给租地农户；负责市场营销、联系旅游业务、引入外来资本建设游乐场；注册了商标"绿野"，通过长期的市场检验获

第三章 乡村建设的内生力量

得了消费者的品牌忠诚,而且"天庄有机合作社"这个组织也成为某种品牌,成为有机农产品的保证。出租土地的村民、承包土地的种植大户、有机合作社三方密切配合、利益捆绑。天庄合作社还和村党支部融合,借助基层党组织在乡村的作用力提高合作社的威信和资源整合能力。在合作社的贯穿下,天庄既是一个村庄,又像一个集团公司,具备"每一户都是一个孤岛"的原子化村庄所没有的高度联结的组织力和生产力,还形成了各参与方之间的互惠机制以及一起发家致富、建设乡村的共识区域。

通过两个村庄的对比,可以发现什么样的人、以怎样的方式、做着什么样的事是一个地方能否发展起来的关键。一位德才兼备的领头羊加上一支年轻化的乡村干部队伍,以合作社的运营方式,做着发展有机农业的事业,在生产力和生产关系上实现了完美的匹配。天庄村的这些发展条件,是芦荡村所没有的,而未来乡村的希望,就在于给乡村输入人才,为农民赋权赋能,帮助他们掌握现代农业知识和技术,成立经济合作组织以整合资源、增强市场竞争力,寻找到适合本地特点的融合型产业,努力推动乡村现代化的实现。

本章小结

李昌平认为依赖中央财政拨款搞农村基础设施建设,依赖引进外来资本搞农村发展,农村是没有前途的,中国农村的前途只能靠基层干部和农民的创造性工作。但是在后农业税时代,基层干部和农民的主体性和创造性并不那么容易培养,一方面村干部越来越成为科层化行政体系中的一员,日常工作主要是为了应对上级的各项检查和考核,与村民的距离越来越远,权威逐渐丧失,而且税费改革使镇村财权被上收,导致其公共服务能力下降;另一方面村民的原子化和功利化倾向使得他们普遍不关心集体事务,即使有一些公共需求也较难找到表达渠道和实现机制。

总体来看,芦荡村所属行政村的村两委是有乡村建设的自觉意识的,但是这种自觉意识只体现在要完成上面布置的工作任务层面,而不是主动地寻找适合本村特点的乡村建设道路。现在最美乡村、文明村的建设和申报工作是各个行政村村两委的主要工作。大多数村子的村民能感受到的是村容村貌上的改进,但是乡村文化建设、集体经济发展、村民自治的落实并不明显,芦荡村也是如此。乡村的文化、经济、政治方面的建设需要村两委引导村民的积极参与，需要导入理念、方法和资源，因地制宜地建设当地人自己的新农村。可是芦荡村村民认为村子的乡村建设主要是村两委的事，村两委不太会征求他们的意见，他们也不懂怎么参与乡村建设。如何看待村两委和村民的乡村建设的能动性，可以认为村两委是略有动机但缺知识、能力和思路，大多数村民是动机和能力都欠缺，而村两委和村民之间，也基本是各行其是，互不干涉，没有建立互动的渠道和机制。乡村内部的主要力量在乡村建设上的意兴阑珊，这背后更深刻的原因与城乡二元的体制和观念有关，与基层政权的悬浮化有关，也与村民自治的不彻底有关，更与国家与社会之间权力关系的某种失序有关。

村两委主要是对上负责，不太关注村民的需求和意愿，与村庄公共利益有关的决策也不太征求村民的意见，村民没有多少民主实践的机会，自然也就没有乡村建设的意识和能力培育的土壤，这样村民就越来越没有村庄主人的意识。留在村里的村民的生活重心就是过自己的日子，他们会默默地看着村里发生的一些变化比如村路在修、墙体在出新，但觉得那是干部的事情，和他们关系不大。如果铺水管、修路需要招募村民去干活，他们只是把它当作一次挣钱的机会，一种市场经济行为，而没有参与乡村建设的公共意识。也有勤劳创业的村民，但是他们的能动性主要体现在为自己的小家奋斗上而对周围村民的带动性很小。因此，芦荡村乡村建设中的内生力量——村两委和村民都没有成为乡村建设的主体力量，但还是有村两委为了完成工作任务、村民为了发家致富这样的动机下做出的客观上有利于乡村的治理行为和经济行为。

由于芦荡村的产业不旺导致自治人才流失，村干部知识老化不懂得如何自治，留守村民民主意识差等原因导致该村的村民自治比较虚化，而自治虚化与村两委的行政化又相互促进，因此应该提高村民的组织化程度。贺雪峰认为农民的组织化是当前乡村建设的根本，事实上农民的组织化程度直接影响到他们在乡村建设中的产出绩效和受益程度。那么以55~80岁的老人为主要人口的芦荡村，真的没有组织起来的希望了吗？既然农民不是天生自由散漫、有私心无公心，村民们在民工潮到来之前还有被组织起来的经历，村内

第三章 乡村建设的内生力量

传统的互助精神也没有消失，只要村两委能把集体经济发展起来，还是可以把村民组织起来的(只是目前的村两委能力较弱)。只要乡村有集体经济，出去打工的青壮年就可以回流，青壮年的回流必定激活乡村的社会资本和开启乡村自组织运行的枢纽。此外，市场经济影响下的理性经济人和有集体意识、被组织起来的农民可以并行不悖，这可以看天庄村的实例。

外在环境条件和芦荡村差不多的天庄村的乡村建设效果明显好于芦荡村，经过实地考察和比较研究，发现是一个年轻化的领导班子和一个致富带头人带领广大村民以合作社的方式发展有机农业与一个老龄化的领导班子、没有带头人也没有带领广大村民谋求组织化的经济发展之间的区别。天庄村乡村建设的成功充分证明了以农民为主体，依托集体主义的自助和组织化的合作推动乡村发展的重要性，从而实现了诺曼所说的农民政治上自决、经济上自救和生活上自助的良好局面。

市场经济影响着乡风，村民之间的关系有着利益算计的成分，但还是有祖祖辈辈流传下来的具有儒家文化底色的中国农民的为人处世之道即村社伦理——做事凭良心，不能让别人戳脊梁骨；礼尚往来，不能占人家便宜。此外，帮助贫弱、守望相助、尊老爱幼、讲究辈分，也有一定程度的保留，只是没有传统时代那么明显。乡村建设倡导的文明新风不等于让现代观念完全取代传统观念，乡土文化中有很多地方性的智慧、美德和做人做事的规范需要合理地保留。现在的乡土社会既保留着传统乡村的家庭农业、熟悉关系、礼俗习惯等元素，又因为村民流动性的增强带来了乡村社会结构的分化和价值观念的多元化(陆益龙，2016c)。为了让村民不至于在多元的观念裹挟中茫然无措，需要拥有一定的权力资源和物质资源的村两委在乡村精神文明建设中积极导入传统文化和现代文化中具有恒久价值的优秀观念，通过各种活动载体去影响村民，使他们形成新的惯习影响下的新的例行化行为，但是芦荡村的村两委在这方面存在明显的意识和能力欠缺。

第四章 乡村建设的政府及其委托力量

2005年年底召开的中央经济工作会议首次出现"我国总体上已经到了工业反哺农业、城市反哺乡村阶段"的论断，至此，政府开始向农村归还"历史欠债"，进行政策、就业、资金、技术、人才等方面的反哺，成为乡村建设中最强大的力量。

一、国家基建力量的进入

国家基建力量在本文中指的是以国家实力做后盾的、具有政治责任和经济使命的从事基础建设的中央企业的力量。青埭行政村范围内有不少地方政府投资的基础设施建设，但称得上国家基建力量之体现的大型工程则一个都没有，直到2017年3月，J市抽水蓄能电站在芦荡村附近的群山之中破土动工。

J市抽水蓄能电站工程体量巨大，依靠地方政府的力量是无力完成的，且工程惠及诸多城市和乡村，也适合由国家出面统一协调。工程建在J市临镇境内，总用地约5910亩，总投资约96亿元。依托音山湖和附近山体，将建成规模巨大的上下两个水库，其中上水库正常蓄水位267米，总库容1 744万立方米；下水库正常蓄水位81米，总库容2 035万立方米。此外还要建设6台22.5万千瓦单级立轴可逆式水泵水轮发电机组，以及上下水库、输水系统、地下厂房等建筑物。该电站是央企——国家电网公司的重点工程，是国家电网深化供给侧结构性改革和落实多项国家发展战略的重要举措。电站建成运行后将具有近双倍容量功能，能有效增强电网用电峰谷的调控能力，为

第四章 乡村建设的政府及其委托力量

B市及周边地区输送廉价电力，成为"西电东送""西气东输"、特高压交流电送端和受端电网的有力的电源支撑。在环保方面，电站的建成将减少M省电网煤炭消耗量，有利于缓解电力行业面临的二氧化碳、二氧化硫排放限制压力。此外，电站的建成也将带动乡村旅游和地方就业，上、下游水库建成后将形成人工湖等新景观，电站自身及其衍生的行业将提供约1 000个就业岗位，将持续带动地方经济的发展。

工程业主方是J市抽水蓄能有限公司，隶属于国家电网，承建方为中标的两家央企。2017年3月，水电六局进驻当地，开启了主变进风洞、主变排风洞、场内主要道路、施工供水系统以及废水处理设施等工程的建设。2018年4月，葛洲坝集团第二工程有限公司进驻芦荡村附近的大山，负责上下水库、输水系统、地下厂房等主体工程，合同工期约7年。2018年暑假，笔者在两个承建方的工地参观，看到工地黄沙漫天，工程车来来去去，开山挖洞，随处可见安全标语、工程展板、指示牌、活动板房，深切感受到国家基建力量的雄伟壮阔及其对于国计民生的重大意义，这样的资源调动格局靠基层政府和乡村自身是望尘莫及的。外部输血对内生力量不足的乡村是非常重要的，如何实现外部力量与乡村的良好对接，是需要在实践中不断反思和调整的。

承建方征地需要通过地方政府，从县级市政府到镇政府再到村委会，依靠科层体系的有效运行做好工程所涉及的征地工作。葛洲坝集团承建的工程需要占用周围村庄（主要在青埭行政村境内）的50亩土地，交给村民的租金为每年每亩600元，目前通过地方政府的协助，已与20户村民签订了土地租赁合同。水电六局也要占用青埭行政村的几个村庄的一部分土地用来打地基和接高压线，这也是水电站工程的一部分。因为掘地很深，对土地的损伤较大，所占土地会给农民一定的赔偿。此外，有不少电塔架在农田上，涉及青苗费，水电六局会请当地村干部协助解决赔偿问题。两个承建方需要征用的土地都涉及芦荡村的部分村民。

外部力量进入乡村搞大型基础建设必定会与村民的切身利益发生关联，经常涉及土地征用、铺路、修桥等事情，利益摩擦较多，一旦处理不善就会影响工程的顺利进行。抽水蓄能电站工程也遭遇了与当地的利益摩擦。葛洲坝二公司负责的主体工程周围有芦荡村和其他两个村庄，与这几个村的村民有不少利益摩擦。葛洲坝二公司的管理方在碰到摩擦的时候,不与当地村庄接触,而是通过J市的市政府解决问题,市政府再敦促镇政府处理,完全走科层体制的路线,不仅解决问题的效率较低,还得不到当地百姓的真正理解,其实这不利于葛洲坝二公司在这里的长期施工。与之相对应,水电六局在当地设立了综合事务部(如图4-1所示),其中一个主要工作就是协调与当地村庄的关系,主动与当地融入,丝毫没有央企的大牌和傲慢。综合事务部的李部长告诉笔者这个有公共关系性质的职能部门本来是没有的,是基于公司以往在各地做工程遇到很多与当地接触的经验教训而设置的。水电六局在周边做了很多公益活动,比如在七一建党节当天给青埭行政村的困难户送粮油,平时还去慰问工程附近几个村的困难户,送钱送物,还去临镇敬老院慰问老人,送生活用品。水电六局与当地村民发生纠纷时,直接找村干部协调解决,村干部作为最熟悉村庄情况和村民性情的半个"公家人"基本能把事情处理得快捷有效,这样也可以加深水电六局与当地社区的接触和了解。水电六局和葛洲坝二公司作为国家基建力量的代表进入乡村社区,也是一个现代的组织类行动者如何面对一个相对传统的地方社区的问题。这两家公司采取或疏离或融入的姿态和行为,直接影响到乡村社区对他们的接纳程度以及工程进展的顺利程度,他们也就与地方社区发生了不同性质和效果的互动。

图4-1 水电六局驻地

据媒体报道,国家资源下乡的过程中经常遇到被当地村民借机揩油的现

第四章　乡村建设的政府及其委托力量

象,凸显了部分村民缺乏公共意识的、自私自利的"无公德个人"特点。阎云翔认为,私人生活的自由与公共生活的限制,最终会导致"无公德个人"的出现。其中,私人生活的自由在市场经济和消费主义文化的影响下强化了人们的逐利性,而公共生活被限制后直接导致人们公共精神的缺失并越发陷在自我利益的深水里。蓄能电站工程同样遇到了类似的情况。水电六局在拓宽道路的过程中,在装饮水管道的时候,不小心损毁了几户村民的树、玉米、红薯等作物,有村民就狮子大开口,要价远高于国家补偿标准,有村民不满足其要求就不给施工,也有村民责怪施工方把路压坏了,要求补偿。水电六局施工的时候有时要放大炮,附近村民饲养的鸡鸭鹅猪受到了惊吓,村民以鸡不下蛋为由要求水电六局给予赔偿。水电六局在芦荡村附近施工,要清村民的坟,有村民被清了2个坟却索要4个坟的钱,钱不到位就不许工人施工,用当地话说就是"扒住门框子凶"。水电六局补偿了几次,还是有闹事的村民。虽然讲理的村民占多数,但不讲理的村民制造的麻烦已足够困扰施工方了。罗尔斯认为,对最不利者也就是弱势群体适用"差别原则",但这种差别仅限于给予一定的利益倾斜和照顾。弱势群体不是自己宣称的,而是有客观的衡量标准,"弱势群体"称号更不是可以无度索要、干扰正常的生产生活秩序、违法乱纪的挡箭牌。一味地推动资源下乡,却没有与之配套的公共规则建设,这会导致资源被不当分配和使用,将严重削弱资源下乡的绩效,也不利于增强国家对地方的动员能力(狄金华,2015:316)。所以,施工单位作为行动者,面对不良风气,要坚持原则,以政策和法律为武器去处理矛盾纠纷。此外,联产承包责任制实施以后,由于缺少家庭之间的合作和共同利益区间,人与人之间的联系大大减少,村社共同体也随之解体,同时造成村庄舆论监督功能的弱化,使得"无公德的个人"横行,部分村民离精于算计的理性小农越来越近,而离互助仁爱的道义小农越来越远。公共规则建设、公德意识培养是需要的,但如果在具体的制度设计上能遏制人的私心即"好的制度能让坏人变成好人",则会更快更好地达成目标。例如贺雪峰提出国家不要直接让资源下乡,而是要通过一事一议、民办公助、以工代赈等制度化的方式把农民组织起来,将村民个人的利益与村社集体的利益统合起来,在农民投工投劳完成了项目落地的基础条件时,国家资源才下到村里来,在这个过程中形成

· 119 ·

村庄里的公共意志来约束每个人的行为(贺雪峰,2017)。这说明不同行为的效果是不一样的,用制度的形式把好的做法固化下来是很有必要的,而什么才是好的做法需要做到兼顾个人利益和集体利益,引导人性向义利兼顾的方向发展,而这样的素养需要乡村文化建设去熏陶,只限于表面装饰的文化建设是无法达到这样的目标的。

两个施工单位给当地带来了前所未有的就业机会,但工钱并不都是施工方说了算,有时也会被当地农民反制。由于工程浩大、工期紧张,水电六局需要400个工人现场施工,葛洲坝二公司需要800个工人现场施工,他们带来的工人不够,需要在当地招工200人左右。尤其是葛洲坝二公司需要在这里待7年,工程结束后也需要人员看护,这给当地村民带来了更长久的工作机会。此外,两家央企的1200名工人产生的生活垃圾也需要专人运输、处理,这给当地村民带来了转运垃圾的工作机会。据笔者了解,两家公司的工人生活区每个月需要运10次垃圾,每次运费300元,已经有两个村民一起争取到了转运垃圾的工作。随着工程的推进,进驻的施工人员越来越多,生活垃圾也越来越多,每次运垃圾都更费时间和精力,这两个村民就跟葛洲坝二公司的后勤部部长申请增加劳务费,遭到拒绝。但是水电六局综合事务部的李部长已经同意他们增加劳务费的诉求,因为他与村庄打交道较多,熟人不好驳面子,每个月的运费从3 000元涨到了5 000元。这两个村民都识文断字爱看新闻,两人商量好要用施工过程中不能污染环境的制度规定作为谈判砝码向葛洲坝二公司施压,说要给环保局打电话反映他们施工过程不环保,事实上施工现场的确尘土飞扬、施工废料随处可见(如图4-2所示)。葛洲坝二公司一听就慌了,立刻把劳务费从3 000元涨到5 000元。在这个案例中,充分体现了村民策略性地使用公共规则为自己谋利的主观能动性,可见规则不都是约束性的,也有使动性的。比较遗憾的是这两个村民并不是出于保护环境的意愿去搬出环保制度,也不是出于对法律的尊重去监督企业的违规行为。

不过通过这个事情,施工企业意识到了环保问题,出于理性的考虑,他们开始想办法减少原来施工的野蛮程度以减少被举报的风险。这里面体现了村民和施工企业这两个行动者之间的互动博弈,双方基于理性的计算形成了某种利益交换以及在环保方面的监督与被监督的关系,虽然没能维护法律的

第四章　乡村建设的政府及其委托力量

权威,倒是在客观上促进了当地环保工作的改善。吉登斯的结构二重性理论认为结构是行动的媒介和结果,这里的行动可以是单个行动者的行动,也可以是不同行动者的互动。村民和施工企业的互动属于后者,两者的互动必定会对工地所在的地方社会产生与现代性有关的影响,还产生了环保工作的改善这种吉登斯所说的"非预期的行动后果"。因为行动者的认知能力是有限的,在未被认知到的行动条件的制约下就会产生预期之外的行动后果,无论这种后果是好是坏,都会带来社会结构上的一些变化。

图 4-2　葛洲坝二公司的施工现场

国家工程下乡给当地人制造了很多就业机会。葛洲坝二公司在附近村里招临时工,月薪 4 500 元,另有 500 元伙食补助打到饭卡上,免住宿费和水电费。很多村民闻风而来,只要年龄在 50 周岁以下、身体健康的男性都能被雇佣。笔者在芦荡村就碰到几个在葛洲坝二公司工地工作的中年男子,他们穿着企业发的红色工作服,神气地在村子里走动;他们每天在固定的时间出村、固定的时间回村,完全按照企业的作息制度活动;他们带进乡村的不仅有央企发的劳保用品,还有关于央企的制度、理念和自己经历的或者看到听到的现代企业发生的事情的谈资,这是以前的乡镇企业和现在已不多见的乡镇私营工厂所不能给予的。长此以往,他们的行为方式被现代企业形塑,人格气

· 121 ·

质也就慢慢地被注入现代人的气质，而这几个村民的现代气质也会慢慢影响到他的家人、邻居以及他活动区域里的人们，这里体现了人被他工作的环境影响，再去影响他所生活的环境的"宏观—个人—宏观"之间的循环作用关系。当然，在城市工作的农民工在回乡的时候也会带入一些现代气质，但他们回乡的次数太少、时间太短，其影响村庄的程度与在当地大型企业工作的村民无法相比。英格尔斯通过跨文化的实证研究发现，对个人现代性起较大影响的因素包括教育、工厂工作经验、大众传播媒介、农村合作社、家庭环境等，由此可见驻扎在乡村的现代企业对乡村现代化中人的现代化所起的促进作用。现代性因素在进入农村之后，势必会慢慢重塑村民的价值观，也会重建村民行动的结构性条件。乡村的现代化只靠乡村自身的力量是不可能实现的，必须依靠国家、企业、市场甚至全球化的力量。此外，驻扎在乡村的现代企业通过与当地村庄中的村民和村干部在特定事务上的接触和互动，可以把较新的知识和资讯、契约精神、规则意识、现代的思维方式和处事方式等导入乡村，与乡村社会既有的有生命力的村社伦理相融合，推动村民素质现代化水平和乡村社会整体上的现代化水平的提高，这也是乡村建设中的一个积极因素、希望所在。

二、政府资源下乡

进入 21 世纪以来，我国工业的发展水平已经可以反哺农业，国家财政开始大规模向农村转移支付，为农民建立了覆盖广泛的新农合、新农保，为最困难的农民提供了低保和困难救助，努力改善农村的水电公路等基础设施和基本公共服务。除了政府直接输送物质资源甚至人力资源下乡，政府还购买了一些服务送入乡村。但是政府的资源下乡并没有完全获得预期的效果，从中暴露出政府各层级之间以及国家与社会之间的一些结构性矛盾。

（一）物质资源下乡

由于芦荡村村民大多是国家建造音山湖水库的时候搬迁出来的移民，政府给芦荡村下拨了水库移民专用资金，主要用来完善芦荡村的公共设施和民生工程，比如道路、沟渠、水电站、桥梁、图书馆等。

2017 年政府资源下乡的一个工程是给一个沟渠做 U 型沟，前前后后做了

第四章 乡村建设的政府及其委托力量

一年。原沟长期不用，有个村民占用了沟的一部分土地，在上面种了农作物。做 U 型沟的时候需要清理庄稼，让这个村民把土地让出来，他不愿意，除非给赔偿。公共精神缺乏且受市场经济影响的村民是不会为了公共利益出让个人利益的，不管个人利益的获得方式正当与否。不仅是芦荡村，中国其他农村地区的资源下乡也遭遇过类似的困境，那就是政府输送资源去造福的那方土地的乡民会借这个机会寻找获利的可能，有时甚至不惜破坏公共基础设施（如把修好的路弄坏、堵住路不让修）来实现个人利益。这是政府资源下乡遭遇的一个与当地"无公德的个人"有关的困境，以至于很多地方的村两委都在研究如何减少政府资源下乡过程中顽劣村民的纠缠。芦荡村也是如此。笔者曾经跟随村两委干部去过一个堵路现场，一共有 6 个村民把路堵了一天，不让修路的车子通行，说被修路的工程队侵占了土地、损失了庄稼，最终目的就是多要一点补偿。双方争执半天，还是以镇政府妥协了事。这说明资源下乡需要配套的乡风文明建设，思考如何以项目落地为载体涵养村民的公共意识和法治精神，并传承乡村基本的伦理规范和仁德本性，当然这需要基层政府以公共规则和村社伦理为依据去处理事情，而不是只管"灭火"、息事宁人而伤害了公序良俗。

资源下乡还有一个困境，就是贺雪峰所提出的资源下乡需要辅之以农民组织能力的提升，否则只会强化农民的等靠要思想，还让农民有了利益争夺和离心的机会，更加削弱了他们之间的联结程度。国家可以为农民提供基础设施和公共服务，但国家很难解决从国家投入到农民需求的"最后一公里"问题，这主要不是工程问题或国家投入问题，而是农民组织化程度不够的问题。比如在修路问题上，对于胡搅蛮缠的少部分村民，就缺少农民自己的组织通过内部惩戒机制来制止他们的不当索取行为。原子化状态的村民是不愿意多管闲事的，这样村民们想要享受到宽阔平整的公路之类的公共需求，就会遭受少数村民的干扰，国家也会付出更高的成本。另外，政府资源下乡在芦荡村以及各地乡村基本都会出现这样的群众反映："那个工程是政府搞的，跟我们没关系，也不知道有什么用。"这说明国家在向农村输入资源的时候仅仅是把东西送到农村，而没有与当地人的需求发生连接，没有让自上而下的转移支付与农民自下而上的需求表达对接起来。而要实现这样的需求对接，需要通过一个中间环节——村两委。政府应该把一些资源交给村两委支配，而不是全部通过项目下到乡村，这样村两委就可以让村民表达利益需求、参与工程项目，从而加强村两委的权威，加强村民与村两委之间的联系以及村民之间的联系，也就可以减轻村庄的原子化程度。

可见，国家作为资源下乡过程中的一个外部行动者，其行动的效果受制于当地的结构性条件，也就是当地村民的道德水准、村民的组织化程度、村两委的悬浮化（缺乏权威和资源）程度会影响资源下乡的效果。

（二）人力资源下乡

J市政府目前输送下乡的人力资源主要就是第一书记。第一书记是指从各级机关优秀年轻干部、后备干部，国有企业、事业单位的优秀人员和以往因年龄原因从领导岗位上调整下来、尚未退休的干部中选派到村（一般为软弱涣散村和贫困村）担任党组织负责人的党员，主要职责是帮助建设基层组织、推动精准扶贫。从J市整体来看，派驻下去的第一书记基本都不驻村，基本都继续留在原单位工作，只是逢年过节的时候会来村里给困难村民发点慰问品和慰问金。不少中西部省市对第一书记进行了规范化管理，明确了工作内容、工作纪律、权责边界和考核制度，对表现突出、群众满意的第一书记优先提拔使用，对作风浮漂、消极被动的第一书记要实行诫勉谈话甚至召回。但在J市，基本没有把第一书记作为脱贫攻坚的重要力量，也没有严格的考核制度，只要年终交个述职报告就可以了。

青埭村党支部书记告诉笔者第一书记的工作主要是扶贫，包括产业扶贫，帮助村子引入建设项目以产生村级经营性收入，以及对村级建档立卡困难户进行跟踪式的精准扶贫。不过这只是文件上的，实际做的事情比这个简单多了。J市政府选派了市新闻中心的一名业务骨干担任青埭行政村的第一书记，笔者问了一位资深村干部这位第一书记都做了哪些工作。她说这个第一书记基本是挂名的，与村里没有多大关系，一年来不了几次，每次待几个小时就走，几乎没有村民认识她；她的主要工作就是重阳节、春节的时候带慰问金上门发给村里的特困老人。比如2017年重阳节，她代表新闻中心给青埭行政村的14位特困老人每人发了200元慰问金；难得有大走访之类的入户走访活动需要她待在村里的时间长一些（不超过一个工作日）。当然不是她一个人如

第四章 乡村建设的政府及其委托力量

此虚以应对,很多富裕地区的第一书记的工作方式都是如此。

由于青埭村的第一书记来自新闻中心,青埭村也就成为上级派给新闻中心"惠民大走访"任务的联系单位。2017年5月的一天,这位精明强干的80后第一书记带领新闻中心的一行人去芦荡村附近的东青村进行"惠民大走访"入户访谈,笔者也加入其中。通过一家一家走访,村民们反映了很多问题,例如村内的水泥路坏了导致很多老人跌跟头,污水处理不到位,种田的地方没有机耕路,粮食价格太低,荒田太多没人种,3米宽的路没有会车点,村里路不好走且反映多次无果。对村民们反映的问题,第一书记和村干部只是现场记录下来,并不承诺一定会合理解决,对于村民的苦恼和认知盲点,第一书记也没有太多的说服劝导的耐心和技巧。这次大走访要求把一个村子承包下来去入户调查,点对点,人对人,第一书记要给走访的每一户农民自己的联系卡片,还要写民情调研日记,看起来要做的事有点多,其实也就是上交的材料比以前多一些,实质上对当地状况的改进并没有多大。村民们大多认为以前的"百村万户大调查"和现在的"惠民大走访"都是形式主义,解决不了什么问题。

自2015年中共中央组织部、中央农村工作领导小组、国务院扶贫办下发《关于做好选派机关优秀干部到村任第一书记工作的通知》以来,各地对第一书记政策的执行程度不一,体现了政令的统一性和地方过程的复杂性之间的张力,在相对困难和行政作风比较务实的地方,政策执行得较为到位,有的地方则是形式主义的变通执行。有的地方的第一书记,长期住在村里,想方设法吸收资金、技术和人才,整合资源,帮助村民发展新型农业脱贫致富,还与当地村民建立了深厚的感情。比如央视在2018年三八国际劳动妇女节特别节目中表彰的特别能吃苦、干实事的派驻西部贫困乡村的第一书记杨修凯。但是,在农村困难问题不太突出、城镇化更受追捧、乡村发展不太受重视的J市,第一书记的设置总的来说偏于摆设。青山村第一书记工作形式主义的特点与其本人的职业素养和道德品质没有多大关系,而与当地的经济社会发展水平、地方文化心理以及J市乃至B市行政系统的行政文化、治理风格等结构性因素有关。

三、政府委托的社会力量的进入

面对社会管理的方方面面，政府拥有的公务员队伍不可能具备所有的专业知识和技能，政府更没必要对一切社会事务大包大揽。适当地购买社会组织的服务，既能激发社会活力，也能减少政府的人力成本，还能满足老百姓具体而微的各种需要。进入芦荡村的政府委托的社会力量也就是政府购买的服务的提供方，目前都来自城市，有F市、N市以及J市的社会组织，其中有的是企业，有的是非营利组织。近年来，政府开始放手让更加专业化的社会组织来做一些项目，体现出政府与社会的合作可能，但是合作的次数和效果都还有待提高。芦荡村目前得到的政府购买的服务主要有以下几类。

（一）道德讲堂

临镇政府委托了位于J市城区的一家名为"蓝天社会综合服务公司"的机构到各行政村开设道德讲堂，主讲国学，尤其是家庭伦理，比如仁爱孝亲。道德讲堂不定期举行，一年大约有6次。这家机构是一家非营利组织，道德讲堂属于政府外包项目，有合同约束。笔者凑巧赶上一期道德讲堂。蓝天公司派出的讲师小赵主讲这期讲座，她的讲座借助PPT演示和视频播放进行，内容是关于孝道的（如图4-3所示）。她的表述比较简洁，比如什么是孝？她的解释是"用嘴说出感谢，用情传递感激，用心表达感动，用行回报感恩"。她的教学方法主要是以事说理，倡导"身边人讲身边事，身边人说自己事，身边事教身边人"，能联系村民的生活来讲做人的道理。例如，针对农村婆媳关系普遍不佳的现实，她抓住农民的面子心理，传达了"媳妇好，自己有面子，也被人羡慕"的理念，进而倡导包容理解的婆媳关系。课后小赵告诉我，给农民讲课就要以事说理，以情动人，不能光讲道理。除了以事说理，她还亲自演唱了一首歌《懂你》，讲了一位模范儿媳孝顺婆婆的故事，朗诵了一段《孝经》。她还播放了潘长江的小品《洗脚》的视频，让大家讨论这个小品的内涵。最后，她发起承诺：弘扬孝道、赡养父母、尊敬父母、遵纪守法、遵守社会公德、共创和谐社会。结束时，一位跟随讲座老师的志愿者，也是一位60岁的文艺积极分子，给大家演唱了歌曲《常回家看看》，既与这次的讲演主题相照应，也增加了这次讲座的娱乐性。然后，小赵代表服务委托方——临镇政

第四章 乡村建设的政府及其委托力量

府给每一位到场的村民发放环保袋,袋子上面写着 24 个字的社会主义核心价值观以及"创建全国文明城,争做文明 J 市人"的宣传标语。老百姓拿到袋子都很高兴,既有实用性,也能感受到政府对他们来听讲座的谢意,政府的精神文明建设和文明城市创建工作也借环保袋得到了一定的宣传,从而建立了政府与民众之间的某种互动与互惠关系。

图 4-3 来听讲座的多为老人

虽然道德讲堂的现场很热闹,但农民们并不是得到消息自发前来观看的,而是被动员来的。农民由于长期缺乏公共生活,已经失去了参加集体活动的意识,而观看道德讲堂是临镇政府以行政指令的方式下达给各行政村的工作任务,于是村两委就给各自然村下达了每村出两个人来观看的指标。这次讲座整个行政村共来了 30 人,基本都是老人,因为讲座在工作日,在附近上班的(多为四五十岁)村民没法到场听课,而他们是最应该接受孝道教育的。此外,老人们听了讲座也不会向子女传达讲座的内容,一是因为表达能力所限,二是因为在新的知识、技术、信息、思想的冲击下,农村老人的权威已经不比以前,子女们普遍不愿接受长辈的训导。所以,组织者应该切实考虑农村的人员集聚情况,在周末举行这样的讲座,而且一年 6 次的频率是远远不够的。这样的讲座对精神生活比较匮乏的乡村来说是很需要的,其接地气的讲课方式和贴近生活的讲课内容也是适合农民群体的。道德讲堂讲得好有助于讲文明、树新风，遗憾的是在组织方式上并不能影响到更多的人，每天重复度日的老人们听听这样的讲座还能见到更多的人，道德讲堂在教育功能之外还发挥了一点社交功能。在如何改进方面，道德讲堂作为儒家文化的当代理解和传播平台，应该依托乡村内生的乡村自组织而存在，以补充村两委体制在组织上的欠缺。此外，道德讲堂至少半个月要举行一次，还要覆盖乡村所有年龄层的人，尤其要用传统的家族伦理原则和乡村舆论来规训那些对老人不孝的人。

(二) 防灾减灾

2017 年是我国第 9 个防灾减灾日，一家非营利组织——F 市安心综合减灾服务中心，在 5 月 10 至 18 日期间，受地方政府委托，在 M 省多地举办了多场防灾减灾宣传活动，活动采用了地震应急救援演练、互动体验、知识抢答等多种形式。

2017 年 5 月 12 日上午，受 J 市民政局委托，F 市安心综合减灾服务中心在青埭村历史文化展示中心举办了一次 5·12 防灾减灾宣传活动。这家机构首先给所有来现场的村民发了一个餐巾盒，机构的组织文化写在餐巾盒的盒身上。具体包括：组织使命——让安全成为一种习惯；核心价值观——崇德向善，精益求精，与众不同；服务理念——做您身边的安全辅导员；美好愿景——安全记心间，幸福每一天。通过该机构的组织文化表述，可以感受到这个机构的正规性和专业性，在价值追求和技术追求上都紧紧围绕"安全"二字。受理解能力所限，村民们对这么文雅的企业文化表达没什么感觉，也领会不到其中的安全乃生命所系的意涵，抽纸用完了随手就把盒子扔了，可见外来文化缺少内在的消化机制也无法起到更新观念的作用。

这家机构搬来了先进的电子触屏设备，让村民点击了解防灾减灾知识，还安排了游戏活动让村民强化安全意识，还有交通标志连连看、安全飞行棋、酒驾模拟、速记往返等游戏项目。村委会让各自然村小组长找本村村民来参观和体验，一开始来的村民都是被安排来的，后来随着活动的开展，越来越热闹的气氛吸引了不少附近村民的加入，最后共有 80 多人参加了这次活动。事后大家都说通过亲自体验比听人说教印象更深。不过这样的活动以后没能持续开展下去，印象再深也淡了，可见政府购买的有价值的社会服务应该具

第四章 乡村建设的政府及其委托力量

有可持续性。

村民不太能理解安全的深意，因为没有大难临头的经历，但是政府必须要防微杜渐，借助社会组织的专业力量，潜移默化地培养村民的安全意识和技能。安全教育是一项只有起点没有终点的工作，而且对安全教育重视的背后往往是一桩桩以生命或财产为代价的血泪事故。这次活动是城市的先进技术和知识流入乡村、滋润乡村的一个典型案例。在这个机构的帮助下，村两委还在2017年成功申报了国家级综合减灾示范社区，得到了市政府的通报表扬。在这个案例中，可以看到政府购买自己提供不了的专业性的社会服务，可以更切实地帮助村庄加强某方面的能力。令人称道的是，这种帮助不是直接的硬件赠送，而是观念、知识和方法上的安全教育，而安全意识到位才能真正做到防微杜渐。遗憾的是政府购买的这项服务并没有能持续开展下去，未能形成长效机制。

(三) 测绘

J市政府购买了一项测绘服务给青埭行政村，做集体资产清查工作，服务提供方是N市的一家测绘公司，这家公司还是省地质调查研究院的下属公司。笔者在村委会大院的一间办公室里看到了他们的工作过程。公司派来2名技术人员，随身携带的电脑里装着卫星影像软件，他们的操作过程极为专业，技术门槛很高。各自然村小组长按照事先约好的时间依次来办公室协助测绘人员对照卫星地图，确定本村集体资产所在的明确地界，包括田地、河塘、山地、厂房等等。我发现在他们合作的过程中，小组长们对很多情况模棱两可，尤其是历史遗留下来的资产边界问题，但他们懒得花力气去核实，只是说着"差不多就行了，我还有别的事呢"，催促工作人员快点完成，对当地情况一无所知又想把工作做到位的工作人员这时只有摇头叹气的份。自然村小组长因为缺乏激励工作敷衍是一方面，另一方面的确有一些复杂的历史遗留问题导致确权模糊。

这次清查项目是上级政府层层交办下来的，各自然村的小组长们和测绘人员都不知道这次土地清查有何目的，测绘人员只是做专业的技术活，没什么可抱怨的，村小组长们对于这项确权工作却是叫苦不迭。小组长普遍比村两委干部在干公家活时怨气多，我了解到一个主要原因是他们的工资是一个月 500 元，村两委干部是一个月大约 4 000 元，这严重挫伤了他们的工作积极性。来现场配合确权的村组长都跟笔者说土地确权和资产清查之类的工作是劳民伤财，意义不是很大。笔者后来进一步了解到农村土地资源能否合理使用事关乡村建设能否顺利进行，在"三权分置"的前提下，厘清土地承包权、使用权、经营权的分离方式，是一项基础性的工作，这样才能盘活土地资源，实现土地的资本价值。在党的十九大提出乡村振兴战略之后，将会有更加灵活的土地政策出台，所以土地确权是很有必要的，资产清查也是为了明确集体资产的存量以为进一步的乡村开发与经营做准备。上级政府布置的任务并不是无意义的，只是处于科层制度下，每个层级都是分工中的一个链条，都不太明白自己的工作和整体的关联。越是基层的工作人员越是如此。所以基层办事员认识不到自己工作的价值所在，加上村长认为自己报酬太低，往往草草应付，在和政府委托的社会组织合作的时候也不会积极配合，更不会努力想办法把事情做好。政府花了大价钱购买了社会服务，却在和当地乡村进行服务对接的时候缺少了自然村小组长的充分配合，从而让服务效果大打折扣，这也是社会力量参与乡村建设过程中遇到的结构性阻力——村组之间权利义务关系不对等导致的工作态度敷衍，以及科层制自身局部与整体相割裂的缺陷影响了政府所购买服务的效果。

  政府作为公共服务部门，它能提供的服务种类和市场经济条件下林林总总的社会组织能提供的服务种类是无法比拟的，而老百姓的需求是复杂多样的。"专业的事交给专业的人去做"才有利于政府精兵减政和高效服务。官方委托的社会力量进入乡村，服务乡村某方面的需要，是政府职能转变的一种体现，有助于培育社会内生力量，只是这样的服务目前还不是很多和很持续，也没有得到村组一级的有力支持，也没有与村里的其他工作有机整合起来。

  官方委托的进入芦荡村的社会力量里面没有专业的乡村建设机构比如中国乡村建设院之类。专业的乡村建设机构作为社会企业①，能够为乡村量身定制规划设计与落地实施，提供系统性、整体性的乡村建设解决方案。当地政府并不知道有这类机构的存在，M 省目前还没有一个村庄引入社会企业提供

---

① 社会企业是旨在解决社会问题、增进公众福利，而非追求自身利润最大化的企业。

第四章 乡村建设的政府及其委托力量

的专门的成套的乡村建设方案，这与 M 省地区重城镇化建设、轻乡村建设的治理导向有关。在 M 省，已有的乡村建设很少有民间力量的参与，大多是政府主导下的基础设施建设和卫生环境打造。很少有基层政府采购成套的乡村建设服务，也并非理解其重要性，这相当于帮村庄搭建了一个可以自动良性运转的体系，大多数村庄都是被动地接受基层政府购买的不成体系且不可持续的社会服务的。购买的服务之所以不成体系，是因为很多公共产品政府没有能力提供，能够提供丰富的成体系的公共产品的社会组织却因为现行的对社会组织偏于管制的管理体系而失去成长的机会。此外，政府购买的服务不可持续则与各层级部门对政府购买服务的目的和意义未达成共识，以及地方政府对所购买的社会服务的合同管理能力和绩效评估体系不到位有关。

四、村民公交难题的意外解决

村里不少老人请笔者向上面反映 B 市区通到芦荡村附近的 502 路公交班次太少，也没镇内公交，出行很不方便的问题。事实上 B 市的公交非常惠民，只要 1~3 元，享受很多财政补贴。笔者和 502 路公交司机交谈后了解到 502 路公交隶属海天集团这个股份制企业，不如公交总公司实力雄厚，只有早晚两班车享受财政补贴，其余都是市场化运营。出于成本考虑，海天集团只愿意把终点站放到小宜庄部队，而不愿意放到还需要再行驶 10 分钟的东城监狱。东城监狱经过与海天集团协商，每年额外给 3 万元，海天集团才愿意每天派 3 个班次的车开到东城监狱，但不可能把路线延长到离东城监狱 5 里路的芦荡村。村里不通镇内公交，村干部多次向镇政府反映，人民代表大会上也被提过多次，但都没有得到解决。因为村里 90% 的人家有电动车、电动三轮车和摩托车。很多老汉开电动三轮去集镇，不过 75 岁以后就不开了，女性老年人不会骑电动车的居多。没有交通工具、需要坐镇内公交去镇上的老人只有少数，这样公交车就会经常放空车，成本太高了。J 市本来的经济状况就不如 B 市的其余县级市，临镇的经济也不繁荣，加上分税制改革后基层政府的财政支出压力剧增，所以镇内公交只有从镇上通到石头村的唯一线路(一天往返 8 次)以及到各村接驳点接小学生去镇中心小学上学的校车，不再增加新的线路。

这一带有部队和监狱，会有一些外来的探监的家属，军人也会有私人出行，公交班次又少，便催生了黑车市场。但是车多客人少，生意不好做，单靠黑车无法养家糊口，只能兼职做。黑车市场虽然不太合法，但政府默认了它的存在，因为黑车司机都是需要谋生的当地人。打黑车的价钱比市区打的还略微贵点，那些年纪65岁以上、不会骑电动车的老人（主要是老太太）去镇里买菜都得打黑车，来回就要40元，比一周的荤菜菜金还多，她们为此怨声载道。感觉到有道路缺公共交通的无奈，年老的村民和外来者、旅行者也都感到诸多不便，也限制了当地的经济发展，所谓"要想富，先通路"。这么多年村两委和镇政府都没有努力解决这一带的公交难题，乡村建设中最基础的交通问题悬而未决，其原因既有结构性的不利条件的限制，也有镇村两级负责人能动性的缺乏。

　　到了2018年7月的某一天，笔者突然发现东城监狱对面建起了一个有一排房子的公交站，打听了一下说以后每个班次的502路都开到这个终点站了，而且一天一共来回23个班次。虽然还没有通到芦荡村的公交，但这里到村子步行才25分钟，而且班次变多了，城乡之间往来比以前方便很多。笔者很想知道是哪些因素促成了此事，就联系了笔者在B市公交总公司工作的同学，他告诉笔者当地村民和镇政府没起什么作用，就是B市政府决定把502路转变成享受财政补贴的普通公交，以此作为一项市政府的"双拥工作"业绩，东城监狱也没有出钱，连原来每年给海天公司的3万元也省去了。笔者后来又在网上找到了一篇报道，内容如下。

　　2018年7月27日上午，在"八一"建军节来临之际，502路双拥公交线开始增车增班增点，延伸至小岷山公交站。至此，周边部队官兵和沿线百姓出行将变得更加便捷。

　　这条线路每天有4车15个班次，途中设置34个站点，串联起国防园、驻石头岗部队和驻小宜庄部队。全程约需60分钟，每班间隔90分钟。今年5月以来，在B市双拥办、B市运输管理处的关心支持下，加上东城监狱、驻小宜庄某部队的积极呼吁和帮助下，东城监狱专门辟出地方，新建了公交转运场和"小岷山公交站"候车室，为502路公交车的运营和百姓候车提供便利。

　　此次加密优化调整后的502路公交，将投入6辆中型城市智能化公交车，

第四章 乡村建设的政府及其委托力量

日发班次20班。其线路从B市区XX公交站到小岷山公交站，途径37个站点，行程34千米，班次密度由原来的4班增加至15班。同时，增设劲旅东站、劲旅西站、小岷山公交站（东城监狱）三个站点，终点站为小岷山公交站。另外4班直达临镇街区，全程票价2元。

据悉，优化调整后的502路，将极大改善监狱武警、干群和沿途部队、群众的日常出行需求，对B市西南片区的公共交通格局起到了积极的推动作用，也为B市"八创双拥模范城"增添一抹亮色。

由新闻可知，促成此事的几方力量为B市双拥办、B市运输管理处、东城监狱、驻小宜庄某部队，最终解决问题的是B市政府，没有民间力量在里面起作用，这说明掌握配置性资源和权威性资源的元场域中的行动者（市政府）在改变现状中所起的强大作用。民间力量也不是一点没有体现，但都是个人直接面对政府，是零零散散的几个当地村民打12345市民服务热线反映502路公交班次太少，缺少张静所说的组织化的连接百姓与政府的应责和代表机制，因此就不如体制内单位向B市政府反映问题并得到解决的效率高。所以要争取一项公共事业的成功落地，需要多方合力，以前没有促成此事，不一定是时机未到，而是各方力量的能动性没有充分发挥出来，如果不是监狱、部队和双拥办的积极呼吁，市政府的财政补贴也不会给502路，毕竟502路开通了十几年都只有很少的班次。从中还可以看到不同级别政府的资源调配能力差别很大，临镇政府至今也无力拨款给镇内交通，满足村民去镇上购物、去邻村走动的需求。这条双拥路线惠及的沿途百姓远远多于军人和监狱工作人员，村民们去B市区更方便了，所以村民们都很感谢村子旁边的相关单位给他们带来的便得。这条一天往返20次的公交路线虽然最初的动机是为了便利沿线的相关单位，但这些单位因为与村子长期相邻而处、时有接触且有共建任务，也乐见公交为百姓出行带来便利。这条公交新路线虽然主要为沿途监狱、部队等单位的通勤方便而设，但因为公交这一公共物品使用的非排他性和非竞争性而解决了困扰村民多年的出行难问题，也有利于促进城乡之间人员、物资的流动和乡村的发展。

本章小结

随着国家加大对乡村建设的投入，芦荡村及其周边地区也迎来了国家基建力量的雄浑挺进。国家造福乡村民生的意志和力量成为乡村建设的强大推手，鲜明地体现在 J 市抽水蓄能电站这一由国家电网投资、两家大型央企承接的大型水利工程的开工建设上。这两家央企与附近村庄发生着或积极或消极的互动，他们采取或疏离或融入的姿态和行为，直接影响了村庄对其的接纳程度。随着越来越多的村民在这两家央企谋得工作机会，参与企业工作的村民被乡村生活背景所塑造的习性对企业的员工管理会产生一定的影响，而参与企业工作的村民被现代企业所濡染的现代人格气质也会影响到他所生活的村庄，体现出现代企业与相对传统的乡村之间的互动，互动的中介则是在这两个空间之间来回切换的村民及其日常行为。国家大型工程在乡村的实施给部分村民制造了借机揩油的条件，这两家企业都遭遇了类似情况，且都采取了相对妥协的处理方式。国家向乡村输血的时候应该加强与之配套的公共规则建设，而不能以摆平思维有损当地的公序良俗。

国家资源下乡首先是物质资源下乡，但是因为缺少村里的组织化力量来对接，导致下乡资源得不到有效使用和切实满足百姓的公共需求，镇政府也没有给村委会一定的资源分配权以加强村委会的权威并使之成为国家资源下乡的对接机制。此外，J 市政府还派遣了机关部门的人力资源作为"第一书记"下乡以扶持当地经济发展和脱贫致富，但是没有规范的人事任用制度和考核制度，导致第一书记的工作流于形式，这与 M 省农村的贫困程度不高、乡村建设不太受重视的大环境有关。当地镇政府还委托了社会力量给乡村提供一些服务，但是政府所购买的社会服务非常有限且没有形成长效机制。其实不一定都要有政府委托，政府应该进一步释放民间的活力，引导和激励社会化的"三农"服务机构为乡村建设提供具体的成套的设计方案，借助更加多元和专业的社会力量振兴乡村，逐渐将一些事情交给市场、社会和农民处理。与此同时，政府应该适度放开，让社会和市场直接和村两委、村民打交道，借此培养村两委和村民的自治能力。只是这些做法在这个地区没有能够很好落地。社会力量在乡村建设中是有足够的服务意愿和能力的，需要改进的是

第四章　乡村建设的政府及其委托力量

当前不太理想的镇村级行政机构的治理盲区，盲区集中体现在缺少对社会力量成长的支持，以及缺少相应的辅助和配套机制来接纳社会力量，属于结构性问题。社会力量既包括经济组织，也包括非营利组织，此外还有介于私人企业与非营利组织之间、具有公益性和经营性的社会企业。这些丰富多彩的社会力量可以回应群众各方面的需求，既包括个人的物质、精神需求，也包括公共服务需求。与我国国情深度契合的拥有强大的资源动员与社会控制能力的强政府的存在是合理的，而且政府与社会、市场需要密切合作，为农村居民提供更好的公益服务、公共服务和经营服务，从而构建强政府、强社会、强市场的多元合作的服务模式。

困扰村民多年的公交难题的解决，得益于拥有强大资源配置能力的地级市政府推动完成的"双拥"工作以及公共产品的非排他性。公交难题的解决虽然是一件可喜的事，但也暴露出行政系统对村民需求重视不够、镇政府拥有的治理资源不足等结构性问题。

第五章　其他外来的乡村建设力量

芦荡村的外来乡村建设力量是多元的，除了国家、政府和政府委托的非政府组织的投入和支持，还有各种机缘作用下进入芦荡村的一家企业和一家公益组织，以及我这个长期驻村调研的人类学者。不过，笔者、水清农庄和西顿学园这三类驻扎在芦荡村的外来乡村建设力量在各自的实践活动中同样遭遇到了来自结构和行动者方面的困境。

一、驻村调查者的村史抢救

芦荡村的乡村建设目前较多体现在表面化的物质层面的建设，更为内在的注重提升人的文明素养的乡村文化建设目前还未见到。由于笔者长期与村两委打交道，在关系渐渐熟了之后，村干部们不时请笔者帮他们做些文字方面的工作。有一天，村书记问笔者能不能帮他们写点村史。我知道村史的价值很大，村史关乎这个村庄村民的整体认同以及个体存在感的彰显，而且要了解现在的村庄就要了解过去的村庄，因为历史造就了现在，现在很多问题的原因都可以到历史中找到线索，而把过去和现在弄明白了，未来的路怎么走也就更清晰了。而且，随着笔者在这个地方做田野调查的时间越来越长，笔者已经在参与观察之外，不知不觉地卷入了村庄事务，会经常被村干部和村民喊去做点事情，再加上笔者一直被民国和当代乡村建设知识分子知行合一的理想主义情怀所感召，就不知不觉承担下了这项抢救村史的乡村建设活动。但笔者只能做到自己能力所及的程度，毕竟自己不是历史专业的，而且能找到的文献资料也比较有限。

第五章　其他外来的乡村建设力量

现在的人类学社区研究都开始注重时间维度和空间维度的结合。对一个村庄研究而言，既要看到外在因素对它的影响，也要了解它内部的结构和历史。正如赵鼎新教授所说的，时间逻辑与结构逻辑，作为人类存在的两大基本逻辑，需要在历史社会学(历史人类学)的视野下统一起来，把结构叙事与时间叙事人为割裂，看上去知识增加了，其实智慧退化了[①]。在欧洲已经有乡村博物馆、村史馆这样的存在，那是给人们寻根以寻找灵魂归宿的，是为了反思过去以警醒未来的。创建了建川博物馆聚落的樊建川先生认为人类是靠记忆和累积经验成长的，因此要为了和平收藏战争(抗战博物馆)，为了未来收藏教训("文革"博物馆)，为了民族收藏传统(民俗博物馆)。在时间缺席的民族志中，我们无法形成村落变化的历史感和过程感，但若只有历史而没有民族志，一种时空结合的地方感也显露不出来，所以时间和空间这两个村庄研究的变量一个都不能少。

芦荡村的历史可追溯到现已被淹没在音山湖里的大小芦荡村，据年老的村民说好像已存在了三四百年，但是现在的芦荡村的起点则是1957年政府帮水库移民建造的几排房子。无论在原址还是在这里的岁月，都没有留下文字记载，那些鲜活的生命故事以及它背后的时代风云都无法寻觅，就像一切从来没有发生过。所以，趁老人们还活着，抢救他们记忆中的乡村历史很有必要。葛剑雄认为，口述历史需要先做的是保存记忆、保存历史，尤其对年纪大的人的口述，要赶快记录下来，至于记录下来后怎么研究和评价，先不要去管。因为没有记录的话，人去世了之后就永远找不回历史的踪迹了。本书的乡村历史抢救工作，也是出于记录先行的考虑，还没有到对史料进行比对、研究的阶段。

村庄的历史很少有专人编撰，地方志里也许有哪个村出过什么名人的记载，但是普通人的生命史就无从查考了。这个村子的历史，几乎没有可查的文字资料，连西山村民迁入的具体时间都没几人知道，牙桥人为何迁入倒是知道是因为长江发大水，具体年份则没几人清楚。与村里八九十岁的老人聊天，发现他们能记住的仅仅是自己一生的经历，对父辈的生活知道得很少，

---

① 参见赵鼎新教授2017年11月25日在群学书院永慕庐论坛上的讲演《时间性、历史与智慧》。

所以笔者的口述史研究最多只能覆盖最近的100年，无法追溯到更久以前，而且这100年的故事也不是平均分布，而是主要分布在老人们的青壮年时间段。在县志里只会记录一些出过名人（如将相、状元、大官）或者有不凡古迹（如千年古树、亿年化石）的村庄，大多数村庄被历史的烟尘掩埋。可以说，传统时代的草根（不识字）无史，普通人的一生宛如微尘，来去都无声息。其实对普通人生存状态的了解才能接近那个时代的真相，正如我们在中国古典小说对市井生活和人间百态的描写中才能整体把握那个时代的特点和走向，所以笔者非常珍惜这些流淌在普通人记忆中的历史。在欧美的一些乡村博物馆里陈列着过去的老物件或者旧书刊以供人亲近、怀想村庄的过去，中国的村庄则因为"文革""破四旧"而损失了很多老物件。村民受破旧立新观念的影响也不珍惜老物件，芦荡村的历史遗存少得可怜，现在连个铜板都很难看到，几个点缀在草坪上的石碾、石墩还是专门从别处寻来增添味道的。笔者只能指望在老人们的个人记忆中挖掘点历史资料了。

个人记忆是与集体记忆相对而言的。根据法国社会学家莫里斯·哈布瓦赫（Maurice Halbwachs）的集体记忆理论，集体记忆作为在一个群体里或现代社会中人们所共享、传承以及一起建构的事物，必须依赖某种集体处所和公众论坛并通过人与人的相互接触才能得到长久保存。原子化的芦荡村已经找不到可以激活集体记忆的公共空间，笔者所能寻访到的仅仅是一个个孤立个体的私人记忆。集体记忆的一大功能是对过去进行美化以释放现今社会给人的束缚感和压抑感，还有一个功能是为群体成员提供身心归属感和价值认同。芦荡村因为缺乏能激活集体记忆的公共空间，也就缺乏村庄的集体记忆，也就失去了集体记忆维系村庄共同体意识和安抚村民现实焦虑的功能。笔者对个人记忆的抢救工作刚好验证了James E. Young 提出的与集体回忆相对的"被收集的回忆"概念（collected memory），也就是发现个人记忆的本质是分散的、不完整的、需要进行收集的以及因人而异的。

当然，每一个被访者的个人记忆也不一定有多么可靠，会受其个人偏好和价值观的影响而选择性地记忆，但是当不同人的记忆相互比照，还是可以趋近真实的情况的，可以冲淡官方史学的单一叙述带来的视角的片面。传统史学几乎是统治阶级和精英人物的领地，口述历史则为普罗大众敞开了大门，

第五章　其他外来的乡村建设力量

从而让历史的表述有了多声部和更立体的呈现。芦荡村村民记忆中的历史基本都在中华人民共和国成立以后，新中国的历史不只需要官方的记录，也需要民间的记忆来补充，而且在普通人身上更能看到时代变迁与个人命运之间的深刻联结，也能对一些本以为毋庸置疑的表述和判断，多一些疑问和再探究。

个人记忆是个人对自己过去岁月的咀嚼与思考，如何思考与个人的思想观念体系直接相关，而个人的思想观念体系的生成不能取决于时代背景与社会结构。此外，老人们回忆往事的时间线并不是平均分布的，而是对自己青壮年时期发生的事情记得更清楚，而且青年时期的记忆对人生的影响更为强烈和深入。这正好验证了哈布瓦赫的一个观点即对重要政治事件和社会事件的记忆是按照回忆者的年龄尤其是年轻时期而建构起来的。

村里年纪最大的老人是 1926 年出生的顾百顺，他印象比较深的记忆在他的 20 多岁到 50 多岁之间（大概从 1948 年到 1982 年），这段时间对我们国家来说则是一段不凡的历程。其实笔者还想知道顾百顺先人的历史，可惜他能记得的很少了，家谱、宗祠这类的历史载体也早被政治运动冲掉了，何况这里的村庄的宗族意识远远弱于华南村庄。所以笔者能抢救的乡村历史是很有限的，仅仅包括几个有代表性的人物在 20 世纪 40 年代到 90 年代之间嵌入在时代洪流中的口述史。之所以说这几个人比较有代表性，是因为他们的年龄覆盖了村庄的主要年龄层，身份涵盖了干部和群众、移民和土著居民，经历涵盖了集体化时期和改革开放以后。笔者无法找到村史资料（没人写过），也无力挖掘所有人的记忆，但能稍微抢救几个人的记忆中的历史，从而对那些过去的岁月有一些亲近、纪念和反思。只是由于访谈对象的年龄不一样，经历不一样，导致他们记忆中的突出点各不一样，这样在他们的口述历史的内容上无法有比较集中的主题，但都体现出时代在个体身上雕刻出的命运轨迹，其间有结构与行动的互动、个人与社会的缠结。

（一）王三保[①]访谈——一个前大队书记的工作体会

王三保是 1952 年生人，高小文化，在本村同龄人中算学历高的。他在

[①] 访谈时间是 2018 年 5 月 11、13、16 日，地点是王三保的外甥家里。

1974年至1986年期间担任过两届芦荡大队书记，中间因为身体不好卸任了三年，这三年换了三任大队书记后，他又被群众推选为大队书记。他回忆道：

我当大队书记的那十年真是难啊，身体都搞垮了，因为当时农村处于转型期，从集体化到包产到户、交公粮，从土葬到火葬，从随便生到计划生育，每个新政策都直接触及百姓的根本利益。农民观念转变不过来，接受不了新规定，不服从干部。干部被群众骂，时时处在群众的对立面，工作难推进。以前多生一个孩子，罚款200~500元，没钱交的话就拆房子或拿走家里值钱的东西。除了完成政策规定的任务，还要处理各种群众矛盾，比如自留地、宅基地、邻居之间房子前后距离的把握，这家的牲畜吃了那家的庄稼，都是利益纠纷。但是因为大家都穷，哪怕是很小的利益都是寸步不让的，遇到不讲理的，很难做通工作。芦荡大队的情况还比别的大队复杂，外来人口多，有河南人、安徽人、牙桥人，风俗习惯和人的性格脾气都复杂一些。

做思想工作要看菜吃饭，投其所好，对方喜欢喝酒就跟他喝酒，喜欢抽烟就给他烟一起抽；还可以找共同的朋友调解，动用私人关系办公事，找中间人说和；对那些顺着来才行的人不要跟他语言对立，多说软话。

我做事比较公道，口碑不错，曾被评为乡优秀党员。对自己班子里的人，不提倡老换人，应该多谋事业少谋人，人都是差不多的，你给予信任、尊重、激励，他就会好好干。班子稳定了，干部们才会更团结，做事效果更好。

集体化时期村民的纠纷比包产到户的时候多多了。因为大家天天在一起上工，干多干少一个样，大家就都磨洋工。妇女们坚持凑一起聊天，聊男女关系、家庭关系尤其是婆媳关系，这个人说的话传到那个人的耳朵里，传话经常走样，惹出很多是非，经常有人打起来，给我增加了很多纠纷调解工作。后来分田到户，大家都去忙生计，自己田里的活都忙不过来，就没有什么时间在一起聊是非了。

我20岁时在N市学过钳工，当过班组长，所以后来在大队的石英砂厂当副厂长还是有经验的。村办企业在60年代国家是不许办的，70年代才允许。芦荡大队走在前面，60年代就有了社办厂，一开始是五金厂，后来慢慢有了胶木电器厂、砂轮厂、化工厂。那时候的社办厂搞得红火是因为有一个很能干、有魄力的带头人章超龙。当时有部队在村庄旁边搞靶场，他主动与驻军

第五章 其他外来的乡村建设力量

师长搞好关系，得到不少机会，开办了煤矿配件厂、砂轮厂、小胶木厂、小五金厂等厂子。当时的芦荡大队是远近闻名的富裕村。小五金厂后来被乡政府拿去装门面了，厂长由乡政府委派，厂子的利润归芦荡大队。70年代初是社办厂的最佳发展时期，当时整个M省农村都在暗暗地发展乡村工业，而中央当时是对社队企业喊"刹车"的。80年代公社解体后，有的社队企业就转型为乡镇企业。后来有人眼红章超龙，说他有经济问题，他接受完调查就离开了村子。其实他没犯什么大错，当时谁都没有办过企业，只能摸着石头过河，要允许试错，况且那时候制度也不健全。如果一开始有点错误就打击，就什么事也办不成，总结教训和错误，及时改正就行了。章超龙走后，厂子就渐渐败落了，再加上80年代军管会的靶场占用了农田和工厂的地盘，社办厂就渐渐消失了。

以上是王三保叙述他干部生涯中自己印象比较深刻的一些事情和感悟，令笔者充分感受到20世纪七八十年代农村的干部和群众所经历的乡村转型的阵痛，也看到了一个作为当家人、领头羊的村书记所经历的煎熬和成长。而集体化时期村民磨洋工、多是非以及社队企业先行者在制度不完善、人性有阴暗（嫉妒、穿小鞋）的情境下的艰难突围的情节则是笔者之前在文献资料中没有接触过的，从而使笔者更加重视面对面访谈对于历史细节的挖掘功能。

在村民普遍素质不高、组织化不强但服从权威的意识较强的乡村，乡村领头羊的存在对乡村发展的意义是非凡的。王三保告诉笔者，农村空心化之前，村里的领头羊还是有的，现在村里主要是各过各的日子的老年人，村干部变成了政府的办事员，几乎没有领头羊了。他认为以前的领头羊是德才兼备有公心、有威信的乡村精英，现在这种意义的领头羊已经很少见了，却出现了另一种意义上的领头羊——敢出头、敢去跟村干部闹以争取利益的"刺头"。只要有可能争取到好处，就会有很多人跟着他闹，甚至有些不想捞什么好处的人也会跟着一起闹，因为他们想借这个机会发泄对村干部的怨气（对之前某件事的处理不满意）。这种情形有点像古斯塔夫·勒庞所说的"乌合之众"，即个人加入某个群体行动中后，会放弃自己的独立思考而对群体唯命是从，群体的行为也会表现出排斥异议、极端化、情绪化及低智商化等特点，进而对权力机构形成群体压力。也就是说这种领头羊的资格不是用道德标准，而是用敢不敢出头作为标准，所争的利益正当与否则另当别论。这样的情况在中国很多地方的农村都可以看到。李晓斐在对河南一个汉人村庄的田野考察中发现，从旧社会到集体化时期，村庄里的"中心个人"同时具备会做人、公平公正、为集体利益考虑这几个特质；而到了后集体化时代的当下，公平公正、为集体利益考虑的特质越来越淡化，会做人的底线也开始遭受挑战，中心个人呈现出不择手段追求私利的痞子型人物的趋势（李晓斐，2016）。也就是说在当下的农村，无公德的个人盛行，能带领大家争取私利的刺头成为新型的痞子型"领头羊"，实在是对公序良俗的一种伤害，而这与当下略显僵硬的维稳思路是有密切关系的。贺雪峰在对全国很多地方的农村深入调查后发现，动不动就聚众闹事的村痞在"维稳高于一切"的治理环境下如鱼得水，干部们秉持"不出事逻辑"往往息事宁人，这样就会牺牲村社伦理和法律规定，导致乡村道德法律秩序的崩塌以及与之相关的发展的停滞（贺雪峰、刘岳，2010）。也就是说缺乏法治和村社伦理做后盾的维稳做法助长了乡村的"大闹大解决、小闹小解决"的无赖风气，使乡村原本具有公正感和公共精神的领头羊失去了存在的土壤。这说明了制度伦理的重要性即邓小平所说的"没有好的制度，好人也会做坏事；有了好的制度，坏人也难以做坏事"。为了社会的有序运行，维稳是需要的，如何维稳需要认清影响稳定的主要因素还是利益矛盾，而利益矛盾是可以通过制度化方式理性地加以解决的。

（二）刘敬安访谈[①]——土匪家族的特别故事

西山村民刘敬安把他的家族史对笔者倾囊相告，甚至他父亲、二叔被镇压的历史，也毫不避讳地告诉笔者，尽管他的妻子一直给他使眼色让他不要说。他觉得笔者能理解那个时代的复杂性，是非黑白并没有那么绝对。有一次，他给笔者讲了四个小时的家族史，以下是他的陈述。

我父亲有兄弟4个，他排行第四。我的二伯父是地方上有名的土匪。土匪不一定是坏人，二伯父义薄云天，侠肝义胆，快意江湖，摆平过很多江湖恩怨，有"仁义君子"的美称。他很受当地百姓爱戴，因为他到离家乡比较远的地方劫富，在自己的家乡济贫。二伯父有武功，带着一个有100多条枪的

[①] 访谈时间是2017年7月8、9日，地点是刘敬安放羊的路边。

第五章　其他外来的乡村建设力量

队伍，是地方武装，与当地政府和谐相处。当时草桥有黄、华两家地方武装火并，二伯父穿着长袍礼帽赶去调停。他无视两边的枪口，往中间一站，大喊"要打可以，先把我打死！"如此豪气干云，震住了众人，促成了两家和好。于是黄、华两家摆了20几桌酒席庆祝和好，并都拜到他门下。陈毅当年派刘团长去二伯父家住了一个多月，多次恳谈后，二伯父表示愿意投诚新四军，准备接受收编。二伯父的秘书王德发[①]收到新四军的信后，瞒着二伯父，独自一人到新四军那里说他愿意投诚，还编瞎话说二伯父不肯投诚。因为王德发的陷害，二伯父被新四军当作对立面，J地区的地方游击队准备杀掉二伯父，花了1年多才抓到他。那天二伯父一人去赌钱，没带随从，一个小分队在陆庄的一个赌桌上抓住了他。当天夜里二伯父就被游击队拖到山上砍了头。老三和老四把告密者打了一顿。解放后，挨打的这个人去告老大、老三、老四这兄弟三人的状。老四也就是我父亲，在家里被抓的，关了10天后，在1950年五一节那天被当作阶级敌人镇压了。老大没参加报仇，也没人命官司，也丢了性命，也在五一节那天被镇压。那天全国有一大批反革命分子被镇压，好多人去围观。我们乡被镇压了5人。老三侥幸没被杀，在牢里待了3年被放出来。

我父亲死后，母亲带着7岁的我和4岁的妹妹，改嫁到浙江，我姐姐被寄养在杨阿訇的母亲那里。根据精简下放人员的相关政策（1961—1963），我母亲、继父带着我们在1963年一起下放到芦荡大队。以前讲政治成分的时候，我和我的老婆孩子因为这个当土匪的二叔（他没得到平反），在村里受到不少歧视。虽然我的能力很强，但没有当干部的机会。直到80年代我开始借政策的东风发家致富，才找回了做人的尊严。

刘敬安和他的子女都遭遇到了基于血缘联系的周围歧视，从而产生某种罪恶感。西山村民因为是与刘敬安同一个老家村子移入这里的，而且跟他家都有点沾亲带故，这种原生性的情感超越了舆论环境给他家贴的"土匪后代"标签，因此没有瞧不起他家的西山村民，甚至还因为他有知识、能力和敢于

[①] 王德发是王三保的叔叔，刘敬安的二叔被王德发构陷而死，但刘敬安与王三保并未结怨，但也不来往，他们能平静对待不同时空下的人与事。活着的人如何面对上一辈的恩怨，普通老百姓中不乏豁达通透之人。

为西山村民的利益出头而敬重他。但是,东山片区和土著片区的老一辈村民(70岁以上)谈起刘敬安,第一反应就是他家是土匪出身,他的父亲和叔叔是被政府镇压的,连带对他也有点鄙夷。我发现这些老人们的政治观念与那个年代差别不大,依然受出身论的影响,甚至都不知道"文革"结束后国家对"出身论""血统论"是给予否定的,很多冤假错案是得到平反的。老人们的政治观念可以说是50年一以贯之的,原来的小农意识和村社伦理还有一部分保留,经济观念和文化观念受市场经济和消费主义的影响则出现实利化倾向。可以说当下村民的精神世界是传统和现代混合,政治观念的变化程度远远小于经济和文化观念的变化程度,这与我国的政治体制改革滞后于经济体制改革的结构性背景应该有一定的关系。

(三)吴春生访谈[①]——从工段长到民兵营长

吴春生是现任村委会委员、民兵营长,高中毕业,1968年生人,算是村干部中比较年轻的。关于他的职业经历,他的讲述如下。

我能当村干部与我父亲关系很大。我父亲念过私塾,因为文化素质比较高,当过自然村的会计和村长。我奶奶的二哥18岁去爪哇留学,后来还是开明绅士。我父亲生了3个女儿和我这个儿子。父亲对我很严厉,奶奶对我很溺爱。父亲比较有才能和魄力,保护了爷爷奶奶没被批斗。我后来能当村干部,与父亲打下的底子有关系。我父亲能当村长,也跟他的家庭提供给他的受教育机会有关。

乡镇企业曾经辉煌一时,我18岁至23岁在乡镇企业工作,加工绢纺、缫丝,灰很重。我是企业的重点培养对象,当上工段长之后,被企业派到上海纺织大学接受一个月的技术培训。培训时我与一个山东学生住一个宿舍,才知道山东和我们这边的风俗、观念有很多不一样。不同地方的人的观念有偏向,看重什么不看重什么不一样。在上海培训的这个月是我人生唯一的一次去大城市学习,还看到了大事件,接触了文化人,遇见了不同地方的人,感觉蛮值得的。

后来乡镇企业普遍不行了,我也失业了,回到村里后,先开了一段时间

[①] 访谈时间是2017年10月6日,地点是村委会大院大办公室。

第五章　其他外来的乡村建设力量

拖拉机，业务也不太好。1997 年，凭借父亲的威信，当地话就是"捉猪还要看圈"，我进了村委会做事，2000 年当上了村干部。当了 1 届后，2004 年两个行政村合并成立青埭行政村，因为我相对年轻，资历浅，还不能胜任有 14 个自然村的大村干部，就没能继续当村干部。

吴春生的讲述中最得意的地方有两处，一个是他家族里出过几个留洋的、念私塾的"大人物"，一个是他在上海纺织大学的培训经历。前者体现了尊重知识、敬重读书人的乡村传统观念以及家庭资本对子女职业生涯发展的帮扶作用，家庭资本对青少年时期的吴春生而言具体包括家庭拥有的社会资本（父亲的职业、地位）、文化资本（父亲的文化水平）、经济资本（家庭收入）；后者体现了乡镇企业辉煌时代乡村与城市的紧密联系，尤其是城市的知识资源反哺乡村，在这样的时代背景下才有个体在城乡之间的流动和学习。像吴春生这样的乡村精英有着对城市和大学的本能向往，这与弥漫在乡村里的城市优越于乡村的观念也有关系。不过，乡村精英在城市里受训、见世面、开眼界，受过现代性的启蒙之后，再返回乡村后心态和思维方式都会不一样，即使类似的受训机会再没有出现，对他的影响也是深远的。这说明乡村建设需要在城乡关系中寻找出路，而且乡村企业应该主动去城市寻找自己需要的知识、技术、理念等活资源，仅靠等待城市资源偶尔惠顾乡村是不够的，需要发挥行动者的主动性。

（四）王秀英访谈[①]——苦难人生后面的弱势心理

就像很多乡村老妪一样，很少有人知道秀哎的本名是王秀英，传统社会的女性的确是"失语"的。她生于 1939 年，已经白发苍苍、行动迟缓，但还是拖着衰老的身体在家里和田里两头忙碌。她的人生很多苦难，但她特别坚强、特别能吃苦。下面是她的一段自述。

我 8 岁那年母亲去世，22 岁那年父亲去世。我还有一个弟弟，比我小 2 岁。因为母亲去世、父亲要干农活养家，我 8 岁就开始照顾弟弟。弟弟后来考上大学，我每个月省吃俭用寄 8 元钱给他。弟弟毕业后在 N 市当桥梁工程师，71 岁得癌症去世了。

---

① 访谈时间是 2017 年 7 月 10、12、13 日，地点是王秀英家里。

1958年5月，兰州已建5年的兰石总厂来上海要人，我丈夫被要去当车工，2个月后我一个人去了兰州，在兰石总厂的水泵车间工作。听说大西北的工厂缺人而且吃饭不要饭票，我才去兰州的。后来我婆婆去世，公公一个人过，耳朵又聋了，我丈夫打了三次报告请求下放老家照顾父亲。1962年我们夫妻俩带着大儿子和肚子里的一个孩子回到牙桥老家，后来被芦荡这边的牙桥人硬劝回了芦荡生活。现在还是有点后悔，牙桥那边的经济比这里好不少。

我的第一个孩子是女儿，出生5天就死了，还有个女儿3岁时出天花死了，一个儿子脑子不太好，34岁时离家出走，到现在都不知道他死活。我42岁那年丈夫得肝癌去世了，我一个人抚养5个孩子。为了养孩子，我什么苦都吃过，捡铁卖、捡柴卖、种黄豆，男人做不了的事我也做，比如到深山里刨山花（一种草药）。刨山花要爬18拐的高山，有时会碰到狼。刨山花很难的，一天最多刨9斤，晒干了只有3斤，可以卖3元钱。我还爬过很高的梯子桄山，去山里砍柴。年轻时为了省钱，都是走路，不坐公交车。从过去到现在我都是自己用耙子锄地，舍不得花钱请机器翻地。

现在我还有两儿两女，身体都不太好。大女儿18岁那年喊头痛，脚晃个不停，不能劳动，嫁了人之后一直吃低保。现在的两个儿子，一个离婚了，一个没结婚，两人都好吃懒做，每天让我伺候他们一日三餐，都不交伙食费。我的命太苦，摊上这样的儿子，有什么办法呢？我现在的收入就是每年拿1万元左右的低保，再加上种点茶叶每年能卖3000多元。低保一开始只有120元一个月，拿了8年才开始涨，慢慢涨到现在850元一个月。

我现在住的房子是1986年造的，现在是全村最破的了，房顶漏水，外墙的石灰都掉了，是危房，没钱修。最担心哪天低保被取消了，之前打过几次电话说要取消，因为我大儿子对镇里的民政干部乱发脾气。

王秀英经常跟笔者讲她的人生经历，每次讲的内容都差不多，主要围绕她的人生很艰难，吃了很多苦，运气也不好，一直都比较贫困，因为穷被人看不起，自己也比较认命。习近平总书记在《弱鸟如何先飞——闽东九县调查随感》一文中提出——"扶贫先要扶志，要从思想上淡化'贫困意识'。不要言必称贫，处处说贫。"言必称贫反映的就是一种自我矮化的贫困意识和弱势心理。美国人类学家奥斯卡·刘易斯（Oscar Lewis）通过对贫困家庭和社区的实地研究提出从社会文化的角度解释贫困现象的贫困文化理论(价值观为主)，认为穷人只限于同圈互动会产生出一种脱离社会主流文化的贫困亚文化，具体表现在相信命运或运气决定个人的生活，确信个人无法控制其环境，注重现在而不是将来，成就欲望低等方面。事实上，村里比较贫困的人基本都有这些心理特点。他们把自己的事情(比如青苗费补偿太少)能不能得到妥善处理全部寄望在自己碰到一个心肠好一点的村干部身上，愿意接受一切或好或坏的结果，心里有不满也不会去反映；他们不会长远考虑，能应付眼前就可以，也不觉得自己有能力过上更好的生活；穷人多和穷人来往，物以类聚，形成一个相对封闭的阶层和圈子。根据社会学的贫困理论，贫困产生的主要原因是社会的政治经济结构，长期浸泡在贫困状态里的人群内部容易产生贫困文化，而贫困文化使贫困现象持续存在甚至代代相传。

农村的贫困现象还是普遍存在的，虽然不乏个人原因，比如王秀英溺爱儿子导致他们好吃懒做不事生产，但这不是主要原因，需要寻找贫困背后的结构性原因，用"社会学的想象力"架构起个人苦难与宏观社会历史结构之间的关系，比如扶贫制度的设计不具有亲贫性而让精英俘获扶贫资源，比如乡村教育质量差、培训机会少导致农民自我效能感低和谋生能力低，以及城乡二元体制导致乡村缺少资金技术和人才，因此产业不太兴旺和就业机会不太充分。

需要注意的是王秀英的人生经历并不全是悲苦，她有两件令她骄傲的事情，一个是她弟弟是大学生，一个是她在城里的大工厂上过班。这说明在她的价值体系中，城市、工业、单位制、受教育这些现代元素是具有优先地位的。可见，时代变迁、社会转型的印痕是刻在每一个人身上的，社会主流价值观也会通过社会舆论、大众传媒以及个体经历等渠道影响到每一个人，哪怕是一个没什么文化也没什么收入的乡村妇女，影响程度则与个体与社会的互动程度有关。

(五)顾百顺访谈[①]——集体化时期的乡村

当笔者问村民谁知道村庄的故事最多的时候，每个人都推荐笔者去找顾

---

① 访谈时间是2017年7月21、22日，2018年7月18日，地点是顾百顺家里。

百顺。他是村里年纪最大的、记性最好的老人,而且识文断字,当过大队会计,喜欢跟人聊过去的事情。很多村庄都有一棵老树默默见证着村庄的人事沧桑,而这样的高龄老人就是一棵会说话的老树,颇为难得。老人出生于1926年,头脑清楚,表达流畅,他印象最深的是党的十一届三中全会之前的人生经历,他回忆道。

解放前,有人田多,有人田少,土地可以买卖,富的越富,穷的越穷。不少富人头脑好、会经营,经营杂货店、绸布庄、米行、药草等。有钱之后就去买房买地,也有放高利贷的。地主田多,雇给佃户种;富农田少些,雇长工。地主雇人种地,管吃管喝也给工资,就像现在老板和工人的关系。当时农民是认可这种雇佣关系的。"地主"这个叫法是土改之后才传开来的,是阶级斗争的一个产物,之前叫"老爷、财主、东家"。

土改时农会组织农民斗地主、富农、恶霸还有分田地,1951年农会消失了。我当过3年农会副代表,还参加过政府办的会计学习班,我是贫农,培训机会多。1953年我当大队会计,干了9年。我之前做事太直,得罪了不少人。比如食堂会计的老婆不做事还去吃大锅饭,有一次我就去夺她的饭碗;大队书记的妈妈不做事,挑了野菜自己吃,有一次我就去夺她的野菜篮子。9年会计我当得蛮风光的,因为那时候能算数会写字的人比较少。我会算很复杂的工分,土地、耕牛、水车、小推车以及大型工具入社,都要计入工分。算工分需要非常细致准确,因为直接关系到分钱。虽然算工分,但并没有激发大家的劳动积极性,因为是按照干活时间算的,磨洋工和拼命干如果干一样的时间,拿的工分是一样的。

他21岁结婚,包办婚姻,没感情,23岁离婚了,没有孩子。夫妻不和,婆媳也不和,就离婚了。她回娘家后跟了别人,离婚要走了2亩地做补偿。本来还是可以凑合过下去的,刚好那时候妇女会天天在村里宣传要摆脱包办婚姻,好多妇女就被鼓动着回去离婚了。

农业合作化时期的田都充公入了社。工商业资本被没收,地主的田地也被没收,因为里面有剥削。富农的土地不没收,要保护其财产。但是富农被定为改造对象,没有工作机会。初级社时期,集体户有18户,有股份,也算工分,土地参与分配。1956年全面合作化,没有股份了,只算工分。1958年

第五章　其他外来的乡村建设力量

大跃进，在J县城大炼钢铁，开矿挖金属矿藏。每个村抽几个人去炼铁，收集旧锅旧铁器。1958年下半年开始吃大食堂，大家敞开肚子死命吃，浪费也多，吃了两个月，粮仓快空了，开始吃定量的。1962年大食堂实在撑不下去了，就取消了。大锅饭激发不了生产积极性，干多干少一个样。还刮浮夸风，亩产稻子500斤，却上报政府600斤，上报的多就要多交，只能扣自己的口粮。生产队长到大队吹牛，说每人一年发480斤稻子的口粮，事实上能发400斤就不错了。三年困难时期，芦荡村没有饿死的，能吃的都找来了，比如草根、树皮、山芋、萝卜。

顾爷爷对地主的分类点评让笔者感受到人性的复杂和社会现实的复杂，很难断定在某个具体的村庄，地主中的恶霸就一定比"心肠蛮好的老爷"多，因此，对地主的制裁不能一刀切。事实上在有些内部关系比较和谐的村庄，阶级斗争过火了反而破坏了乡村原有的平衡状态，制造了村庄内部的对立情绪。这让我们反思革命和运动在摧枯拉朽、除旧布新的同时，对地方的文化网络、观念体系、关系格局也应该有所尊重和维系。

笔者问顾爷爷当年在农村搞这么多的政治运动，村民们是怎么组织的。他说他们也搞不清是怎么回事，只是上面让做他们就应付一下，专门派两个人去搞运动，剩下的人继续劳动，也没发生什么恶斗，大家基本还是原来那套为人处事的方式，而且村里刚好没有出现会闹腾的带头人。可见外来的政治经济力量进入某个社区，不可能直接发生作用，而是要通过被当地人理解和接受的程度这个中介变量起作用。政治运动在农村和在城市呈现的面貌不一样，在离城市不同距离的农村也呈现出卷入程度的差别（偏远农村卷入低）。所以，在那个国家社会一体化的年代，也不能过高估计国家的控制作用，乡村社会也有主动调适的空间，能够顺应外部需要并保留一定的自主性空间。

从50年代末到70年代末，是一段政治动荡的岁月，但政治的漩涡在城市，偏远村庄如芦荡村因为信息闭塞且受权力影响程度较轻，能处乱世却不完全随世飘移，乡村文化的内核比如礼俗规矩、村社伦理基本没有太大的变化。革命和运动以政府直接面对农民的组织化方式推进，难以全然被拒之村外，但村干部和村民都会想办法策略性地应付，乡村文化的底色得到了保留。说到底，权力对地方的作用方式和效果要受当地文化的影响和限制，相对偏远的乡村能较好地传承传统的文化规则，而这些文化规则对现代性质的革命与运动有着天然的排异反应。这就是为什么村里70岁以上的老人都对建国后的革命和运动没太多感受，都说自己的日子没受太多影响，还是干活吃饭、做事做人。这与官方记录的城市乡村普遍陷入政治狂热的叙述还是有出入的。

历史学者杨念群认为在表现个体的生活状态上，精英和底层不分高下，只是底层没有发声和书写的渠道。口述史就是为底层发声，而且得到的资料是受访人与访谈人互动合作下的使访谈按照既定路向前进并随时可以补充完善访谈内容的"活"资料。这样，我们就可以通过对个体的口述史资料的整理和分析，再现被宏大历史观所遮蔽的下层平民的日常生活，了解宏观历史社会结构下真实的生活状态。在历史面前，每个人都是平等的，都有记录历史的权利，如果缺少记录的能力，至少可以和访谈人合作完成自己记忆中的历史的表达和记录。官修历史有不少修饰和裁剪的地方，也缺少有血有肉的个体的生活细节。农民口述史与平民自传一样，只有通过鲜活的记录，才能真实地感受到个体与宏大的社会结构是如何联结起来的。而且，不同村民的口述资料还可以做比较。在同样的时空环境下，村民之间的命运有相似之处也有相异之处，这体现了结构性存在的强大和个体主观能动性的差异，从而产生了不同的结构-能动之间的作用结果。

笔者也感受到了在田野中挖掘人们记忆中的历史这件事的独特魅力，希望以口述史的方式多保留一点时代变迁下个人的生命轨迹，从而获得更多的"社会学想象力"意义上的对个体命运与所处时代之间关系的洞察，认识到个体的生命史嵌入在社会结构之中，个体的意识与行为虽然与个性因素有关，但从根本上受到由各种社会关系、权力关系与集体意识组成的社会结构的制约。笔者需要努力的就是怎么把零碎、散乱的记忆碎片拼合成一个历史的脉络，从中发现这个村庄是如何走到今天的，那些事为什么会发生，主客观原因是什么，背后的逻辑是什么；学会把口述资料（文化）与成文史料（历史）相互对照和补充，努力接近历史人类学所追求的"在历史中寻找文化""在文化中寻找历史""历史和文化相互嵌入而不是相互点缀"（李文钢，2018）的目标。

笔者在抢救村史的过程中感到一些结构性的阻力，比如基层政府对历史抢救工作的不重视，镇政府干部和村干部不愿意帮笔者寻找更多的资料和受

第五章 其他外来的乡村建设力量

访者。他们作为压力型体制下的一员，除了完成划定的指标任务，是不愿意多花精力去做看不到直接成效、甚至有些华而不实的记忆挖掘工作的。农业税取消之后，村两委和村民之间的依赖度降低，村两委对村民的动员力也下降，凭借村两委虚弱的威信已经很难帮我召集一次村民座谈会了。笔者曾经提出能否付费请村委会帮笔者组织座谈会，遭到否决，因为没有先例，村委会也担心会把事情搞复杂，笔者心中的学术伦理也会受到挑战。村支书倒是很希望笔者能帮他们编写村志，一是因为笔者不需要工资，是志愿者，二是因为笔者是大学老师，有访谈和写作能力，只是希望笔者能自己搞定，能写到什么程度就什么程度，不要麻烦他们提供协助。受"文革"时期破四旧运动的影响，此地的镇政府和村两委都没有什么修史意识和保留历史物品的意识，笔者想看到的历史资料和古旧物品都没有，只能依靠数量有限的人的有限记忆捕捉一点零碎的村史片段，能找到的只有三个版本的《J县志》，但里面对芦荡村的着墨实在太少。此外，因为笔者没有官方背景，笔者只代表我自己在村里面观察访谈，如果不给村民一些礼物，村民们并不愿意跟我多说些什么，即使愿意接受访谈，他们还担心我把他们的情况泄露出去对己不利，因此我得到的访谈资料也是有很多保留的。笔者也试图从村干部口中询问镇政府的实际运作逻辑以及自己跑去镇政府找资料和问情况，效果都很差，因为他们对笔者的防备心很强。由此可见，笔者作为一种来自村庄之外的社会力量，虽然非常渴望得到镇村两级行政组织与村民互动的真实历史资料，但是中国较强政府、较弱社会的现实使我同时遭受政府和百姓双方真实信息对笔者的某种屏蔽，这说明社会力量的成长在中国还有较长的路要走。

二、水清农庄的经营行为

水清农庄是目前城市商业资本进入芦荡村搞农业经营的唯一一家现代企业。从2011年创立至今，作为市场化的力量，水清农庄与村民、村委会和村庄发生了一些互动，搅动了原来相对封闭的村庄生态，在土地租赁、雇佣农业工人、农产品的品牌创建和营销、村企合作等方面打开了村庄的现代性视野。但总体来说，水清农庄虽然有经营好农庄、为当地乡村经济建设出份力的意愿，却没有能很好地利用当地社会结构中的规则和资源，能动性发挥不够，能力不足，基本处于一种有心无力的状态。

（一）初创阶段

农庄员工习惯把水清农庄的开创者称为大吴总，以和他的弟弟小吴总区别。大吴总是哲学系毕业的，是位儒商，喜欢诗酒田园，追求自然野趣、田园风光与人文艺术的融合。他看中了芦荡村的好山好水，决定做一个规模经营的农庄，兼顾诗酒田园和文人雅集。

2011年农庄创立的时候，村委会对这个投资1 000万的项目还是欣喜不已的。村委会出面协调了村民的200亩土地流转给水清农庄，产权是村集体的，使用权和经营权是农庄的，每年共交3万元租金给村民。村委会的投资总额达到6%。

农庄的首要业务是生产和销售绿色农产品。拳头产品是南粳46号，打的农药比普通农产品少一半，因为化肥用得少，虫子咬得多，因此产量不高。种的水果包括梨子、葡萄、草莓，用动物粪便做肥料，不打农药，不用复合肥。饲料用菜饼、牲口肥料、鸡粪和羊粪，很少用尿素。农庄还养了3头马、3只孔雀以及大量的猪、羊、鸭、鹅。草鸡是农庄雇人在山里放养的，客人很喜欢喝这里美味的走地鸡汤。由于生产规模较大，成本较高，农产品价格远高于市场价格，比如一斤草莓25元，一斤梨15元，一斤米10元，一斤猪肉50元，附近村庄的农民把这些价格当作笑话传播，而农庄也没有找到稳定的城市客源，仅靠周末有限的客人购买，导致大量农产品积压甚至烂掉，亏本很厉害。农庄的第二大业务是农家乐，主要吸引周末的城市客人。客人可以在果园里采摘葡萄、梨子，可以进大棚采草莓，也可以去河边钓鱼。客人在这里体验田园生活之外，还可以去图书室读书喝茶。由于这里乡村旅游的气候还没有形成，也没有周边景点的带动效应，加上地点相对偏僻，公交配套不到位，周末来此休闲的客人也不多，客流量也不稳定，这块的经营也是亏本。

第五章 其他外来的乡村建设力量

图 5-1 有机大棚草莓园

水清农庄在初创阶段完成了占地 200 亩的农庄建设，包括水清书院中心休闲区（四合农舍）、菜地、大棚、果园、良种稻田、鱼塘、家禽家畜养殖场、客栈等设施，后面的几任老总只是在已建的硬件基础上略有增加。不过，大吴总时代的经营效果不太理想，摊子铺得太大，销售渠道也不多，村民说他们卖的东西太贵，玩的东西太高大上，肯定做不下去。大吴总后来有了新的投资方向，就辞去了农庄的总经理职务，但仍是最大的股东。

(二) 张总时代

张总是大吴总的前妻，离婚后两人依然相互信赖和支持。她在 2017 年 1 月上任后，准备把经营重点放在有机田园和教育田园上。她没有大吴总诗酒田园的文人情结，也觉得那个情结没什么市场价值。有机田园的生产技术和产品销售都有难度，教育田园则要在周末设计能吸引城里人来这里的教育项目。已经开发的项目有自然教育、营地教育、国学讲堂、素质拓展、亲子活动等，主要客源是 N 市区的中产阶层，因为历史文化和现代意识兼备的 N 市熏陶出来的都市白领总体上的文化品位和文化消费需求都远高于离这个村子更近的 B 市区的白领。

张总很有亲和力且人脉很广，她首先发动自己在政商、教育、文艺界的朋友来水清农庄参观游览。周末来农庄的有艺术家、教育改革的推动者、民俗专家、插花专家、国学和传统文化传承人，还有搞营地教育、体验教育、自然教育的、有机农业的人士。这些人既是顾客，也是潜在的合作伙伴。张总想把水清农庄做成像淘宝网一样的可以招募创业者入驻的平台。只要与农庄理念一致，就可以带上项目和资金，来农庄这块创业的沃土把梦想付诸实施。当然创业也有风险，对市场的把握也会失准。理想、公益和市场盈利，如何兼顾？这里资源丰富，如何整合？如何设计项目、设计课程？如何让孩子建立与自然的联系？这些都在探索中。为了吸引城市中产阶层，水清农庄还开发了一些新项目，比如面向儿童的种树、种菜、机器脱粒活动，面向青少年的营地活动，面向成年人的素质拓展活动，还有唤起老手艺人工匠精神的木工坊。这些丰富的周末项目在美丽的田园风光中实施，吸引了不少城市人参加，农庄的生意一度很好。但是项目的更新不多，农庄值得玩味的景点也没有较多开发，很多人去过一两次后就不去了，农庄又没能开发新的客源，生意慢慢清淡了下来。

2017年2月8日，一帮为中国教育忧心的知识分子在水清农庄开会讨论南方营地教育联盟的宗旨、框架、目标，我也参与其中。营地教育有爱有趣，潜移默化地培养人的人文精神，比如团队精神、公共精神以及敬畏自然、沟通协作、求同存异的意识。水清农庄加入南方营地教育联盟，着眼未来的教育，以爱和信仰为主题，这里的信仰指的是有自己坚定守护的美好的价值观。不过，这个联盟有了良好的开端，却没有继续推进这个事业的核心团队、资金支持和具体方案，后来不了了之了。

图 5-2 营地教育讨论

第五章 其他外来的乡村建设力量

水清农庄和乐创木工坊在2017年暑假合作举办了第一届夏令营，旨在为久居都市的孩子们提供一个走出家门、走出电子产品、融入自然、走出自我中心、学会团队协作、学会运用五官去感知万物的机会。让孩子们在4夜5天的营地生活中，通过木工课程学习和野外生存能力学习，感受自然的美好，发现自然的奥妙，激发孩子们学习探索的兴趣，增强孩子们的动手能力，在玩中学。7月、8月各一期，每期都有10个左右的孩子参加，年龄在7~12岁。孩子在这5天里完全脱离家长和原来的生活环境，学会住集体宿舍，学会生活自理，学会探索和尝试，得到了丰富的成长体验，留下了难忘的回忆。家长也很兴奋，希望农庄接着搞冬令营。后来冬令营没有办成，因为下雪和严寒带来的不确定因素太多。我觉得这样的活动非常有意义，营地教育对孩子综合素质养成的重要作用已经得到了欧美发达国家的证实，中国在这方面才刚刚起步，其发展还受到教师和家长普遍具有的应试教育思维的阻挠。据报道，有96%的美国孩子认为夏令营非常有益于他们的成长，可以在与大自然的接触中学习各种生存技能、学会探索未知，可以提高人际交往能力和解决问题的能力，增加对社会的认识，可以培养自我的独立性和团队精神，还可以展示领导才能。对需要走出经营困境的水清农庄来说，夏令营除了具有社会教育功能，还具有商业价值。在水清农庄做营地教育，这样的环境、设备和师资都是比较独特的，给孩子的成长体验也是多方位的。夏令营算是农庄经营的一个亮点，但还是没能带动农庄的整体运营，没有能让参加夏令营的孩子以及他们的父母建立与农庄的长期联系，让他们平时也来农庄度周末，参加各种周末项目，农庄也没有对周末的活动多费心思设计并形成品牌。此外，夏令营的召集令上写的是N市水清农庄，属于虚假宣传，因为水清农庄只有一个，就在B市的芦荡村，但是考虑到水清农庄的创办者和木工坊的创办者都在N市居住，人脉也多在N市，客源基本也是N市的，而且N市的市场号召力远高于B市，也就勉强可以理解了。处于B市地界的水清农庄却没有能吸引B市的家长和孩子，的确比较遗憾。农庄的能动性可以多发挥一下，在B市投入更多的营地教育理念导入和夏令营营销宣传，让B市的中产阶级家长的教育理念可以从应试教育的泥潭里爬出来一些，可以允许自己的孩子尝试一下这样的学习和成长方式。

表 5-1　农庄夏令营活动安排

时间		内容
第一天	上午	集合、报到、安排房间,统一享受美味农家午餐
	下午	组建分队、熟悉队友、夏令营规则认知,熟悉基地
	晚上	相识晚会,量体温,给家长打电话
第二天	上午	感知木工文化,了解匠人精神,熟悉木工工具,了解制作流程
	下午	学习工具使用、完成精美刨花灯制作
	晚上	给家长打电话、量体温、举行讲故事大赛
第三天	上午	学习如何野外取水、野外生火、搭建紧急庇护所并搭建露营帐篷
	下午	DIY 木质玩具卡丁车、才艺大比拼
	晚上	量体温,给家长打电话
第四天	上午	设计风筝图形、绘制风筝图案、制作骨架、学习放飞技巧、试放风筝
	下午	合力设计制作鸟巢/兔舍
	晚上	搭建露营帐篷、篝火晚会、量体温、给家长打电话
第五天	上午	与家长共同制作木工作品
	下午	采摘原生态种植的水果

图 5-3　课程内容与木工课堂(图片来自水清农庄管理人员微信)

第五章　其他外来的乡村建设力量

2016年，某师范大学的白老师计划开设"移民与信仰"暑期学校，根据英国合作方提出的若干要求，她选择了水清农庄作为举办地。整个7月，由南京师范大学、波士顿大学、CEDAR（留学中介机构）三方共同举办的全英文暑期专题交流研讨班在水清农庄开讲，旨在探讨如何在全球化背景下及多元文化世界中形成更加和谐、包容的视野。13个国家的学生来到水清农庄和芦荡村参观、考察、学习、交流。芦荡村第一次出现如此国际化的盛景，可惜后来没能继续搞下去。白老师现在致力于民俗和礼乐文化的复兴和传承，已经在她所在的大学组织过多次民俗文化和汉代文化展演。她本来打算2017年暑假把她的学生社团带到农庄来表演一个月，让游客和村民感受一下不一样的文化震撼，可惜村两委的反应不太积极，虽然不要其提供资金，只提供场地，他们还是担心那么多人来搞活动会不会出什么乱子，可能会引来政府或媒体的关注，倾向于多一事不如少一事。

J市侨联的王副主席与水清农庄的一个股东崔总在水清农庄有一次会谈，笔者请求加入得到同意。崔总在国外留学8年并获得双硕士学位。他回国后先做房地产，后来去F市郊区开了一个农庄。他认为大房子和豪车不重要，吃得有机健康最重要，而绿色农业是目前宏观经济条件下的一个发展机会。他的农庄的经营宗旨是让每一个人都可以尽情玩耍，例如农庄里的多肉花卉园艺、蔬菜种植、草莓采摘、垂钓项目都是适合亲子一起做的，不是只有孩子玩，大人却无事可做。他还不断学习和引进新的栽培技术，比如先做一个蔬菜墙，在墙的四周做一圈水管，水管连着蔬菜墙旁边的一套灌溉系统，以便为墙上的蔬菜补充水分和养分。他认为现在农庄的相似度太高，对游客的吸引力就小，不同的农庄应该有不同的特点，还可以尝试搞农庄联盟，实现资源共享、项目互补。他告诉我，他创业的时候比较看重与政府的关系。他认为在中国做实业或者其他社会事业，最好能获得地方政府的认可和支持，这会成为企业的无形资产，相当于打广告，说明这个企业值得信赖，有发展潜力，会吸引大家来合作，这是强政府的时代背景下的某种必然。王副主席说崔总现在是侨联系统重点关注的青年创业才俊，希望以后崔总可以在水清农庄复制他在F市农庄的有机农业项目。他说J市侨联以前只为本籍侨胞服务，现在只要在J市地盘上干事业的侨胞都要服务。侨联经济科吸纳海外人员回国创业，由侨联牵头，政商接触，资源整合，可以加快信息和人员交流。王副主席表态一定会为水清农庄的发展提供尽可能的帮助。在他俩愉快交谈的时候，农庄的张总也加入进来，她说有侨联的支持，她对农庄的未来更有信心了。她还提到前两天J市政府有个部门也派人来农庄洽谈合作项目，包括书屋、展示厅、民俗空间。我在现场体会到政商沟通的具体形式就是各方代表作为行动者之间的互动，行动者既受所代表组织的立场和利益的影响，也有自己个体素养、个性和能动性的介入，这些都会影响到最后的互动效果。同时，笔者在现场还感受到了创业者的激情、乐观、勇敢以及政企联手做大事的豪情壮志，这些属于"人和"因素，还需要天时地利，才能促成创业的成功。

乡村建设需要外部输血，还需要与乡村的内生性力量结合起来以获得发展的活力。政府和企业携手，探索出恰当的合作方式发展农庄经济，既可以吸引城市游客，也可以因地制宜带动当地发展。不过这种良好的可持续的合作模式并没有处处开花，现实中的情况往往是一开始政企双方其乐融融合作意愿很强，后面就会遇到合作落实中的各种困难，双方也没有专门组织人力来沟通具体的合作细节，政府一开始的表态与合作意向很难落实到具体的项目操作上，很多设想不了了之。水清农庄也是如此，上面提到的那次愉快的交流并没有产生落地的项目。而且，农庄的经营现状不太乐观，使得J市的侨联和政府某部门以及崔总都在犹豫在农庄做项目会不会打水漂，最后都没能和水清农庄合作起来。

水清农庄资金短缺，希望村委会作为合作伙伴能给予资金支持，村委会两年里投入了70万元项目资金用于建造农庄里的诗社和茶室，建成后却一直闲置，没有产生经营性收入，因为农庄管理层没有在吸引游客、项目策划上下功夫。村书记和主任都说跳进火坑了，钱打了水漂，自此不再与农庄合作。水清农庄曾经得到过镇政府200万的投资意向，但是镇政府为了多得收益，提出按照出资额的10%收取回报且要逐年增长，农庄老总觉得不合算，就拒绝了这个合作意向。农庄之前和村委会有过10栋木屋的建造计划，但村委会要求农庄每年交给村委会10万元租金，农庄嫌多，也放弃了。合作的失败说明如果做事之前先讲利益分配，很多设想就会被扼杀在萌芽状态，应该先齐

第五章 其他外来的乡村建设力量

心协力干大事,干出点眉目再讨论利益如何分配,可以以当时的收益与各方的付出为依据协商各方获利的比例,而不是事先确定一个不能令双方都满意的固定比例。后来镇政府不愿意和水清农庄继续合作了,原定的书屋和多功能厅的建造计划也取消了,这里体现出行动者双方的沟通和共识达成非常重要。

张总的人脉较广,能拉来不少周末的客人,由于大部分客人都是朋友介绍来的,因此收费不能太高,与此同时还要支付人工费用、耗材费用、场地装修费用等等,最后一算居然还亏本了。此外,有机农产品销售情况也不佳,因为一斤梨要15元,一斤草莓要25元,远远高于菜市场价格,没有周边的村民前来购买,加上来这里的城里人也不多,销售量有限。不过,农庄对外宣传的有机农产品并没有获得有机认证,因为有机认证的条件和程序都极其严格,农庄的生产过程根本达不到有机标准,所以某种程度上是虚假宣传。农庄勉强维持经营,2017年8月才发5月份的工资,承诺员工到年底发清全年工资(后来没能做到)。农庄的工资水平并不高,张总的工资是5 000元一个月,生产部主管的工资是3 000元一个月,打零工的则是日薪60元,即便如此,农庄的最长欠薪时间达半年之久。

到了2017年9月底,水清农庄已经亏损很多,前期投的800万元估计很难收回了,张总无力回天,含泪辞职。青埭行政村的书记说水清农庄经营思路不对,不走平民路线,过于高端文艺,一周里只有周末两天赚钱,其余五天都是花钱。笔者觉得农庄的周末活动并不算不接地气,还是迎合了都市白领的心理需求的,比如有几个彼此认识的家庭一起来做亲子活动,有企业来做团建活动,也有一帮文人在这里搞搞沙龙看看风景。周末以N市的客人为主,多为朋友推荐而来,因为水清农庄至今没有在大众传媒上打广告,只是在微信朋友圈做点营销,导致客源有限。很多来过的客人很少再来,因为农庄设计的项目吸引力不够。此外,张总用裁员来减少成本,但是人工不足就不能及时采摘农产品。2018年各类水果因为缺乏采摘人工,烂掉了一半。农庄没有去寻找好的农产品销售人才或者自己想办法拓展销售渠道,虽然卖了2万斤稻子和1万斤大米,还是有1万斤稻子囤在仓库里卖不掉。虽然农庄的餐饮和农产品价格都不低,但农庄摊子大,运营成本高,且农庄管理层的成本控制能力低，营销渠道也没有得到有效拓展，再加上管理层不懂农业，不懂农产品生产和销售的关系，导致经营惨淡。

村委会本来是想和水清农庄这个本村唯一有做乡村旅游潜质的外来资本好好合作，搞点名堂出来的，谁知双方对彼此的不满越来越多。农庄希望村委会能多投入项目资金，能耐心等待项目孵化，村委会觉得农庄经营不善，管理混乱，不敢投资太大。随着村委会的几次投资都打了水漂（诗社和茶社都空置），村委会决定停止一切与农庄的合作，用村组长的话来说就是——"农庄是个无底洞。"我认为合作失败双方都有责任，双方都缺少做乡村旅游的眼光和思路。事实上，我国农业型农村地区占比超过80%，而拥有区域优势和自然禀赋、适合靠休闲农业和乡村旅游来发展出新业态的农村占比不会超过5%。芦荡村周边的山水资源很好，人文资源挖掘不足，但勉强可以算是适合发展乡村旅游的农村，但缺乏乡村旅游人才来盘活这些资源。此外，农庄并没有很好地融入当地农村社区，局限于土地租赁关系以及少量的人员雇用关系，与当地社区联系较弱，也就不能充分利用乡村的政策资源、自然资源和关系资源，比如有的养鸡专业户有很好的销售渠道和关系网络，农庄却想不到可以与之合作以共享资源。

张总离开农庄前跟我有一次交谈，她觉得农业本来就成本高回馈慢，现在也找不到愿意投资的，缺资金也缺有耐心在那慢慢等待花开的经营管理人才。她觉得经营困难的关键原因是时机没到，这个有机田园、教育田园、艺术田园相结合的新玩意还是前卫了些。她的归因完全是外部性的，缺少对自我的反思。笔者觉得关键问题是农业的基础工作没做好，农产品的生产没能在技术上保证有机或绿色种植（有机农产品的标准比绿色农产品的要高），也没能在销售上下功夫。目前国内有机/绿色蔬菜销售得比较好的农场都注重了解市场，找准定位，做好有机或绿色蔬菜认证，进超市，做品牌，做长远生意。农庄的农产品销售太差，甚至虚假宣传（假有机），基本的现金流都难以保障，何谈教育田园和艺术田园？时机虽然有外部因素，但不是坐等来的，更看行动者的能动性，能因地制宜、审时度势的行动是可以引领市场、促成时机早点到来的。如果水清农庄有擅长经营管理、农业价值链延伸、一二三产业融合、项目开发、整合资源的人才队伍，也不至于如此艰难支撑。比如

第五章 其他外来的乡村建设力量

有的农庄因地制宜发展有特色的养殖新品种如野猪野兔,发展速生、丰产、好吃、当年结果的新品种水果,营造童年情怀的主题氛围如80年代的生活场景壁画、老物件的摆设等等,就取得了很好的经营收益。不过,从全国范围看,资本下乡经营农业失败者居多,这与农业经营环境尚不理想有关,比如农村公共产品供给困难、生产设施薄弱、农资价格不断上涨、农业的比较收益低等,此外规模农业需要支付土地租金,劳动投入也不如小农经营那么饱满,还需要支付管理和运营成本,这些导致经营惨淡的因素在水清农庄都可以见到。这属于结构性困境,需要国家在宏观层面的努力,比如政策扶持和配套设施完善等。

(三)小吴总时代

从2017年10月开始,水清农庄的老总换成开创者大吴总的弟弟小吴总。小吴总很内向,不善与人交流,没有张总那么广阔的朋友圈来接洽周末的亲子活动、田园教育、企业团建等项目,只专注于农产品的种植和销售,导致以前搭的很多平台如凉亭、木工坊、画室等都闲置了。农庄的农产品卖得很贵,5千克大米加两根香肠的礼盒售价318元,远高于当地市场价。可是在客源没法拓展的情况下,又不能降低价格,因为农庄每天的运营成本很高,雇人种的绿色农产品的成本也较高。能接受这种价位的大多是来农庄游玩、顺便带点农产品回去的城市人,但是农庄又停掉了周末项目,客源遂减少了。现在的情况是农产品卖不出去,只能裁员。在张总时代,有正式员工6人,每人月工资3 000元至5 000元不等,另外还雇用了芦荡村里的农民临时工8人,工作是浇水、拔草、打农药、帮厨,日薪60元。现在已经辞掉了一大半人,包括工资最高的两名厨师(月薪5000元),仅剩2名正式员工和3名临时工。这5个人已经被拖欠了5个月的工资,个个垂头丧气,打不起精神干活,琢磨着找下家。2018年1月的一天,笔者在水清农庄游荡,看到农庄里既无干活的农人也无游览的客人,就拍下了一张冬日里冷清萧索的农庄照(如图5-4所示)。后来我在村里碰到农庄的生产部主管老丁,谈到农庄的前景,他连连叹气,以下是他的讲述。

小吴总就知道靠裁员来节约成本,这样事情就会没人做,生产销售都成问题。他不懂农业种植,经常瞎指挥,也不懂家禽的习性,就知道省饲料,

· 161 ·

殊不知家禽长不好也卖不掉。他只舍得给鸡鸭鹅喂糠，让鸡饿得跳出了防护网；鸭子的防护网又低又破也挡不住饥饿的鸭子，这样鸡鸭一起跑出来把油菜地里的油菜吃得精光，直接导致将来油菜籽榨油的收入损失，损失远远高于喂糠省下的费用。他不会搞销售，就靠农庄几个股东的微信朋友圈销售很贵的"不打农药"的农产品，其实是打农药的，也不诚信。农庄没有稳定的销售渠道，卖出去的东西也不多，不知道还能撑多久就要关门大吉了。小吴总一天说不了几句话，不跟人沟通，做什么决策都是他一个人，农庄所有的东西都是他买，不经过其他人的手。农庄现在已经到了历史最低谷，我和老王这两个元老级员工都准备去别的地方找活干了。

老丁讲述的中心就是现在这个老总并不适合这个岗位，正在把已经衰败的农庄更快地引向关门。其实，从大吴总到张总到小吴总，他们之间都有着血缘或姻缘关系并且不具备经营管理能力，还是没有走出家族企业任人唯亲而不是适才适用的窠臼。靠传统的亲属制度维系的人情信任远不如现代企业制度明确岗位责权利的契约信任，而且要让企业可持续发展只有可以信任的人是不够的，还要有技术、管理方面的人才，水清农庄的短板正在于此。由于农庄经营不善且租期很长（2011—2028），村民的 200 亩土地流转给农庄之后除了收租金，长时间内没有任何耕作机会，而水清农庄因为资金周转困难一直拖欠着村民的租金，这样一种双输的局面使得村民、村委和水清农庄之间的相处很不愉快，使得农庄的生存处境更加糟糕。

图 5-4　2018 年初萧索的水清农庄

第五章 其他外来的乡村建设力量

当我 2018 年 7 月再次来到村庄蹲点的时候，发现水清农庄已经 6 个月发不出工资，仅有的 5 名员工基本处于消极怠工状态，后来勉强补发了一个月工资，大家才愿意干活。2018 年 9 月的一天，我看到第二任老总张总发了这样一条朋友圈——"水清农庄整体或部分转让，期待有缘的资本合作、人才合作、资源整合"。笔者赶快跑到农庄实地考察，觉得蓝天白云下的秋天的田野还是很美的，可是寥寥无几的雇工露出的农庄就要关门的颓丧表情让人觉得再美的风景也没了欣赏的心情。笔者找到小吴总问了一下他的感受，他说导致现在这个局面的主要原因是自己不懂农业，所以不知道怎么监管农民每天的劳作，还有就是农庄投资大，回报周期长，价格高的绿色农产品不好卖，他的销售能力也不强；农民方面的原因就是他们没有现代企业员工的素质，不敬业，老是偷懒怠工，还说干完 60 块钱一天的工作量就够了，却不知道企业垮了对他们也没好处。笔者又去问了正在干活的几个雇工，他们说小吴总的确不懂农业还喜欢乱发外行的指令，另外农业干活要看天时的，有忙有闲，下雨是干不了活的，他就以为是别人偷懒；小吴总不爱与人交流，他们觉得不受尊重，干活的积极性会有影响；还有他们都是靠劳动赚取生活费的不富裕的农民，一直被拖欠五六个月的工资，缺钱养家，让他们更加提不起精神干活。当笔者从双方面去了解农庄经营不下去的原因的时候，他们劳资双方却从来没有过一次对话和沟通，都不知道企业希望员工做到什么，员工希望企业给予什么。也就是说企业与员工之间满足彼此期望的心理契约在这个企业毫无踪迹。企业如果没有形成凝聚人心的文化（精神共同体），也没有形成员工和企业共命运的利益共同体，即使有好的产品，也无法长期经营。水清农庄的管理层应该没有认识到这一点，认知和能力的盲区必定导致黯然收场。

跨度三年的田野调查让我看到了一个农庄的起起落落，热闹凄清。各路行动者都受着自己的认知和能力的限制，农庄不同经营者的理念和能力、镇政府的思路和风格、村两委的视野和观念、投资人的偏好和眼光，以及外在的创业环境、政策支持和城市中产的消费偏好，都在影响着农庄事业的起伏，体现着外在因素和企业行为之间的互动关系。此外，由于农庄管理层对经营好农庄、推动乡村经济建设有心无力，能动性不足，导致作为行动者的农庄受结构性因素的影响更大，处境更为被动。

三、西顿学园的公益探索

位于水清农庄旁边的西顿学园是一家民间教育公益机构，属于"非政府性"和"非营利性"的社会组织、第三部门，其办学宗旨是培养知行合一的乡村建设者，并鼓励学生在芦荡村生发乡村建设的具体项目，因此也是服务于芦荡村乡村建设的一支力量。

西顿学园的行事风格偏于低调内敛，因为园方对当下基层政府对社会组织的包容度不太乐观，于是决定谨慎行之。基层政府担心社会组织在提供公共服务方面的表现削弱了基层政府的权威，从而对社会组织的发展有一定的防范心理，这种心理在维稳压力下得到进一步强化。事实上，中央政府已经认识到了社会组织的发展对于弥补政府失灵和市场失灵的重要价值，已经鼓励其在政府的"保护与管理并重、规范与开发并举"的思路下适度发展。但是，国家对社会组织的发展缺乏整体架构和系统梳理，出台的有关政策的指导性不强，导致地方政府对社会组织的发展有各自的理解和操作，或者只扶持与自己治理目标相近的社会组织，或者认为社会组织不好控制、可能惹麻烦而忽略对其的培育和扶持。就芦荡村所在的临镇政府而言，由于其治理水平的局限，社会组织的培育几乎不在其视野之内。基于此，西顿学园在 2014 年创立的时候就没有去镇政府报备，以免其反应过度阻碍办学，只与水清农庄签订了土地租赁协议。也就是说，由于大环境使然，西顿学园从创立之初就定下了低调内敛的基调，但这并不妨碍其"承担社会责任、解决社会问题"的理想追求，只是要探索如何低调、务实地使理想落地而已。

西顿学园的低调内敛体现在它的空间风格上。它处在音山、小岷山、高黎山的怀抱之中，占地面积不大，只有几座用茅草做屋顶的土团房。笔者去了芦荡村很多次都不知道它的存在，如果不是有村民主动告诉笔者村边有个学校，不少青年学生在里面学习和劳动，笔者不知道何时才能发现它。走进西顿学园，可以看到柴扉木凳、竹篱茅舍、清雅诗社，一派拙朴清简的建筑风格，这种含蓄隽永的人文之美也给人一种低调内敛的感觉（如图 5-5 所示）。此外，它的低调内敛还体现在园规条例以及学园管理方和学生的行事风格上。

第五章　其他外来的乡村建设力量

图 5-5　西顿学园门扉

(一) 学园概况

西顿学园隶属于一家知名校服企业西顿公司，所以学园作为企业的公益项目之一也拥有了同一名号。陈园长既是西顿学园的创始人也是西顿校服品牌的创始人，他为西顿校服定下了社会企业的基调，也就是说西顿校服品牌不是追求自身利润最大化的企业，而是以商业作为一种手段，同时结合其他途径去谋求社会问题的解决和社会的改良。西顿校服的社会关怀主要是中国的教育事业和乡村建设事业，目前两者都需要改良或振兴。

西顿学园这个培养乡村建设人才的教育公益组织没有像很多社会组织那样去争取政府的财政支持、政策支持，或者通过政府购买其服务来获得收入，学园的运营经费完全来自西顿公司。西顿公司是具有社会企业属性的国有企业，校服品质屡获行业肯定，曾获"省纺织服装成长品牌奖""全国质量诚信标杆典型企业""全国质量检测稳定合格产品"等荣誉以及某联盟2017"年度公益企业"入围奖。下面是西顿官网的一篇新闻报道的片段：

2018年9月17日，历史学者、独立撰稿人、傅国涌先生做客我公司，以历史的视角说"独立"，关注人的精神起点，阐释西顿品牌的独立价值。

在西顿这所学校里，西顿人共同追求自我教育和自我成长，成为自己、绽放自己，做"独立"的自己。企业以何"独立"，傅国涌先生带领大家从《说文解字》寻到答案，"企"下面是工厂、厂房或者是高楼，上面是被高举起来的人。企业是以人为重，不是以物为重，方可谈独立。傅先生又以民国企业家、民国大企业为例，探讨个人和组织的独立价值。品牌是独立的，是说它不依附于另外一个品牌，独立研发、独立制作、独立创造，因而有独立的价值。

傅先生在中国企业史、中国教育史、中国美育史、中国乡村建设史的视角下阐释西顿品牌的独立价值，"衣以载道、衣以载美"。综合以上四个视角来看，每一位西顿人都在参与中国历史上充满价值和美感的事业。

由此可见，西顿是一个拥有社会责任感和人文情怀的企业，推崇"以人为本，以衣载道"的企业文化，实现经济价值和社会价值的双赢。由于西顿品牌的创始人长期关注教育问题，也颇受民国乡村建设知识分子的精神感召，希望能培养一些年轻的乡村建设人才，于是创办了西顿学园。"从我们站立的地方伸出手去，通过实实在在的微小行动，聚点成网，集网成面，累积超越，去促进社会的改善"是西顿品牌的公益理想。西顿学园作为一所独立于职业技能与书本学问之外的开放性、公益性人文学园，"尝试回应当下乡村凋敝、传统流失、价值荒原的社会问题，努力聚集、孵化一批知行合一的乡村建设人"。所以，西顿学园希望所培养的乡村建设人才能够去帮助中国任何一个需要振兴的乡村，基于学员自己的专长和乡村的需要实施具体的乡村建设项目。

西顿学园把自己的精神祖先追溯到公元前387年柏拉图创立的阿卡德米学园以及公元前374年齐桓公开设的"稷下学宫"，前者鼓励学生追问反思，形成理性的学术品格和人生态度，后者倡导学术自由、百家争鸣，这些都是西顿学园希望传达给学生的学术精神。陈园长告诉笔者：西顿学园培养知行合一的乡村建设者的教育理想来自民国时期以教育为切口推动乡村建设的晏阳初、梁漱溟、陶行知等卓越知识分子的影响。尤其是陶行知先生提出的"生活即教育、社会即学校、教学做合一"的生活教育理论体系与学园创办者的理念非常契合，遂成为西顿学园最推崇的教育家。民国乡村建设知识分子不忍百姓受苦、改善百姓生活、帮助弱势群体、促进社会公平、探索现代化强国之路的精神和情怀对西顿学园的教育理念也颇有影响，西顿学园希望能传承到民国乡村建设知识分子的一些精神余脉。陶行知以培养具有"康健的体魄，农夫的身手，科学的头脑，艺术的兴趣，改造社会的精神"的乡村教师为载

第五章　其他外来的乡村建设力量

体，希冀实现"改造一百万个乡村"的宏愿，基本也适用于西顿学园。不过，陶行知创办的实验乡村师范学校(后改名为晓庄学校)培养的主要是乡村教师，西顿学园培养的则是包括乡村教师在内的各类乡村建设人才。

图 5-6　西顿学园图书馆

西顿学园设立人文科与项目科，以求知行合一。人文科的学习内容涵盖古今中外的人文经典著作，学园图书馆的 2 万册图书基本都是人文类的，所邀请的来园讲学的知名学者都是文学、历史、哲学、社会学等人文学者。学园之所以突出人文学科的学习是因为当今迅猛的工业化和市场化大潮带来的工具理性强悍、价值理性萎缩并由此导致理想主义沉寂、功利主义盛行等问题。学园希望通过阅读、思考、讨论人文经典，通过读书和劳作相结合，在生活与劳作中，生发问题，探索研究，从而涵养学生的人文精神；希冀以人文精神弥补现代教育的缺失，以古典精神和人类共同价值承接古今。项目科则是希望把人文精神和人文思想落地为可操作的能够改善乡村现状的行动，使学习者能通过项目落地过程的磨炼，成长为兼具理想主义情怀和现实主义精神的乡村建设人才。

(二)学习模式

西顿学园的管理方、执任导师、学生都是热心乡村建设的同道中人，对学生的招募，没有入学考试，只有价值观面试。西顿学园每年通过互联网向全国发布招募书，每期招生最多10人，不求人多，但求志同道合。招生条件包括：年满18周岁，有至少六个月的自由支配时间；认同西顿学园宗旨，认同学园的学习内容和学习方式；对乡村建设、乡村教育、教育公益、自然农业等领域有浓厚兴趣且有志于推广与建设；认同伊壁鸠鲁"花园学派"式的生活，简单朴素，粗茶淡饭，轮流做饭；拥有一定人文阅读的基础和定力；排斥利己主义的"聪明"，包容友善，有公共精神。从这些招生要求可以看出，西顿学园以自己鲜明的价值立场感召年轻的同道中人，希望为当下的中国教育和中国乡村探索出路并培养相关的建设人才。

笔者在学园的招生宣传册上看到对学园生活和学习模式的介绍，包括以下几个方面。

自治：共同学习"罗伯特议事规则"，依学园主旨参与本学园的自治管理与运作，自我管理日常生活学习。

劳作：体验乡村劳作，如播种、除草、采收、翻地、堆肥、健康食品制作(酿酒、榨油)、木工、乡村生活体验(砍柴、生火做饭)等。

学知：导师指导开展哲学科、社会科、教育科三科的学习。向上，哲学学习，奠定超越性的根基；向下，社会研究，提供热爱社会、服务社会的可能。

践行：学生基于西顿学园宗旨，可自主创生、孵化、运作项目，并获得相关支持。

生活：体验诗意栖居、面向心灵的生活方式(吟诵诗歌、开读书会、仰望星空)。

这几个方面融会在学生每天的生活中，对学生的熏陶和锻炼是全方位的，不仅通过师徒相授、对话式学习，在追问、寻思、求索中提升自我素养；还通过自治训练，培养民主意识和能力，发展公共理性；还面对今天的中国问题进行研究性学习和实践性学习，投身社会建设和乡村建设。笔者觉得学园的教育理念和教学方式对经历了十几年应试教育的青年学子尤其适合，单向度的考试训练剥夺了他们全面发展的机会。这种知行合一的学习方式让学生学会求知和思辨，学会合作与行动，同时胸怀苍生、践行理想，这些是应试教育所欠缺的。西顿学园的教学方式除了与中小学应试教育形成对比，与当

第五章 其他外来的乡村建设力量

今的大学教育也构成一定的参照。我们的大学教育更偏重应用性知识的教育，缺少人文主义精神和理想主义情怀的熏陶，也缺少知、行之间的打通，虽然也有实践性环节，但课时数量和实践质量都不太理想，总体教学方式比较机械单调，不能带给学生多方面的体验和成长。西顿学园融合古今中外的优秀教育理念的办学探索拥有体制内学校所不具有的教育实验的便利性，是民间有识之士主动承担社会责任的一种尝试，是民间教育的一种知行合一的尝试。体制内的教育力量应该正视民间教育公益组织的努力，并从中汲取养分、反思自己，从而有所改进。

处在美丽的田园山水中的西顿学园在教育功利化、人文精神退化、理想主义苍白的当下独具魅力，吸引了一大批知名学人、公益人、乡村社创人前来讲学论道，使芦荡村也能不时地飘荡出学术气息和文化气息，让村民们眼界大开，知道阳春白雪是怎么一回事，生活的色彩可以如此丰富。已经来过学园讲学的演讲者名单举例如下。

夏中义：上海交通大学人文学院文学研究所所长，教授

景凯旋：南京大学文学院教授，中国古代文学专业博士生导师

傅国涌：历史学者，自由撰稿人，当代中国著名知识分子

许纪霖：华东师范大学特聘教授，历史系博士生导师

Kenn Ross：密涅瓦(Minerva)大学大中华区执行总裁

欧宁：诗人，艺术家，著名策展人，碧山计划发起人之一

周健：北京感恩公益基金会发起人，公益评论专栏作家

苏羊：作家，雁山学堂创办人，在山中办教育

海潮：三生谷生态村创办人，中国生态村推广人

聂爱军：TopU 教育（景文国际）创始人，The TA Project 创始人

由此可见，西顿学园已经成为一个汇聚民间公益力量和乡村建设力量的一个平台，"谈笑有鸿儒，往来无白丁"。但是所有的讲座活动都不对外宣传，只有圈中人通过微信朋友圈获得信息。如果不在此圈中，既无法参加他们的讲座和聚谈，甚至平时的造访都被拒绝，在学园入口处有一个牌子，上书"研学之地，谢绝打扰"。可见其行事风格真是低调内敛。

对笔者这个对田野中的一切都很好奇、哪里都敢去的社会调查者来说，

不在西顿学园伙伴圈、直接被拒绝进入的经历的确令人沮丧，好在笔者不轻言放弃，想方设法进入学园。笔者先去问跟我比较熟的水清农庄的销售小张怎么打入学园，她告诉笔者不能随便去打扰他们的日常生活，真要参观的话需要预约。于是笔者找到一位既认识笔者又认识学园管理方的中间人去预约，中间人给了笔者一位西顿学园管理者的微信，微信交流里笔者被告知他们不接待外来访客，除非来访者能给他们带去他们感兴趣的专题讲座。笔者提交的讲座主题是"乡村建设的主体、层面与方式"，得到认可，然后敲定了讲座时间，于是笔者得到了第一次进入学园的机会。笔者发现讲座现场只有2名学生，就问其他学生在哪里，他们告诉笔者这一周只有他们两人在学园，其他3名学生都去安徽碧山游历了。他俩一个80后，一个90后，都是有思想、有个性、有抱负的青年，既博览群书又行万里路，或在深山修行过，或在职场打滚过，始终在探索既能遵循自己内心又能安身立命的人生道路，笔者这个阅历不多的老师在很多地方要向他俩请教，所以笔者的专题讲座慢慢变成我们三个人的思想碰撞会。讲座后，他俩带我在学园里四处参观。笔者看到了黑板和墙上写着自治、劳作、学知、践行方面的生活和学习内容，也看到了贴在宿舍墙上的园规，园规包括生活和学习方面的各种细则，其中令笔者印象最深的就是不要和媒体透露任何与学园有关的内容，如果有官方来访请直接知会学园管理层，足见其"低调内敛"。这么做的很大一部分原因来自很多乡村建设同仁与政府、媒体打交道过程中的一些不太愉快的经历。基于政府对社会组织既鼓励又限制的暧昧态度，基于基层政府对民间公益组织作用的理解参差不齐，西顿学园管理方决定低调行事，尽可能避免与当地政府打交道。

在这个利己主义盛行的时代，能胸怀天下、压制小我、甘于清贫的年轻人并不多，西顿学园通过互联网在全国招募到的学生每年只有5~8人，还有学生忍受不了这里的粗茶淡饭和耕读生活而中途跑掉，而那些能坚持到结业的学生则在知识、能力、思想和精神上得到很大的成长。学园的规章要求学生清苦修行，轮流做饭，不计较口味，基本吃素，通过给水清农庄劳动去换取大米和蔬菜，此外还有自主学习的任务和团队合作的项目需要每个人的全心投入。这种教育理念让人不向物欲屈服，磨炼意志品质，在劳作、读书、

第五章 其他外来的乡村建设力量

思考、讨论、写作和项目落地中打磨性情、开拓视野、增强能力。学生以 90 后为主，这群不俗的年轻人自我觉醒得早，知道自己想成为怎样的人，对传统文化、生态文明和人格独立尤为看重。所以，文化传承有它自己的方式，不会无故断裂，有生命力的文化一定会找到能与之共鸣的一代代人，只要让文化处在自在的不被外力打压的状态。这些学生都是未来乡村建设的种子和希望所在，只要条件成熟，他们会给当地以及更广大的农村地区带去新的理念和实践。只是这样的种子数量太少，且社会结构中可以利用的规则和资源目前还不充分，不知能否在将来形成乡村建设的燎原之势。

虽然西顿学园的教育理念很先进，但是写在墙上的和网页上的理念与实际执行的情况还是有一些距离的，这里面固然有一个探索的过程，但对已经出现的问题还是没能做到及时反思和改进。虽然每个学生都配备一位学业导师，但导师都有自己的大学教职，来这里做导师纯粹是公益情怀驱使，一年来不了几次，几乎没有时间系统指导这些学生。因为秉承"学习是自生自发的需要"，学园没有考核机制，学生也就没有了学习压力，进步大小基本看自我管理水平。中国的青年不是年满 18 周岁就一定拥有健全的心智，能自我监督、自主学习、快速成长。漫长的应试教育剥夺了青少年健康成长、全面发展的机会，使他们养成了单纯接受指令、笃信标准答案的他律型人格。因此，如何安排学习和实践的时间，如何安排自我学习、老师上课、耕作劳动、团队交流的时间，以及对学生的考核方式和考核标准，还是需要有统一规定的。自治过头就是自行其是，各人收获不一，例如有的学生成天在看书，有的学生整天在田里忙活，还有的学生长时间坐在某处发呆。所以，学园作为一个出现在乡村的有乡村建设情怀的公益教育组织，的确难能可贵，但是它所宣传的教育理念和教育方式离真正落地还是有些距离的，这是因为没有先例可循的学园管理方本身的探索不够、投入不够，导致行动的效果打了折扣。

(三) 实践项目

项目科要求每个学生都要基于自己的学习和实地调研生发在乡村的实践项目，要求学生的毕业成果必须体现在实践项目上。实践项目必须与乡村建设有关，可以是乡村教育、乡村经济文化和政治建设、生态文明等项目的生发和落实。

拿乡村的生态项目来说，学生首先要有相关的知识和经验储备，而拥有一线经验的生态村建设人士分享和讨论的工作坊是最好的学习方式。笔者在西顿学园遇到过一次与生态村建设有关的"深度生态学工作坊"。2017年4月8日至4月14日，NextGEN成员、GaiaAshram（盖娅学校）创办人Tom&Om夫妇在西顿学园开展为期7天的生态学工作坊，我在最后一天赶到现场。主讲老师是一对夫妇，其中Om女士是泰国人，Tom先生是荷兰人，他们用英文讲课。参会者多为90后，大概有15人，包括西顿学园的学生，也有从外地赶来的正在从事自然教育、生态村建设、朴门永续设计①的乡村建设青年。学园的学生告诉笔者，他们的收获包括以下几点。

①以全新视角审视自身和人类，体悟人与自然、地球的关系，思考世界的现状和未来。

②获得参与可持续发展运动和生态村构建的意识和能力。

③返璞归真，远离尘嚣，与自然和自我对话。

④跨国界、跨文化、跨语言的学习交流环境。

西顿学园拥有的文化资本、社会资本和生态实践促成了这次国际性的学术交流，学生们收获颇多，准备把在这期工作坊学到的理念和做法融入各自的乡村实验场和自然教育基地。在本次工作坊之前，西顿学园的往期学生已经做了一些生态项目，不过大多局限在学园范围内。其中一个是"干式堆肥发酵生态厕所"，利用木屑、麸糠、谷壳、菜籽壳等含碳覆盖物与粪便混合，碳氨比产生有氧发酵，堆肥半年至一年，腐熟后成为有机肥料回归土地，属于粪尿分离的干厕，无水冲、无异味、无污染。还有一个是自然建筑，采用干砌地基、土团墙、火箭炕、绿色屋顶、被动式太阳能等建筑形式，具有线条设计自由、环保节能、冬暖夏凉等优点，克服了传统土砖房易被雨水侵蚀等问题。还有一个是面包土窑，是用土条手工制作而成的，材料为黏土、砂、稻草混合物。在窑里烧柴，火灭后，利用窑壁辐射的余温烘烤食物，两个小时烤出的食物可供一个家庭一个星期食用，可以烤面包、红薯、鸡鸭鱼，非

---

① 朴门永续设计（Permaculture）：Permaculture这个词结合了永久持续的（permanent）与农耕（agriculture）、文化（culture）这几个词的含义，是一种师法自然、创造永续生活模式的应用生态学。

第五章　其他外来的乡村建设力量

常节能环保。其实，西顿学园的这几个生态项目完全可以在不同村庄复制。芦荡村有村民住的是危房，也有村民没钱买空调导致屋里冬不暖夏不凉，村子里的三个厕所管道堵塞、脏臭无比以至于关掉了两个，完全可以建造土团房和生态厕所。可以烤食物的土窑更可以砌在农民的院子里，随时使用。但是，村干部和村民都没有认识到这些生态项目可以移植到村子里，参加此次工作坊且长期在西顿学院修行的学生也没找到合适的途径在芦荡村做生态项目以及生态村实验。虽然芦荡村入口处的宣传牌上写着"坚持生态领先、特色发展，建设最美乡村"，村两委和村民们并不知道怎么个生态领先，缺少政府和社会的力量来引导他们实施生态领先战略，所以牌子上怎么写与实际怎么做经常有距离，因为结构没有能提供便利条件，行动者也无从提高行动能力。

(1) 　　　　　　　　　(2)

(3)

图 5-7　生态厕所、自然建筑和面包土窑

· 173 ·

2016年的11月至12月，学园的三个学生组成团队在芦荡村实施了一个名为"芦苇行动"的乡村建设项目。芦苇行动是在中国乡村凋敝的大背景下，以芦荡村为基地进行的一次为期一个半月的乡村建设实验。这一实验从针对村民的放电影活动和针对孩子的自然教育两个方面展开，以期为芦荡村形成一个自治的公共文化空间奠定基础。放电影活动希望完成的3个目标完成了2个，一个是"让村民了解认识西顿学园的学生，使二者建立一种持续性的、相互信任的关系"，一个是"形成固定的观影场所，保证一定的观影人数（平均每次放映到过现场的有33人，其中整场看完的仅9~10人）"，没有完成的目标是"观影之后能够形成讨论"。自然教育活动希望完成的2个目标实现了1个即"在活动中能够减少孩子们玩手机游戏和电脑游戏的时间"，没有完成的目标是"建立一个能让孩子自主自发、创造性地玩耍和学习的公共空间"。项目结束后，团队成员总结反思，发现存在不少问题，比如与村两委的沟通不够到位、项目分工不够明确、天气冷不适合放电影、电影题材没有针对观众特点、教具效果不太理想、课程准备不够充分、对项目的财务考虑不够周全等。

对一个乡村实验项目来说，没有多少与农民打交道的经验的20岁出头的学生能做到这个程度还是值得肯定的，但是项目需要改进的地方却没有在以后的时间里得到改进，比如怎么让当地的孩子有自主自发玩耍和学习的意识，如何建立当地自治的公共文化空间，如何使电影题材更贴近村民口味。做这个项目的学生结业了，后面来的学生没有能够把相关的事业推进下去，以至于村民们偶尔会怀念以前有学生在村里做活动的日子，现在却一点活动都没有了。因此，需要思考的是行动者的乡村建设实验如何可持续地做下去，从而对当地的村庄产生长期有益的影响，渐渐地充实村民的文化生活，改善村民的精神面貌，从而实现乡村精神文明上的结构性改进。

2017年的11月底到2018年元旦，4个学生在芦荡村合作开展了一项名为"设计冲刺——创新者的一次培养体验"的青少年创新思维开发项目，一开始有来自本村和附近的小关桥村的15个孩子参加（从小学一年级到初二），最后只剩下5个孩子参加，究其原因是开发内容以城里孩子的认知特点为参照，农村孩子对这些内容缺少感性认识，也就无法展现其创新潜能。这次项目的水土不服颇有费孝通先生提到的教授的孩子与乡下孩子在认字和捉蚱蜢上各

第五章　其他外来的乡村建设力量

其对物质生活不太富裕的村庄,更要让经济发展优先于文化发展。这说明知识分子的乡村建设在社会组织发育欠佳的当下依然有成功的可能,只是要学会在与现实的交手甚至碰壁中总结反思,慢慢学会如何在适应当地环境的基础上以合乎当地社会和文化肌理的方式慢慢改变当地农村的凋敝状态,要摸索怎么切中农民的需求,怎么与基层政府打交道,怎么去做一个有执行力的"低调的理想主义者"。所有外来的乡村建设力量都需要事先了解当地农民的需求结构和文化观念才能行动,运用既有的规则和资源去因地制宜地改变当地的社会结构。此外,乡村社会结构中地方政府(县乡两级)的影响力是很强大的,不过地方政府的治理风格受中国特定的政治文化影响体现出个人化而不是组织化的特点。地方政府一把手对社会组织成长的开明程度、对知识分子乡村建设的理解程度、对国家与社会关系的把握尺度等,对知识分子乡村建设的效果有很大影响,不过这个是不可控的,用乡村建设者的话来说"这个要靠运气"。

民国知识分子乡村建设者和当代知识分子乡村建设者在具体的乡村建设实践中都碰到同一个死穴,那就是较难处理好与当地政府的关系。费正清在《剑桥中华民国史》中指出:"通过教育及经济改革复兴农村,意味着与政治当局建立起支持和保护的关系。这当然是因为在一个组织起来的计划中,任何同农民打交道的企图必然引起政治方向的问题和合法性的问题,而不管该计划是否有明显的政治目的。"(费正清,费维恺,1998:242)比如陶行知的晓庄师范和彭禹廷的镇平"村治"以及温铁军的晏阳初乡村建设学院都是因为没有把握好与地方政权的微妙关系而失败了,艺术策展人欧宁在安徽碧山村挣扎数年,终究没能找到与当地村民和政府合适的相处方式,其碧山计划黯然退场。为何如此?因为知识分子的公共精神驱使他们去做足以影响一方水土的公共事务,如果声势过大、得到百姓的好感和信任太多,就容易无形间与当地政府构成某种权威竞争关系。当地政府的管理行为虽然有受到非议的地方,但对其权威的挑战则是不被允许的,因此民间力量必须学会"低调",明确自己的定位仅仅是对当地政府工作不足之处的一种补充。也就是说知识分子乡村建设作为一种民间自发运动,它的空间其实是非常有限的,它的合法性取决于它如何摆好自己的位置与当地政府处好关系。除了竞争在当地百姓心目中的权威，当地政府经常会被追寻真相、兴利除弊的知识分子乡村建设者戳到痛处或者因为无法理解知识分子举办的一些活动的意图而恐慌，尤其担心引来媒体的关注，从而影响当地政府的形象，所以对知识分子的乡村建设多有防范。

西顿学园已经开办了5年，临镇政府没有一次派人前来参观考察、商谈合作事宜，因为思维相对封闭的镇领导没有认识到西顿学园在乡村建设、地方发展上的价值，更因为西顿学园的低调行事而让人容易把它看成一个大学生借乡村一角看书修行的地方，或者是可供游客在外围看看的有古朴风味的一个景点（拒绝访客）。西顿学园的园长也有知识分子的清高，对见识和能力一般的镇村干部也不愿意多接触，也就没有鼓励学生在芦荡村甚至临镇的其他村庄多做项目。对芦荡村村两委来讲，只愿意接受西顿学生在村里做的不痛不痒的儿童游戏项目，对村庄影响较大的项目则不敢接受，怕暴露出村级治理的灰色地带，怕影响村两委的形象和村干部的个人前途。

通过和村民的交流，笔者了解到水清农庄和西顿学园在村民心目中类似于寄居在村庄的存在，这两个组织与村民的关系很疏淡，远不如笔者和村民的关系密切。事实上，西顿学园的学生想在芦荡村做调查都会寻求我的帮助，水清农庄的客人想去村里参观，农庄老总也希望笔者去给他们做向导。虽然笔者是个人，水清农庄和西顿学园是组织，但和乡村发生的互动都是由具体的人来完成的，尤其是需要笔者这种有中介功能的个人穿插其中。之所以笔者和村庄的关系比较密切，除了因为笔者与村民的交往频率高于水清农庄、西顿学园与村民的交往频率，更主要的是笔者与村民、村两委班子通过长期接触建立了互惠机制和共识区域。村干部接受笔者访谈、给笔者提供资料；笔者为了帮一个村民恢复低保去和镇村干部斡旋，这个村民则给我讲很多村里的故事；村干部请笔者写乡村生活方面的诗歌，让笔者给村民排练好了去参加市里的文艺汇演，笔者请求村干部带笔者去镇政府开会、去附近部队参加军民联欢活动……这样的互惠不仅有物质上的，也有精神上的，只有互惠才能形成均衡稳定的社会关系。水清农庄、西顿学园与村庄的互惠太少，水清农庄只是提供几个临时就业岗位给村民，西顿的学生只是隔1~2年才在村里搞点小项目。事实上，笔者几乎已成为村中的一员，只要笔者稍长时间不

第五章 其他外来的乡村建设力量

去村里,他们就会相互询问最近有没有见过我,这样的亲密性除了因为互惠机制的建立,还有共识区域的建立。通过长期接触,他们感觉到了笔者对农村生活很喜欢、很关注,感觉到笔者对农民、农业、农村很认同、很尊重。而且笔者一再表示乡村有自己独特的美好,城市替代不了,甚至在一次村委会邀请笔者做的讲座上也跟村民们谈乡村独一无二的价值,他们当时都听得很感动。我对乡村生活和乡村文化的认可促成笔者与村民、村干部建立了共识区域,而共识是共同体的心理基础,是乡村社会的黏合剂,这使得笔者跟村民们的心靠得更近,更能走进他们的内心世界和生活世界。而水清农庄和西顿学园的学生,并没有注意与村民、村干部多沟通和建立共识区域,因此既不能切实有力地帮助村庄发展,也无法得到村庄的有力支持来实现自己的目标。可见,村庄内外部的行动者之间一定要建立共识区域和互惠机制,这样才能形成合力,推动乡村发展,也才能成就乡村建设者自己的理想与抱负。

本章小结

当地人活在自己的社区中,社区还是更广阔的环境中的一部分,人们的所思所行是由社区历史、价值理念以及社区外的政治经济过程一起决定的,所以研究现在的村庄不能不了解过去的村庄,知道了来处,才知道为何现在会是这样,才能加强村庄内部的一体感,这是共同走向未来的基点。虽然笔者主动承担了抢救记忆中的历史这方面的乡村文化建设工作,但还是力量微弱,既得不到村两委和镇政府充分的理解支持和资料支援,村两委也没有帮笔者积极动员有故事的人接受访谈、搞座谈,村民们对笔者搜集故事的行为也不都能理解和配合,对笔者的非官方背景比较防范。即使笔者有行动者的意愿和能力,却面临着这么多结构性的阻力,只能在阻力的缝隙间发挥笔者的能动性去尽量搜集多一点的个人记忆,集体记忆则因为缺少公共空间这一载体而无法保存。

水清农庄经营好农庄、助力当地经济发展的行动意愿还是具备的,但行动能力欠缺,老总换了几个,生产和经营情况越来越糟。这个当下经营难度很高的行业(农业+文化休闲)对经营管理者的能力要求是比较高的,但历任管理者都暴露出自身能力的困窘。农庄经营者的思路和能力的缺陷决定了他们不能充分利用农村的自然资源、公共产品和服务、充沛的农民劳动力、村庄的文化传统、村里的关系网络等资源来助力自己的农业生产和销售；他们也不知道如何利用地方惯例、地方政府的治理规则、村民之间的互惠合作等制度化元素和道德习俗来改善自己的经营行为，所以越发陷入经营困境。

西顿学园是民间教育的一种形式，学习方式以经典阅读、自主学习、开放探索、项目行动为主，日常管理采用学生自治的方式，这些与体制内的教育颇为不同，在培养人的综合素养上是其有益的补充，尤其是乡村建设人才的培养是体制内教育目前尚未触及的层面，体现出教育的某种希望所在。民间的活力是无穷的，民间的教育资源也是极其丰富的，只要政府给予社会组织生长的土壤和空间，民间有识之士必定会为不太注重人的全面发展的中国教育（中小学尤甚）寻找到些许出路。西顿学园的乡村建设，无论是在培养乡村建设人才方面还是在芦荡村落地具体的乡村建设项目方面，都还有来自自身在教育理念、方法、师资、业内交流等方面的欠缺，尤其是对如何引导学生融入当地村庄、参与村庄的乡村建设，比较茫然无措，还在探索中。

水清农庄的经营活动属于商业资本参与的乡村建设，笔者的乡村记忆抢救工作和西顿学园的乡村事业属于知识分子的乡村建设活动。基于中国的现实国情，乡村建设的主导者应该是兼有政治属性和公共属性的政府，民间力量的介入是需要的，但应该给自己一个合适的定位，那就是起到对政府职能的协助和补充作用。拿乡村建设所需资金来说，商业组织和公益组织都没有稳定的资金来源，而资金上的瓶颈随时可以扼杀一个乡村建设项目，因此，与乡村联系紧密且财权相对集中的县级政府才能成为满足乡村建设资金需求的稳定来源。除了物质性资源，权威性资源、组织资源、人力资源也只有县级政府可以统一配置。因此，承认政府的主导地位，并不只是为了知识分子的乡村建设项目可以顺利推进，更是由县级政府具有的辖区内强大的资源配置能力所决定的。

就知识分子来讲，主要是借助自己认知和宣传上的优势去呼吁社会关注三农和造势，动员和协调自己能接触到的乡村建设者或组织，以及给予知识和技术支持。知识分子的理想主义固然可贵，但一定要认识到自己介入乡村建设的程度是有限的，然后在这个基础上寻找可行的策略。沉浸在乡村建设

第五章　其他外来的乡村建设力量

事业中的很多行动者基于自己的切身体会总结出了乡村建设的一个基本立场——"能做多少是多少"以及"事在人为"，这也是在理想和现实的张力下做事业的因应之道。

第六章　结语

关于乡村的未来，作家格非在其以自己家乡为原型的小说《望春风》中的表述是："我朝东边望了望。我朝南边望了望。我朝西边望了望。我朝北边望了望。只有春风在那里吹着。"这是文学家笔下令人近乎绝望的乡村未来，但是格非在这本书里还写了这么一句话："将死未死之间，是一个微不足道的停顿，是一片令人生疑的虚空和岑寂。"这就给了人类学者思考的空间，也就是直面此刻的迷茫，在这个微不足道的停顿中直面困境，同时探索导致困境的原因。所以本研究聚焦芦荡村当前乡村建设的困境，主要以结构—能动性视角分析导致困境的原因，同时寻找其中的积极面向和希望所在，以更好地走向乡村的未来。

一、社会结构视角

结构性的困境是行动者首先要面对的社会结构中的不利因素，其发挥能动性的效果决定了能不能减少结构的束缚甚至促进结构的改良。芦荡村的乡村建设所面临的结构性困境主要表现在以下几个方面。

（一）国家与社会的不平等关系

在本书中，国家与社会的关系可以解析为宏观层面、抽象层面的二者关系，具体层面的地方政府和乡村建设知识分子群体的关系，以及基层政府和乡村社会的关系。

1. 国家抑制社会的发育

集体化时期，国家为了现代化战略的快速实施而加强了国家的政治整合

第六章 结语

能力和资源汲取能力,也取消了地方社会原有的整合机制(如乡绅、宗族)。但是联产承包责任制实施后,国家已经减少了对乡村的控制和整合,税费改革后国家权力进一步从农村公共生活中撤出,但是农村社会依然没能完成地方社会的整合,背后的原因有联产承包责任制削弱了人与人之间的联系、政治运动的后遗症(村民不敢自发组织起来)、市场主义的影响(强化了家庭利益本位)以及村委会的行政化倾向。在中国既定的强政府管理体制下,政府如何设定自己的角色和职能至关重要,尤其要明确政府和社会、政府和市场之间的边界。政府的角色和职能一旦确定便会形成路径依赖,若无良好的制衡机制,最后的行为结果往往与初衷差距较大。对强政府最好的制衡机制就是强社会,可以形成国家政策与社会反馈之间的相互形塑。这里的强社会既包括外在于乡村的社会力量,也包括内在于乡村的村社力量。熊培云认为要重新发现社会,给社会松绑,使社会的声音和组织不被国家黑压压的脚掌踩上去,国家在保障社会的安全、秩序、基本福利、基础设施方面有所为,在面对社会毛细血管里的具体问题时还是让社会即作为集体的"我们"自己解决、自己做主(熊培云,2010)。熊培云虽然认识到了社会有不可替代的功能,但是没有在中国既定的政治框架下谈社会的发育,那必将是政府、社会力量之间博弈的过程,也必定是以政治稳定为前提的博弈过程,而且未必会以西方意义上的"市民社会"为模板。政府和社会都强大了还不够,还需要有两者之间的良好沟通与合作,只有形成"强国家、强社会、强关联"的关系格局才有利于乡村建设的长期有效开展。福山认为国家能力和作为社会性因素的法治和民主之间需要保持好平衡,国家能力太强会伤害另外两者,国家能力太弱则会导致法治的虚空和民粹主义的狂欢。至于国家、社会各自强到什么程度、关联到什么程度,并没有一个绝对标准,因为各国的历史和现实情况都不一样,这里需要采取情境主义的视角并在治理实践中灵活把握其中的"度"。

2. 地方政府对乡村建设知识分子的抑制

无论是民国还是当代从事乡村建设的知识分子,其乡村建设探索之路都比较坎坷。究其原因,一是心怀天下苍生、不忍百姓穷苦的知识分子所从事的乡村建设不会流于表面,会从普及教育、组织农民、发展经济等关键层面切入,必定会"吹皱一池春水",也就是搅动当地的治理生态甚至触及当地政府的治理缺陷，加上各类媒体（包括互联网）的介入来把当地的问题引入公众视野甚至可能引起更高一级政府的关注和批评，从而影响地方政府形象。为了减少"露丑"的风险，知识分子的乡村建设就会受到地方政府或明或暗的阻碍。其二，知识分子的乡村建设都注重把农民组织起来以强大其内生力量，所投入的乡村建设事业因为乡村内部各类事务之间的关联性较强而声势渐大，这样的"宏伟业绩"对本应为民出"政绩"的地方政府构成某种威胁，地方政府为了确保其政治权威，也会压制知识分子的乡村建设。其三，在压力型体制下，上级部门的检查太多，导致接待费用剧增，于是不得不挤占其他工作经费而使其他工作无法顺利开展；上级部门交代的开会、汇报、交材料的任务很多，辖区内也有大量的群众事务、公共服务需要承担，在无法兼顾的情况下基层政府往往选择对上负责、疏远群众，导致基层社会问题较多。这种不太健康的政治生态，导致基层政府奉行"多一事不如少一事"的原则，不太希望知识分子的乡村建设来干预当地的社会生态，让已经紧张的官民关系更加紧张。

因此，从民国到当代的知识分子乡村建设都遭遇过不同程度的地方政府的抑制。民国乡村建设知识分子困扰于要不要依附当地政权，其改良主义的探索因为抗日战争而被迫终止。当代乡村建设知识分子的探索仍在进行中，在温铁军创办的晏阳初乡村建设学院和欧宁发起的碧山计划都因为当地政府的阻挠而无奈搁浅后，乡村建设知识分子如何处理好与当地政府的关系成为一个突出问题。乡村建设知识分子要取得求稳怕乱的基层政府的支持，又不触碰地方治理的敏感地带，还要保留自己的活动空间，是很难的。基于当下强政府的政治生态和已有的失败案例，乡村建设知识分子之间基本达成了一个共识，那就是乡村建设的主导者一定是政府，民间力量只能弥补其不足，不可僭越其职能；在政治条件许可的范围内，激发农民的主体性和积极性，从农民利益的角度帮助其改善物质文化生活。

3. 基层政府对乡村社会自治空间的收紧

乡村建设在应然层面上需要以村民为主体、为中心，因为乡村的主人只能是村民。但这个村村民的主体地位一直没有唤起，因为现在的乡村是青壮年、主事者大量流出的无主体（无根基）熟人社会，留下的多为自我效能感较低的老弱妇孺。对于依赖意识强的留守村民来说，乡村建设只是政府领导下的行为，外来的力量好像不太可靠，对在乡村活动的社会组织缺乏支持，也就抑制了乡村社会自治空间的拓展。此外，当下的乡村社会是既缺乏传统整合机制又没有形成新的利益整合机制的"原子化"社会，村民都是以家庭为行动单位，缺少集体意识和自治意识。在自治虚化的同时，村委会在现行压力型体制下被纳入政府的科层体系，其行政化色彩愈加明显，这与自治虚化形成相互促进效应，对乡村社会自治空间愈加收紧。因此，政府和知识分子、企业等社会、市场力量应该帮助乡村建立整合机制，如建立经济合作社、建立内置金融、设定民主议程、建立公共生活空间等，以此建立乡村自治组织和村社共同体，建立村民对社会力量的信任。地方政府要给乡村社会适度松绑，让政策更有弹性，给农民更多的自由选择机会，这样农民才会焕发创造美好生活的热情去建设乡村。此外，还要在如何发挥村委会的自治功能、淡化其行政功能上下功夫，这需要加大行政体制改革的力度。

社会并不是一个均质的整体，而是表现为差异化的地方社会，国家（政府）也不是均质的，包括中央政府和地方各级政府。不可否认，各个地方乡村建设的开展程度是不同的，因为不同的地方政府和地方社会所承载的体制空间、社会空间以及文化空间的容纳度是有差别的。

（二）城市与乡村的不平等关系

城乡二元体制及其衍生的去农文化在制度和精神层面设置了阻碍农民发挥能动性建设乡村的结构性阻力。

1. 城乡二元体制

城乡二元体制产生于计划经济时代政府的行政化权力推行，是为了牺牲乡村发展城市，现在行政主导已经弱化了不少，但依然存在城乡教育、医疗、就业、社会保障等制度安排上的不平等，同时与市场主导型的新二元结构叠加，表现为优势资源向城市倾斜，出现强者愈强、弱者愈弱的马太效应。制度主义理论主张制度先行，认为不同的制度设计和制度效果导向不同的社会变化结果。如何消除城乡二元体制，不可能指望大众主体先变革观念，再进行制度变革，只可能先是文化场域的少部分知识精英率先突破传统旧观念的桎梏，提出社会变革的理论和主张，这些理论和主张又得到了政治场域中领导层的认同,新的制度才会得到推行。

2. 去农文化

城乡二元体制由于曾经得到领导层的共识和强力推行,得以突破传统中国城乡之间社会文化一体化的模式,并通过制度控制下的个体经验把城市优于乡村的观念潜移默化地渗入大众的头脑。农民通过制度约束下的切身体验感受到了城乡之间的不平等进而形成了"逃离农村、跳出农门"的去农思想和鄙弃乡村的贱农主义观念。虽然后来户籍壁垒被打破了,但是城市化和不合理的政策体系导致城乡之间的差距还是在扩大,使去农文化深入农民的灵魂深处。

(三)政府不同层级之间的关系没有理顺

虽然中国是一个中央集权的社会主义国家,但中央和地方的关系并不是高度协同的,而是"存在着可能的利益矛盾,以及由此派生的知识体系和行动层面上的不一致(Jean C. Oi,1989;邓正来,1997)",也就是存在中央统辖权和地方治理权之间的矛盾。

镇村两级组织在日常工作中所面临的压力型体制和形式主义的治理生态,其产生的根源在于政府不同层级之间的很多关系没有理顺。首先是没有在法律上对各级政府的职责范围以及各级政府的各部门之间的职能内涵与权力边界作出明确规定,尤其是地方各级政府的责权利不太匹配;其次是各级政府的权限划分上的制度规定过于笼统和宽泛,可操作性不高;再有就是中央对于地方保护主义和地方政府之间的资源争夺缺乏足够的监督机制,地方政府也缺少制度化的渠道去反馈中央政府的决策。凡此种种,导致上下级政府之间的关系经常出现"一放就乱,一收就死"的怪圈循环局面。

此外,地方各级政府在执行上级任务过程中有共谋、变通现象,这是从中央到地方的政府组织结构和制度的产物,是决策过程与执行过程分离、集中决策过程和激励机制强化导致的结果,不过还是能维持象征性强大国家与有效性地方治理并存的局面。

二、行动者视角

与行动者的意识、能力、价值观等方面有关的困境主要包括以下几个方面。

(一)乡村如何定位尚未达成共识

新的历史条件下,启动真正意义上的乡村建设,关乎社会各界怎么看待乡村。目前国内主要有三种看待乡村的角度,一是把乡村看作安顿农民的政治、经济、社会和文化生活的功能体;二是把乡村看作保证粮食安全、保存传统文化、保持文化多元性及稳定治理框架的基层自治组织体;三是把乡村看作无足轻重的存在,因为随着农业占 GDP 比例的逐渐降低,城镇化率的逐步提高以及农村人口的非农化转移,农村的价值越来越低。基于前两种的考虑是努力推动乡村建设,加大政策、资金、人才等支持力度;基于后一种的考虑则是围绕乡村建设的各种投入都会打水漂,有"浪费"人力物力财力之虑。可以说,这三种看待乡村的角度,无论是政策制定部门还是学术界,都在犹豫和矛盾着,尚未形成一致的意见和结论(郭海霞,王景新,2014)。

(二)项目落地过程中暴露出三方行动者的能力和意识缺陷

当前的乡村建设从整体上较难推进,土地、资金、人才仍是净流出的状态。大部分村庄进行乡村建设的内生动力不足,更多地依靠政府的资源输入和项目拉动,而且外来的资源普遍不能与乡村的公共需求很好地结合。也有少数村庄因为政策倾斜得到了较多的政府支持,获得了快速发展,但这种发展是否可持续,是否基于村庄的自主性和完整性,还有待实践来检验。很多时候是村庄获得了更多的扶持后,完成了一些村庄美化项目和乡村旅游项目的建设,但美化项目是为了获得更多的乡村评比奖项,并没有切实改善民生,旅游项目则没有结合当地的自然和人文条件而是和其他地方开发的项目大同小异,并无多少市场竞争力。比如芦荡村所属的村委会与水清农庄合作,使用申请到的项目资金去做木屋和茶社项目,在资源配置和规划选择上完全不考虑当地村民的需求,以都市消费文化为导向操控乡村空间的再生产。此外,由于周边更大区域的乡村旅游并没有发展起来以产生带动效应,来村里的游客很少,建造的木屋和茶社几乎闲置,造成政府扶持资金的浪费。项目资金是以项目为载体拨款的,要经过申报、评估、立项、验收、拨款这几个步骤,但到镇村这一级就简化掉了。一般行政村先报个项目,只要投入的经费不是太大,很容易拿到拨款。最后是钱花了,项目造好了,甚至有时候村干部与资本方还借机揩油了，村庄却没有得到真正的内生性发展。其中暴露出的问题是村干部、资本方缺少对市场的把握能力和因地制宜发展地方的能力，当然更缺少造福乡村的情怀，而项目审批官员则缺少项目评估能力以至于浪费财政经费。除了村干部、资本方、项目审批者这三方行动者能力欠缺之外，也缺少三方之间的平等协商意识，缺少哈贝马斯提出的基于对话的、反复辩驳的、努力达成共识的具有民主、多元、开放、整全特质的沟通理性。

（三）国家政策落实过程中暴露出基层干部的能力和意识缺陷

国家对农业的扶持政策落实到镇村，总要打很多折扣，这与镇村干部对政策的理解能力和执行能力不足有关，无法把相对抽象的政策规定转化为切实可行的行动目标；也与基层管理者重视经济利益，忽视产能、消费、安全、环保的倾向有关，如果扶持政策有违当地经济利益就会敷衍执行；此外，执行中央政策需要经费支持，但是税费改革后乡镇的财政经费着实紧张，中央很多时候只下文件不下配套经费，导致地方无力执行。每年中央的"一号文件"一出，全国人民就开始热议"三农"，等到"两会"结束，热议往往慢慢冷却。从2004年到2019年连续16年发布以三农为主题的中央一号文件，强调三农问题在中国现代化进程中的"重中之重"地位，但是农业农村的危机还是存在，现在的芦荡村依然流行"70后不愿种地，80后不会种地，90后不提种地"的说法。这里面体现出中央政策要求与地方执行的不契合，尤其很多时候是上面出政策却不出资金和人力，下面无资源也无能力变革现状。乡村振兴战略的提出，标志着乡村发展的春天要来了。现在的乡村并不是过去的老样子，村容村貌、社会保障、生活水平还是比以前改善了不少，而且乡村振兴战略的提出本身就有对以前地方政府新农村建设执行走偏的纠正性质，更重要的是年轻的意识和能力到位的乡村振兴人才很可能"输血"进入乡村而成为最有力的变革力量。

由政府主导的乡村建设在各个地方的基层政府官员手里经常被演绎成"只讲政绩的面子，不要民生的里子"的政治表演，目的是捞取政治资本或者展示自己的人格魅力和才能，让上级领导看得见。比如芦荡村所在的临镇政府就在大新村斥巨资打造了村集体合作社结合"互联网+"的具有880亩多种农作物、年利润达30万元的田园综合体。对外宣传则突出大新村村委会和村民的

第六章 结语

共同探索和努力以及镇政府的指导,所宣传的"生产、加工、销售一条龙的产业体系"背后其实是镇政府帮助解决大部分销售指标,这样大新村就成为临镇乡村振兴工作做得好的一个"示范点"和政绩依据。而之所以要斥巨资是因为比规模大、比投资多、比标准高的攀比式乡村振兴已经在各镇之间甚至各县市之间浮现。可见,现在的乡村振兴在基层政府手里出现了变异的迹象,似乎成为区域间政绩"赛跑"的驱动器和新标杆。而离认真听取群众意见、充分尊重群众意愿、与社会协商并寻求社会支持且以制度创新为手段的国家治理现代化目标依然较为遥远。

乡村建设的主体应该是农民,但是农民既有的弱势地位使得他们无法自强而需要引领,而权威基础比较薄弱的芦荡村村两委已经无力组织村民去进行村庄建设,日常工作主要是应付上级交办的任务,而没有对一个乡村应该如何建设有一个基本的全局的规划。

(四)把乡村建设理解为在一个村子里搞建设

很多在乡村建设第一线的知识分子发现乡村建设虽然要在一个具体的村子里实践,但需要动用的规则和资源却不是一个村庄能完全供给的,而是需要在县域层面整体协调,村庄在治理体系中是不能脱离县域环境而生存和发展的。比如乡村建设方面的很多制度、体制和机制需要在县域范围内统一设定;乡村振兴的人力物力资源以及治理资源需要在县域范围内统筹安排;参与乡村振兴的市场力量、社会组织很多只在县域范围内存在;乡村社会有许多矛盾、纠纷已经溢出了村镇范围,需要县级政府出面协调解决。但是,在全国范围内,全县一盘棋、县级党委和政府主导、各种社会力量参与的乡村振兴并不多见,芦荡村和它所在的县级市,同样没有形成这样的一盘棋关系,也就大大影响了村庄的乡村建设效果。

(五)乡村建设的行动者缺乏价值引导

价值引导的功能在于确定方向、思路以及凝聚共识。基于100多年的近现代乡村建设实践,大体可以总结出乡村建设的几个价值原则,包括需要尊重乡村的总体性和主体性,基于村庄自身肌理探索发展路径;注重乡村共同体的重建,基于利益、道义和情感纽带建设具有认同感(我群意识)、安全感(守望相助)和凝聚力的村落共同体;在不同行动者之间建立共识区域和互惠机制，加强行动者之间的合作来提高对结构的变革力。芦荡村内外行动者的乡村建设行动事实上并没有这些价值原则的明确引领，导致该村的乡村建设比较随意、零散和浅表化，有时候浅尝辄止，有时候浪费资源。

可以说，芦荡村的乡村建设面临不少困境且成效并不显著。乡村建设中虽然也存在积极的方面，比如民事调解做得还可以、广场舞组织得还不错等，但只是有几个点，未能形成面。导致困境的主要原因是各类行动者与不同层面的社会结构之间未能发生足以撼动结构的互动，有行动者的意识和能力方面的原因，也有结构性因素的制约，也有结构与能动互动中产生的认知盲区。吉登斯认为实践会产生意外后果，意外后果如果能得到行动者的反思从而调整自己的行为规则并产生新的惯习，进而以新的惯习为中介去改变结构，就能推动社会进步。换句话说，变革意识和变革行为并不是突然出现的，它是基于对以往失败或教训的反思而产生的。举例来说，村两委出资的茶社项目和农庄的农业项目都失败了，这算得上是意外后果。但是他们没有能反思导致这一后果的自身原因，只把失败归为发展乡村旅游和有机农业的时机未到，这样他们就不会想办法去改变现状，他们与结构的浅表互动只能是复制原有的结构。

困境产生的原因还体现在未能很好地解决以下诸多问题，比如当前的乡村建设如何摆放各方的位置，政府主导应该如何体现？以农民为主体应该如何体现？强政府、强社会、强联系的合作框架如何建立？乡村建设知识分子应该如何与基层政府以及村民处好关系？外来商业资本如何融入乡村并实现可观的市场价值？这些问题在芦荡村还没有确切的答案。行动者自身的意愿、观念、能力有缺憾，制度、观念等方面的结构性阻力还很大，各级政府、相关部门、知识分子、创业者以及其他社会力量在具体的乡村建设过程中也缺乏协调与合作，多是各自为政，各行其是。

三、希望所在

这个村乡村建设中的积极面也可以从社会结构、时代背景层面和行动者层面来寻找。

第六章 结语

(一)乡村振兴战略提出所营造的良好形势

吉登斯多次强调社会系统的所有结构性特征都兼具制约性和使动性,而中国社会的转型在政治体制、权力结构和意识形态方面的连续性(孙立平,2005)作为一种结构性存在,首先对乡村建设知识分子的行动构成了某种制约,其次才是在既定条件下如何发挥结构中的使动因素,比如乡村振兴战略的实施有利于为农村培训和输送人才的职业学校的建立和发展,从而有利于解决乡村建设"人才荒"的难题,乡村建设知识分子从事乡村项目也就有了人力资源支撑。此外,乡村振兴战略的实施思路比以往有了不少进步,比如要让乡村振兴战略各项举措落地生根,把工作做细做实;坚持农民立场,坚持一切工作是为了农民;在农地流转方面,必须尊重农民意愿和保护农民权益,不能凌驾民意和侵害农民权益;让广大农民成为乡村振兴战略最直接的受益者,等等。如果政府系统内部能够理顺中央和地方的关系、地方不同层级政府之间的关系,解决好压力型体制问题和形式主义的治理风格问题,在产业经济发展、乡村文化建设、农村基础设施建设、农村公共服务改善、农村基层治理、社会事业发展等方面做实做细,乡村振兴战略在镇村一级得到较好的执行是很有希望的。

从全国的情况来看,伴随着媒体对乡村振兴战略的大力宣传,唤起了更多的社会力量参与乡村建设的热情,有些地方的政府为了给乡村振兴赋能蓄力,主动培育和发展社会组织。越来越多的新青年、新农人、艺术家、企业家、返乡精英、社会组织正在向乡村集结,在产业多元化和乡村艺术文化上进行创新创业。消费帮扶、慈善帮扶、公益服务、生态村以及作为大众创业、万众创新重要平台的生态农场与社区支持农业相结合等乡村建设的行动方案层出不穷。

(二)芦荡村乡村建设参与者的积极行为

芦荡村的村两委虽然没有乡村建设的自觉意识,但还是能完成必要的工作任务,保持乡村社会的有序运转,尤其是在社会保障、民事调解以及一些公共事务上做得还是比较到位的。此外,村两委已经意识到了村干部队伍老化和知识水平较低的问题,已经准备在下一次换届中实现新陈代谢,从平均年龄56岁、平均学历是初中转为平均年龄44岁左右、平均学历是高中,使新一届班子在乡村建设中更有思路和办法。芦荡村的村民虽然没有主动进行乡村建设的意识，但还是有在发家致富的动机下做出的客观上有利于乡村的经济行为。此外，村民过去的历史经验证明了他们有被组织起来的潜能，只要有合适的领头羊出现，必定会被带动起来协力建设乡村。

正在建设中的大型水电工程项目不仅改变着当地的地貌风景，也通过其对当地劳动力的聘用潜移默化地改变着周边村民的工作方式和思想观念，使之具有更多的现代性人格特质。而且，水清农庄虽然经营情况不太理想，但是它一直在坚持营业，它的存在本身就把企业化的工作模式作用在被雇用的村民身上，不知不觉中塑造着他们的契约精神、时间观念、绩效意识，这些现代素养也会不知不觉影响村里的其他村民。水清农庄也在寻找新的合作人，来自N市的一家大型教育培训机构有望注资并控股农庄，计划在农庄实施有机农业、乡村旅游和自然教育。只要资本、人才和理念到位，农庄前景必然可观。西顿学园直接服务于乡村建设人才的培养，其知行合一的教育理念使其学生在各地的乡村建设实践始终具有服务社会、改善乡村的人文品格和务实风格。西顿学园的在读学生已经认识到乡村建设需要得到地方社会的接纳与认同，正在探索与芦荡村紧密结合的乡村建设项目。西顿学园园方正在策划一个大规模的乡村建设赋能活动，准备召唤已经结业的学生重返学园交流讨论各自在不同地方的乡村建设实践，准备邀请国内知名的乡村建设人士来给学生做乡村社创①的专题培训，给他们充电、赋能，使他们能自主探索更加有效的方式来服务于他们正在各地实施的乡村建设项目。西顿学园尤其倡导在不同行动主体之间建立关系和连接，以一种生态和有机的方式建构合作共享的网络，在政府、市场、社会之间，体制内和体制外实现资源整合以推进乡村建设和社会进步。与村民和村委相比，水清农庄和西顿学园还是具有一定的理性反思能力的，因此更能在既往的缺憾中吸取教训、调整思路，从而能在城乡一体化的当下寻找到自己需要的资源以实现自己的目标蓝图。笔者作为对芦荡村村民、村干部、经济组织、公益组织最熟悉的唯一的驻村知识

---

① 社创又叫社会创新(Social Innovation)，是民间力量自发的、通过创办社会企业的方式促进社会问题的解决和改善某一范围人群生存状况的一种行动或趋势。

分子，不仅仅在留住村庄的历史上做了一些工作，还促进了村庄内部不同主体之间的信息交流、观念沟通和资源共享。笔者已经成为该村乡村建设的忠实推进者和志愿者，并会一直持续下去。村委会经常委托笔者做一些乡村项目如本村历史文化的收集整理、村民对光伏项目的满意度调查等；村民经常委托笔者在城市里帮他们寻找茶叶、牛肉等农产品的销路；笔者也经常带领学生来芦荡村做乡村调查，给村委会和村民出谋划策谋求村庄的发展。

此外，芦荡村乡村建设中的希望面还体现在各路乡村建设的参与者都或多或少地对自己陷入困境的原因进行总结和反思，笔者也把自己分析出的该村乡村建设中的困境之表现和原因与各路参与者进行交流和讨论，这样也就有了走出困境的希望。

四、讨论

(一) 谁的乡村建设？

自从农业和畜牧业分离、开始出现村落以来的漫长历史中，乡村的主人一直都是村民，村民是乡村的创造者和延续者，也应该是乡村建设的主体，乡村建设的方方面面不能背离村民的意愿和需求。村民之间虽然有需求差异，但那些公共需求和可以民主协商出来的特定需求应该得到充分的尊重。可是现在普遍存在参与乡村建设的地方政府、社会组织、工商资本按照自己的意愿无视村民的意愿"改造"乡村的情况。在芦荡村与乡村建设有关的议题上，大部分村民都没有得到民主参与的机会，都没能成为乡村建设的主体，与村民利益息息相关的乡村建设决策大多数是由村两委包办或者村两委和商业组织商量做出。因此，现在的乡村建设需要纠偏，需要无条件地承认村民是乡村建设的主体，那些无视村民的意愿与需求，强行改变村民的生产生活方式甚至权力与资本合谋掠夺村庄的行为应该被制止。

确定了农民的主体地位之后，还需要助其自主，因为农民长期的被剥夺处境造成其现代性素养的严重不足，靠这样的素质是无力承担卓有成效的乡村建设重任的。从事乡村建设需要现代意义上的新思想、新技术、新知识，尤其是科学知识和民主思想，这靠农民自身是无法实现的，需要外部力量的帮助。正如晏阳初先生所说的要借外力激发调动农民的主人翁意识和培养他们的自发自动精神。在帮助农民获得现代素养、成为现代公民之后，再帮助农民实现组织化，从而使农民能自我管理、自我监督、自我服务、自我教育。

尊重村民的乡村建设主体地位还应该尊重各地农村乡村建设道路的自主探索。有学者根据当代乡村建设对三农问题不同面向的回应，归纳出五大体系，分别是学生下乡，教育支农；农业创新，城乡融合；农民合作，改善治理；工友互助，尊严劳动；社会参与、文化复兴。而且认为这几大体系并不是预先就设计好的，而是根据实际需求与现实问题不断展开的。[①] 知识分子在农村重启了乡村建设实践，他们在继承民国乡村建设的平民教育和农业建设的传统之外，又结合当地的乡村问题和既有条件，以重建乡村的组织即兴办规模农业、建立协会、进行自组织试验为主要特色，主张吸收外部要素并依靠乡村的内生性力量获得发展的活力。比如三农问题专家温铁军于2010年发起中国社区支持农业联盟是我国最早出现的、参与者最广的连接生产者与消费者的有机农业的公益联盟，这个联盟充分尊重村民和市民的意愿，让其沟通、合作、联合，尤其是让市民通过参与劳动来形成社会参与式农业，市民通过直接劳动与农场共同分担风险，形成最低成本的有机农业信用体系建设，农民也获得了从事有机农业的稳定的资金支持和收入保障。李昌平依托自己发起成立的中国乡建院，为购买其乡村规划产品的乡村量身定做系统性、整体性的解决方案，把"农民为主体"作为乡村建设原则，注重增强农民及其组织的主体意识和行动能力，从土地、金融、组织、社保和文化五个方面激活土地集体所有制和完善村社制度，着力解决当地农村的内生动力不足问题。这些尊重农民主体性、激发乡村内生动力的自主性探索都是在实践中总结出来的智慧，因此，现在比较流行的"先试点再推广"的乡村建设的模式化思路应该进行反思。

与乡村建设以农民为主体有关的一个议题是"政府主导"。政府主导不代表政府可以随意主宰乡村的命运，而是有其职能范围，主要工作应该围绕积极倡导和大力推进乡村建设、因地制宜制定乡村建设规划、为乡村建设提供制度机制保障和物力财力支持这几个方面，发达国家乡村建设中政府的主导

---

① 潘家恩、张兰英. 不只建设乡村——当代乡村建设五大体系，新华月报，2015(08).

作用也是体现在这几个方面。而且，发达国家的乡村建设有一个特点就是早期政府介入较多，到了中后期，伴随着民间力量的成长，政府逐步放权，非政府组织、公民个体、商业组织对乡村建设的参与越来越多。可见，体制内外力量的结合与合作应该是乡村建设合理的发展路径。我国的乡村建设也应该遵循这一实践逻辑，逐步释放民间的活力，让政府的主导性更多地往引导性上倾斜，使国家与社会的关系更为均衡。各级政府需要权衡好自己在市场和社会(村庄共同体)之间的位置，不能放任资本掠夺村庄，而是应该倾向于维护有共同利益、有情感依赖、有互助共享文化的村庄共同体的存续，形成社会大于经济、经济包含并大于市场的稳定格局(毛丹，2012)。

(二) 乡村该往何处去？

现在学界和政界的很多人把城镇化当作乡村未来的唯一出路，认为乡村的衰落是必然的，不必哀叹。事实上，乡村的减少是必然的，因为现代化进程必然带来城市化率的提高(我国的城市化率到2050年将达到71%左右)，但理性的国家不会让它的城镇化率达到100%。因为乡村的价值是不可替代的，无论是它的农业价值、劳动力蓄水池和社会稳定器功能，还是其独特的自然、历史和人文属性对人的精神滋养功能，尤其是生产与生活相结合、人与自然相融合的生存状态避免了让人成为工业社会背景下"单向度的人"的可能。国际上乡村建设的一般经验和理论研究表明：只要一个国家需要保障粮食生产与安全，需要保持文化多样性，有着地理条件的特殊规定性以及社会治理方面的特定限制，村庄就需要持续存在(Essex，2005)。可见乡村对于当今乃至未来很长时间的中国来说是不可或缺的。欧美发达国家在工业化、城市化达到较高程度并暴露出很严重的问题后重新认识到乡村的价值，开始在美化乡村环境、充分尊重当地居民的生活传统、完善乡村基础设施、突出乡村特色、发展乡村旅游等方面再造乡村。日本和韩国在实践中摸索出把工业化、城镇化与乡村的现代化耦合起来的系统做法，实现了资本、要素、空间在城乡之间的良性循环，使乡村现代化在地方传统与现代文明之间完美融合，因而都顺利地越过了中等收入陷阱，实现了城乡的共同繁荣。虽然乡村数量的减少是必然的，但不代表乡村这一聚落类型的消失，更不代表不要去振兴乡村。乡村是需要走向现代化的，但不等于城镇化，而是让自己的文化传统与独特价值在现代化语境中得以重塑，同时让居住在乡村的人们不自外于现代文明成果的享受。如果激进的城镇化让城市吞没了乡村，中国很可能重蹈拉美国家的覆辙——城市畸形繁荣，农村极度衰败，农民纷纷破产，城市失业严重，贫民窟大量涌现。可见，乡村的未来是可能美好也可能消失的，就看乡村建设者如何行动了，尤其看其整体上的反思和变革行为是否足以撼动既有的不适当的惯习。

对芦荡村而言，即便它将来由于内生发展力量不足而消失了，也并不一定是悲剧，只要乡村这一人文类型依然存在，并在合适的区域开花结果，与城市协同发展，各美其美，就是值得欣慰的事情。陆益龙认为，城市化的力量可能会消灭部分村庄，但不会终结所有的村庄，偏远地区的农村会因为土地缺乏升值空间而逃过城市化的侵袭（陆益龙，2013）。虽然中国的村庄不会那么轻易地消失，但我们也不愿意去偏远山区寻找仅存的乡村，城市化的力度应该有所控制，让东西南北中各个区域都能寻到乡村的踪迹。不顾村民的意愿和城市化的发展规律，在城乡二元体制尚未消除以及城乡社会保障尚未均等化的情况下，盲目推行村民居住集中化、城镇化，是不理智的行为。

关于小农的特点和命运，恰亚诺夫认为小农是生存小农，舒尔茨认为小农是理性小农，孟德拉斯提出传统小农的终结，这说明农民的特性不是固化的和本质主义的，而是随时间、空间而流变的，尤其是现在的小农正经历着传统和现代之间的撕扯。现在乡村的传统农夫不多了，更多地使用机械干农活，也住进了有现代设施的民居。农田有家庭经营的，也有流转了大量土地的大农场。充满地方传统文化意蕴和自然风情的乡村旅游越来越吸引都市人前来休闲放松。乡村还在，但都发生着变化，融合着新与旧，实现了人、文、产、地、景的有机融合。总之，乡村的根没有拔，叶果则是新长的，那是传统和现代在每一个独特的地方自然交融而生出的新景。中国的乡村会在凋敝后新生吗？那是不能消极等待而是要有所作为的，需要政府、市场、社会的协同努力。现在，欧洲的农村正在死而复生，那是好多有识之士联合民间和政府的力量倡导保留乡村文脉、维护乡村景观的观念和行动的胜利，是具有远见和公民意识的人们发挥自身能动性积极参与公共事务的结果。

第六章 结语

(三)行动者应该如何行动?

梁漱溟的父亲梁济在投湖前问梁漱溟"这个世界会好吗?"北大校友、人民日报社副总编辑卢新宁给了我们一个很好的答案——"你所站立的地方,就是你的中国;你怎么样,中国便怎么样;你是什么,中国便是什么;你有光明,中国便不再黑暗。"所以,好社会是等不来的,甚至等"应该怎么做"的意识产生了再去行动也是不太可行的,因为很多想法是在行动中慢慢产生和成熟的,所以要给予行动一个相对优先的位置。孙立平认为,社会转型期非正式制度的作用更为突出,这就为普通人在行动中运用策略提供了更大的空间(孙立平,2005),也就是说当下转型期的中国给人们发挥能动性提供了更多的空间,所以更要敢想敢干。费孝通先生说"历史并不常是合理的,但是任何历史的情境中总包含着一条合理的出路,历史能不能合理发展,是在人能不能有合理的行为(费孝通,2009)",而合理的行为是积极探索甚至试错出来的,是能动性驱策的结果。

现代实践理论认为,社会是一个系统,系统具有强大的约束力。然而,系统是经由人类的行动和意图才得以出现和变化的。不管是隐藏的结构之手,还是资本主义的毁灭性力量,都不足以决定历史的进程,行动者也发挥着积极的作用。但是,结构的存在需要借助高度模式化和惯例化的行动,在这样的行动中才能体现结构发挥作用的机制。结构所包含的规则和资源只有在人们之间发生的事件化过程中才能被激活,而能撬动结构的行动也必须足够强大以至于能撼动惯例化的做法。这样的行动在结构的再生产中发挥着核心作用。因此,期望能撼动结构的行动者需要尽可能强大起来,不单单是多方力量各自用力,更需要达成共识、形成合力,以形成新的惯例化行动。制度、文化和人性是相互影响的,好的制度难以实施是因为在文化和人性上未能与之匹配,因此结构的改变需要在制度、文化和人性上协同推进。对乡村建设来说,想要动员政府、乡村本身、民间社会等各方力量的积极参与和有效合作,需要在行动上首先培育一个健康的民间社会以统合制度、文化和人性的当代表现,这样才能慢慢改变不合理的结构性因素。

摒弃"极权政治"和"自我调节的市场体系"两种乌托邦设想,摒弃"总体社会"的意象,立足于经验现实的结构性限制来建构具有现实可能性的美好社会,已成为学界共识(成伯清,2007)。"好社会"的来临需要不同行动者在各个层面的努力,需要在共同体精神的统摄下,在结构给予的便利或者限制的条件下协力推动平等主义的社会理想;而如果行动者行动不力,或者没能形成基于共同情感和道德共识、体现人的价值和尊严以及人与人的友爱互助的共同体精神,好社会就很难实现了。

现在,世界范围内都面临着城市繁荣的同时,乡村活力怎么保持、乡村怎么可持续发展的难题。近代以来中国的乡村建设是工业化背景下世界范围内乡村建设和再造的重要组成部分。梁漱溟比较注重在利用传统文化资源、吸收西方现代化建设的成功经验中探索出一条有别于西方的属于中国自己的乡村建设道路和现代化道路。温铁军认为世界各国都在21世纪遭遇到越来越多的工业化和资本化所带来的危机,中国正在转向生态文明的发展战略非常有助于对抗危机。受他们的启发,笔者认为中国未来的乡村建设应该鼓励不同地方的乡村和农民探索适合自己的乡村建设道路,这样才能释放地方的活力和潜能;应该努力去融合传统文化根基(如儒家的"大同"、道家的"道法自然")、现代精神和生态文明视野,实现经济效益、社会效益与环境效益的有机统一,为世界范围的乡村建设贡献中国经验和中国智慧;努力实现全球化与本土化、普遍价值与特殊形式之间的平衡,也在更深层的意义上实现中国现代文化的重建。

事实上,行动者之间的有机互动与深度合作最有可能突破旧有的社会结构,也可能修正旧的制度以适应新的情况。各路乡村建设者在合作思路上可以借鉴联合国全球治理委员会提出的"治理"思想,即把治理看作各种公共的或私人的个人和机构管理其共同事务的各类方法的总和,持续采取联合行动以解决利益冲突,同时摒弃强迫和压制,强调协调、互动。不过,在中国的国情语境中,治理的前提需要明确,那就是坚持党的领导主体地位,然后再协调好党和政府领导下的多元治理主体之间的关系。这样,社会治理视角下的乡村建设就需要充分发挥政府、市场、村两委、村民、社会组织的能动作用,依照乡村建设事务的不同性质,把事务交给不同的乡村建设主体去处理,再通过多元协商、各方参与去完成需要协调与合作的事务。需要注意的是,在乡村建设的过程中,在为老百姓谋福利、追求村庄公共利益最大化的"善

第六章 结语

"治"目标的时候,不要忘记乡村的主人是农民,村民自治的底色应该坚持。随着社会被释放出更多的活力,未来国家和社会的力量如何在乡村搞建设存在很多靠以前的经验无法把握的新因素,也会有"未能被预料的结果"的出现,其中的风险也需要积极应对。

国内外有很多对复杂社会的人类学研究告诉我们传统中国以及很多传统社会的城乡之间都不是截然两分的,城乡之间的关系是一个雷德菲尔德所说的"俗民都市连续统"(folk-urban continuum)。乡民们的活动不全是务农,也有手工业和商贸,与城里人的生活有很多相似之处。城与乡仅仅表示人类有两类居住环境以及与之相适应的生产生活方式和意义系统,并不是有高低差等之分的二元形态。中国传统的城乡关系并不是对立的,而是相互支撑的,中国的城市就是在乡村的小农经济和城市的手工业相结合的模式下哺育出来的,与之相反,西方城市和乡村的对立则贯穿了整个西方文明史。既然城乡之间的对立已经制造了严重的社会不平等和经济社会发展障碍,现在就需要去寻找弥合城乡鸿沟的路径,应该恢复到传统时代城乡之间连续统的关系,建立城乡之间的社区衔接,让城乡既能在文化上有各自风格且平等共存,又能在经济上互补,还能在基础设施、生活便利上没有明显差距、共享现代文明,需要运用创新思维在城乡之间建立有机联系的衔接带。此外,解决乡村建设中的各种问题不能局限于乡村视野,而是需要在城乡整体发展或转型的背景中去认识问题和解决问题。

歌德说:"人类凭着聪明,划出了一条条界线,最后用爱,把它们全部推倒。"这界限可以是分类、等级、高低、成败、雅俗,也可以是城与乡。歌德所说的爱应该是指国民对平等、正义的追求和对美好生活的向往,这也会引领观念、制度和相应的行动走上正确的轨道。然而这一切不会自动到来,而要靠一代代人的变革图新。对于城乡二元结构来说,既然它形成于行政化的强力推行,它的破解不可能依靠市场机制的自我调节来实现,只能依靠政府这个核心场域中的行动者推行的强制性制度变迁来实现,从而体现制度先行的特点。结构的变迁、观念的变革不能只靠普通人中的先进带后进,还需要拥有权力(资源的支配能力)的关键行动者(掌权者)的主动介入。在行动者与结构的关系中,离结构最近的就是政府部门的掌权者,其基于民意、审时度势的变革型行为对结构的影响力非常显著。

(四)本研究的特点、限度和意义

中国现有的农村社会研究主要是与社会形势关联较大的有关农村发展战略、制度和政策的变革方面的研究，缺乏对更基本的农村社会结构性问题的研究，而本研究比较注重对农村社会结构性问题的认识和分析。本研究的创新之处主要是采用关系主义的分析视角，其中既有结构与行动二重性的方法论意义上的关系视角，还有城市与乡村、国家与社会、政府各层级关系的内容分析视角。通过不同维度的关系主义的多重视角，立体解剖当下芦荡村的乡村建设正在经历的困境及其原因，也在这一视角下揭示该村乡村建设的希望所在。

对乡村的人类学考察可以深入理解乡村社会的结构特征和变迁机制。推而广之，人类学者在小型社区研究中获得的经验和结论尽管是个案的、特殊的、缺乏代表性的，但每一个小地方都与大社会紧密相连，体现人类在与变化的环境互动中的一些共性的选择和可以相互借鉴的得失经验。此外，"个案研究的目的是借着对某一'个案'的分析，从微观出发，可以了解到人与人、人与群体，或人与文化、政治、经济机制的互动关系"（熊秉纯，2001）。个案研究属于质性研究，其方法论基础是人文主义，也就是深入理解个案背后的社会文化机制，并不追求量化研究所看重的代表性，但注重质性分析所需要的"典型性"（陈涛，2011）。

此外，本书还有很多需要继续探索的地方。比如对芦荡村农民日常生活中的心态研究不够充分，而心态研究在学界也一直受到忽视，如何通过对个体心态的探究看到社会变迁的特点、形塑观念的力量，有待继续探索；中央规定的统一性和地方过程的复杂性之间始终存在一个张力问题，如何在一体化国家和多元性地方之间保持平衡，明确各自的职责范围、权力边界和弹性空间，需要在理论研究上继续探索；如何超越对乡村现象和问题的一般描述和浅表分析，在理解中国农村社会的内在逻辑上有更大的理论建树，为改造中国乡村提供有力的理论武器，需要继续努力。此外，笔者还需要对邹平项目在点面结合的田野调查，以小见大的资料呈现和理论分析上的可取之处进行仔细揣摩和学习，来提高本研究的人类学考察质量。

第六章　结语

　　本书并不奢望通过对一个村庄的乡村建设的人类学考察来回答"中国乡村的前途和命运"这样的大问题，也无意从这一个案去推断总体。笔者只是认为不管芦荡村的乡村建设成效如何，都值得去研究一番，因为它是中国在追求国强民富的现代化目标的过程中如何处理已存在了一百多年且是复杂的中国问题的一部分的乡村前途问题的一个鲜活的标本。毕竟普世性问题只有内在于具体的个案经验才能体现，然后我们才能断定现代性的实现方式是多元的，因为各自的传统资源、历史和自我理解是不同的，但也是有共通性的。此外，乡村的命运关系到农业文明能否实现对已然千疮百孔的工业文明的疗救，从而关系到人类文明的终极命运。总之，不论是从现代性道路的探索还是人类文明的走向来看，乡村研究的意义都是深远的。

参考文献

中文参考文献

阿尔蒙德，维巴 等，1989. 公民文化——五国政治态度和民主[M]. 马殿君，阎华江等，译. 杭州：浙江人民出版社.

安德鲁·海伍德，2014. 政治学核心概念[M]. 吴勇，译. 北京：中国人民大学出版社.

艾恺，2003. 梁漱溟与中国现代化的两难[M]. 王宗昱，冀建中，译. 南京：江苏人民出版社.

安东尼·吉登斯，1998. 现代性与自我认同[M]. 赵旭东，方文，译. 北京：生活·读书·新知三联书店.

安东尼·吉登斯，2000. 现代性的后果[M]. 田禾，译. 南京：译林出版社.

陈涛，2011. 个案研究"代表性"的方法论考辨[J]. 江南大学学报(3).

陈学金，2013. "结构"与"能动性"：人类学与社会学中的百年争论 [J]. 贵州社会科学(11).

曹锦清，2013. 黄河边的中国[M]. 上海：上海文艺出版社.

成伯清，2007. 从乌托邦到好社会——西方现代社会建设理念的演变[J]. 江苏社会科学(6).

杜赞奇，2010. 文化、权力与国家：1900-1942年的华北农村[M]. 南京：江苏人民出版社.

参考文献

邓正来,1997."国家与社会"研究框架的建构与限度,载王铭铭、王斯福主编,1997,乡村社会的秩序、公正与权威[M].北京:中国政法大学出版社.

费正清,费维恺,1998.剑桥中华民国史(下卷)[M].北京:中国社会科学出版社.

费孝通,2005.江村经济——中国农民的生活[M].北京:商务印书馆.

费孝通,1998.乡土中国-生育制度[M].北京:北京大学出版社.

费孝通,1985.社会调查自白[M].北京:知识出版社.

费孝通,2009.评晏阳初《开发民力建设乡村》//费孝通全集(第六卷)[M].呼和浩特:内蒙古人民出版社.

冯军旗,2010.新化复印产业的生命史[J].中国市场(13).

郭于华,2002."道义经济"还是"理性小农"[J].读书(5).

郭海霞,王景新,2014.中国乡村建设的百年历程及其历史逻辑[J].湖南农业大学学报(社会科学版)(4).

黄宗智,2008.集权的简约治理——中国以准官员和纠纷解决为主的半正式基层行政[J].开放时代(2).

贺雪峰,刘岳,2010.基层治理中的"不出事逻辑"[J].学术研究(6).

贺雪峰 等,2006.村干部的动力机制与角色类型[J].学习与探索(3).

贺雪峰,2013.新乡土中国(修订版)[M].北京:北京大学出版社.

贺雪峰,2007.乡村的前途[M].济南:山东人民出版社.

贺雪峰,2008.《什么农村,什么问题》[M].北京:法律出版社.

贺雪峰,2017.没有村庄政治,好事也不好做[J].同舟共进(1).

卡尔·波兰尼,2013.巨变:当代政治与经济的起源[M].黄树民,译.北京:社会科学文献出版社.

科尔曼,1999.社会理论的基础[M].邓方,译.北京:社会科学文献出版社.

李晓斐,2016.乡土社会"中心个人"的文化生产与当代转型——以河南省路村调查为例[J].北京社会科学(7).

狄金华,2015.被困的治理:河镇的复合治理与农户策略(1980-2009)

[M].北京：生活·读书·新知三联书店.

李文钢,2018.历史人类学研究中的历史与文化[J].广西民族研究(2).

陆益龙,2013.村庄会终结吗？——城镇化与中国村庄的现状及未来[J].学习与探索(10).

陆益龙,2015.后乡土中国的基本问题及其出路[J].社会科学研究(1).

陆益龙,2016a.后乡土中国的权力结构与村官政治[J].江苏行政学院学报(2).

陆益龙,2016b.乡土重建：可能抑或怀旧情结[J].学海(3).

陆益龙,2016c.后乡土性：理解乡村社会变迁的一个理论框架[J].人文杂志(11).

郎友兴,2008.中国应告别"运动式治理"[J].同舟共进(1).

梁漱溟,2005a.我们政治上的第一个不通之路——欧美近代民主政治之路//梁漱溟全集(第5卷)[M].济南：山东人民出版社.

梁漱溟,2005b.乡村建设理论//梁漱溟全集(第2卷)[M].济南：山东人民出版社.

梁漱溟,2005c.中国之地方自治问题//梁漱溟全集(第5卷)[M].济南：山东人民出版社.

廖彩荣,陈美球,2017.乡村振兴战略的理论逻辑、科学内涵与实现路径[J].农林经济管理学报(6).

莫里斯·哈布瓦赫,2002.论集体记忆[M].上海：上海人民出版社.

孟德拉斯,2005.农民的终结[M].李培林,译.北京：社会科学文献出版社.

毛丹,2012.村庄前景系乎国家愿景[J].人文杂志(1).

马歇尔·萨林斯,2009.石器时代的经济学[M].张经纬、郑少雄等,译.北京：生活·读书·新知三联书店.

诺曼·厄普霍夫等,2006.成功之源：对第三世界国家农村发展经验的总结[M].汪立华等,译.广州：广东人民出版社.

皮埃尔·布迪厄,华康德,2004.实践与反思：反思社会学导引[M].李猛,李康,译.北京：中央编译出版社.

参考文献

皮埃尔·布迪厄,2003.实践感[M].蒋梓骅,译.南京:译林出版社.

强世功,2003.法治与治理[M].北京:中国政法大学出版社.

渠敬东,2019.探寻中国人的社会生命——以《金翼》的社会学研究为例[J].中国社会科学(4).

乔治·瑞泽尔,2005.当代社会学理论及其古典根源[M].杨淑娇,译.北京:北京大学出版社.

孙中山,1981.孙中山选集[M].北京:人民出版社.

孙立平,2005.社会转型:发展社会学的新议题[J].社会学研究(4).

孙立平,郭于华,2000."软硬兼施":正式权力非正式运用的过程分析//清华社会学评论(特辑)[M].厦门:鹭江出版社.

温铁军,2018.生态文明与比较视野下的乡村振兴战略[J].上海大学学报(社会科学版)(1).

王宁,2002.代表性还是典型性?——个案的属性与个案研究方法的逻辑基础[J].社会学研究(5).

王兆成(主编),2008.乡土中国的变迁:美国学者在山东邹平的社会研究[M].济南:山东人民出版社.

王铭铭,2003.走在乡土上——历史人类学札记[M].北京:中国人民大学出版社。

王铭铭,1997.小地方与大社会———中国社会的社区观察[J].社会学研究(1).

王先明,2016.民国乡村建设运动的历史转向及其原因探析[J].史学月刊(1).

王果,2019.从乡村建设现代中国[J].读书(10).

徐杰舜,刘冰清,2012.乡村人类学[M].银川:宁夏人民出版社.

谢立中,2019.布迪厄实践理论再审视[J].北京大学学报(哲学社会科学版)(3).

熊秉纯,2001.质性研究方法刍议[J].社会学研究(1).

熊培云,2010.重新发现社会[M].北京:新星出版社.

晏阳初,1990.晏阳初全集(第1卷)[M].长沙:湖南教育出版社,第

1版.

叶敬忠, 2018. 乡村振兴战略: 历史沿循、总体布局与路径省思[J]. 华南师范大学学报(社会科学版)(2).

杨开道, 1929. 农村社会学[M]. 上海: 世界书局.

杨渝东, 2015. 山地苗族风险型耕作经济的形成与文化逻辑——以云南省某苗寨栽种三七为例[J]. 北方民族大学学报(哲学社会科学版)(6).

杨善华(主编), 1999. 当代西方社会学理论[M]. 北京: 北京大学出版社.

阎云翔, 2000. 礼物的流动——一个中国村庄中的互惠原则和社会网络[M]. 上海: 上海人民出版社.

赵旭东, 2003. 权力与公正——乡土社会的纠纷解决与权威多元[M]. 天津: 天津古籍出版社.

赵旭东, 2009. 从"问题中国"到"理解中国"——作为西方他者的中国乡村研究[J]. 中国社会科学(2).

赵树凯, 2012. 农村治理机制创新研究//韩俊等著, 中国农村改革: 促进三农发展的制度创新(2002-2012)[M]. 上海: 上海远东出版社.

张静, 2018. 案例分析的目标: 从故事到知识[J]. 中国社会科学(8).

张玉林, 2013. 当今中国的城市信仰与乡村治理[J]. 社会科学(10).

张云鹏, 2005. 试论吉登斯的结构化理论[J]. 社会科学战线(4).

张要杰, 2010. 国外学者的中国农村社会研究成果述评[J]. 湖南农业大学学报(社会科学版)(6).

郑杭生, 2001. 也谈社会学基本问题[J]. 社会学研究(3).

郑大华, 2000. 民国乡村建设运动[M]. 呼伦贝尔: 内蒙文化出版社.

周雪光, 2009. 基层政府间的"共谋现象"——一个政府行为的制度逻辑[J]. 开放时代(12).

周晓虹, 1998. 传统与变迁: 江浙农民的社会心理及其近代以来的嬗变[M]. 北京: 生活·读书·新知三联书店.

周飞舟, 2007. 乡镇政府"空壳化"与政权"悬浮"[J]. 中国改革(4).

周大鸣, 廖越, 2018. 我们如何认识中国乡村社会结构的变化: 以"原子化"概念为中心的讨论[J]. 广西师范学院学报(哲学社会科学版)(4).

庄孔韶, 2000. 银翅: 中国的地方社会与文化变迁[M]. 北京: 生活·读书·新知三联书店.

詹姆斯·皮科克, 2009. 人类学透镜[M]. 汪丽华, 译. 北京: 北京大学出版社.

英文参考文献

Ben, Hillman and Jonathan, unger, 2013. "Editorial" [J]. China Perspective, 3: (3).

Essex, Stephen et. al. (eds.), 2005. Rural Change and Sustainability[M]. CABI Publishing.

Giddens, Anthony, 1984. The constitution of society: Outline of the theory of structuration[M]. Cambridge: Polity Press.

Giddens, 1979. Central Problems in Social Theory: Action, Structure and Contradiction in Soci-al Analysis[M]. Berkeley and Los Angeles: University of California Press.

Geertz, Clifford, 1973. The Interpretation of Cultures[M]. New York: Basic Books.

Hobsbawm, Eric, 1983. "Introduction: inventing tradition" in Eric Hobsbawm and Terence Ranger (eds.): The Invention of Tradition [M]. Cambridge: Cambridge University Press.

Henri, Lefebvre, 1991. Critique of Everyday Life, Volume I, Introduction [M]. translated by John Moore, Verso, London, New York.

Jean C. Oi, 1989. State and Peasant in Contemporary China[M]. Berkeley: University of Califonia Press.

Johannes, Fabian, 1983. Time and the Other: How Anthropology Makes its Object[M]. New York: Columbia University Press.

Kornai, Janos, 1992. The Socialist system: The Political Economy of Communism [M]. Princeton: Princeton University Press.

Kate, Merkel-Hess, 2016. The Rural Modern: Reconstructing the Self and State in Republican China [M]. Chicago: The University of Chicago Press.

Leach, Edmund R, 1954. Political System of High Land Burma [M]. Boston: Beacon Press.

Marx, Kurl and Frederick, Engels, 1998[1848]. Manifesto of the Communist Party[M]. Beijing: The Press of Foreign Languages Education and Research.

Redfield, R, 1956. Peasant Society and Culture [M]. Chicago: Chicago University Press.

Shils, Edward A, 1981. Tradition[M]. London: Faber & Faber.

Unger Jenathan, 1989. Sate and Peasant in Post - RevolutionChina [J]. Journal of Peasant Studies, 17(10).

Weber, Max, 1978[1925]. Economy and Society: An Outline of Interpretive Sociology[M]. Gunther Rose and Claus Wittich (eds.), New York: Bedminster Press.

后 记

我是在职读博士，因此浸泡在南京大学学习的日子仅限于博士一年级期间。如今诸事缠身，所以非常想念那段纯粹的读书时光。印象最深的是本院博导们开的各个方向的社会学课程，比如城市社会学、社会福利、社会学方法、中国人的行为逻辑、中国社会学思想史等。日常的生活被上课、听讲座、看老师布置的书籍和论文、与同学讨论问题等元素塞满，这与后来一个人做田野、一个人写论文的孤寂状态很不一样，但却是每一个做学问的人都应该适应的两种生活。

我要特别感谢这些人给予我的教导和帮助。首先是 2012 年 9 月至 2013 年 6 月我在南京大学社会学院做访问学者时开始接触的人类学研究所的诸位老师，我跟班听了他们的本科生课程和硕士生课程，他们可以说是我的人类学启蒙老师，为我开启了一个无比开阔美丽的文化间异中有同、理解他者也反思自己的深具人文主义精神的学科景观。这些课程有范可老师的人类学理论和方法、邵京老师的语言人类学、杨德睿老师的认知人类学以及杨渝东老师的人类学概论。2013 年 9 月入学后，我继续跟着这些老师听他们开的别的课程，比如宗教人类学、中国人类学史等等。总体上感觉人类学所的各位老师个性鲜明、学识渊博、中西融通、平等待人。为了获得知识和学分，我和我同届的博士同学加入了周晓虹、风笑天、张鸿雁、翟学伟、彭华民等社会学院博导的课堂，感受到了社会学在各个领域的前沿风景，他们还鼓励我们在课堂不惧权威，讨论争鸣。学习过程中，我们充分领略了中国社会学界大牛的风采，他们的学术功力、治学精神、品格修养令我们深深折服，以至于上完他们的一年课程，我们这些在职读博的学生不得不返回来处继续工作的时候，都生出了依依惜别之感，因为这样的精神享受和脑力磨炼，人生很可能没有第二次了。

社会人类学研究所的老师里有很多海归博士，但这里并没有成为一个美国/英国大学人类学系的复制品，而是用中英文的课堂语言和中英文的阅读资料构筑了一个国际性的文化展示和解释平台，学习的目的是培养学生胸怀宇内的视野、文化平等的意识、文化比较和反思的能力，在他我之镜中推进中国人类学的学科发展。就像柏拉图会带着学生长久地边散步边讨论一样，人类学所的老师们也会花很多的时间启发学生思考、就某个问题的细微之处进行深入探讨（现在的大学普遍轻教学重科研），所里的seminar"谋思谈"令每一个人类学学子受益良多。

我要感我的导师范可先生。我听了他开设的一些专业课程，又阅读了他发表的广度和深度兼具的专著和论文，觉得这种学贯中西、纵横捭阖的理论功底以及把做学问当作一种生活方式的境界非常令人敬佩。在我博士论文的写作和修改过程中，导师涵盖教书、学术会议、域外讲学诸事务的日常工作也很繁忙，而且经常不在内地，但他总是通过电子邮件和微信对我进行远程指导，解答我不时冒出来的困惑。所里的硕士生和博士生虽然都有各自的导师，但都可以向所有的老师求教，所里的老师总是无比耐心和认真地指导学生。我的博士论文也得到了导师以外很多老师的指点、批评和建议，比如杨渝东老师、杨德睿老师、成伯清老师、张玉林老师、朱力老师、闵学勤老师、彭华民老师等。

同时，我也要感谢所有给过我帮助和鼓励的人们。首先感谢我工作的学院领导同意我把课密集排和少排，这样我就有大片的时间去泡田野和写作。还要感谢我的教研室同事，替我承担了一些本来应该由我承担的教学任务。还要感谢我在村子里做田野时遇到的诸位热心人，他们或者毫无保留地回答我的问题，主动告诉我何时何地有什么活动，或者慷慨地赠予相关的文献资料甚至是自己写的文章，有的主动邀请我在家里吃饭甚至专门赶回来给我做饭，有的则让我坐他们的汽车或电动车赶去看正在发生的事情……他们是村两委的村干部们和村里的乡亲们，还有村旁农庄和学园里的员工和学生也给

后　记

我提供了不少故事和资讯。是这些淳朴善良的人们让我在全然陌生的考察地感到温暖，并在见识和阅历上帮我打开视野。最后要感谢我的家人。我的父母帮我悉心照顾读小学前的孩子，不仅给她温饱，还给她教导和陪玩，让我安心工作和学习；我的先生则辛苦照料读小学后的孩子，不仅管生活也管学习，让我有更多的时间投入田野和写作；我的孩子也经常忍住找我玩的冲动，让我专心伏案。

因为读博，我对家庭和工作的投入都打了折扣，本该给孩子更多的陪伴，给学生更多的教学实践性环节和外出参观考察的机会，心中颇感愧疚。在这几年的田野考察、看书、写作、教学、育儿的狼奔豕突中，我觉得合理安排时间、勤勉治学是一件不容易的事，是自己以后需要加强的地方。

在本书的写作过程中，我阅读了中国一百多年来乡村建设方面的很多资料，在得到思想和理论启迪的同时，也常常被理想主义者济世救民的情怀深深感动。梁漱溟说他受不了看见别人穷苦——"见老百姓之苦而心恻恻焉。"有人问温铁军，困难和阻力这么多，为什么还要从事乡村建设？温铁军说他只是不忍，"做人，做知识分子，难免妇人之仁。"这些乡村建设的领军者既有思想力和行动力，又有"对人类苦难无法遏制的同情"之情感力，实为吾辈楷模。

一百年来，无论是梁漱溟、晏阳初、陶行知，还是李昌平、温铁军、贺雪峰、何慧丽、欧宁以及被他们感召的一众从事乡村建设的知识分子，都拥有贯通的精神气场，前赴后继地投入乡村的改造和振兴。他们在乡村建设的道路上不但留下了探索的思想和行动，更用他们从传统士大夫那里继承来的"为万世开太平"的知识分子人格感召着新一代的知识人，尤其是把书斋和田野紧密连接在一起的社会学人、人类学人，认识时代和社会，走出一己的小天地，走向广阔的公共空间，无私、无畏、创新、担当，帮助更多的人过上有尊严、有质量的生活。